NA SALA DE ANÁLISE

Blucher

NA SALA DE ANÁLISE

Emoções, relatos, transformações

Antonino Ferro

Tradução
Marta Petricciani

Título original: *Nella stanza d'analisi: emozioni, racconti, trasformazioni*

Na sala de análise: emoções, relatos, transformações
© 2019 Antonino Ferro
Editora Edgard Blücher Ltda.

Imagem da capa: iStockphoto

Blucher

Rua Pedroso Alvarenga, 1245, 4º andar
04531-934 – São Paulo – SP – Brasil
Tel.: 55 11 3078-5366
contato@blucher.com.br
www.blucher.com.br

Segundo o Novo Acordo Ortográfico, conforme
5. ed. do *Vocabulário Ortográfico da Língua
Portuguesa*, Academia Brasileira de Letras,
março de 2009.

É proibida a reprodução total ou parcial por
quaisquer meios sem autorização escrita da
editora.

Todos os direitos reservados pela Editora Edgard
Blücher Ltda.

Dados Internacionais de Catalogação
na Publicação (CIP)
Angélica Ilacqua CRB-8/7057

Ferro, Antonino

Na sala de análise : emoções, relatos, transformações / Antonino Ferro ; tradução de Marta Petricciani. – São Paulo : Blucher, 2019.

332 p.

Bibliografia
ISBN 978-85-212-1451-9 (impresso)
ISBN 978-85-212-1452-6 (e-book)

1. Psicanálise 2. Psicanálise – Prática 3. Emoções I. Título. II. Petricciani, Marta.

19-0424   CDD 150.195

Índice para catálogo sistemático:
1. Psicanálise

*À minha esposa e às minhas filhas, e a todos os que sabem
"contar histórias" tecendo os fios das verdades.*

Conteúdo

Apresentação   11
     Eugenio Gaburri

Prefácio à edição brasileira   29
     Izelinda Garcia de Barros

1. Critérios de analisabilidade e término de análise: um vértice radical   37

2. Exercícios de estilo   59

3. O diálogo analítico: mundos possíveis e transformações no campo analítico   113

4. Oscilando ao longo do eixo PS-D das interpretações no campo das transformações   147

5. O impasse: Hänsel, Gretel e a bruxa no forno   173

6. Sexualidade e agressividade: vetores relacionais e narrações   195

8 CONTEÚDO

7. O "narrador" e o medo: reflexões a partir do perturbador de Freud   231

Apêndice. Os quadrantes do *setting*   241

Posfácio   279

   Dina Vallino Macciò

Referências   301

O autor agradece Alba Piscone pela ajuda para datilografar e revisar o texto.

Apresentação

Eugenio Gaburri

O prazer de apresentar este último livro de Antonino Ferro (que vem depois de *A técnica na psicanálise infantil*) só é mitigado pela necessidade de conter o entusiasmo que me suscitou e que me levaria a defini-lo, sem ficar muito longe da verdade, como uma nova pedra miliar do desenvolvimento da psicanálise em geral, ponto de referência para o movimento psicanalítico italiano.

Quais as razões desse entusiasmo? Procurarei, nestas notas de introdução, comunicá-las ao leitor.

Este livro reúne três qualidades: a originalidade do pensamento, o rigor científico pela especificidade de um pensar "psicanalítico" e, por fim, a harmonia entre o embasamento teórico e as numerosas apresentações clínicas, o que torna a leitura (de assuntos não fáceis) fluente, estimulante e "remuneradora".

As questões apresentadas cobrem muitos dos pontos-chave hoje solicitados pela evolução da nossa ciência. A formulação desses pontos, propostos de modo coerente, mesmo quando tratados de uma forma que não pretende ser exaustiva, permite apreciar uma clareza de impostação que não elude a complexidade clínica e teórica dos temas abordados. Nesse sentido, trata-se de uma contribuição que, diferentemente de outras, não se apoia em escamoteações destinadas a esconder os limites atualmente não transponíveis do nosso saber.

O leitor atento compartilhará do meu entusiásmo todas as vezes que, por trás de uma proposta expressa de forma fácil e concisa, puder captar, ao mesmo tempo, o fruto de experiências pessoais e a elaboração de pensamento absolutamente pessoal que o autor efetua a partir do diálogo contínuo com colegas analistas e com estudiosos de outras disciplinas.

Outra qualidade do livro é ser "útil" no campo clínico sobretudo para os leitores psicanalistas, mas também remunerador para qualquer leitor curioso por atualizar-se sobre os novos percursos da psicanálise.

Consegue ser útil porque conjuga a experiência do presente com o saber do passado, articulando sempre a "palavra" psicanalítica com "os fatos" clínicos; oferece razões simples a fatos complexos sem lhes amputar a essência. Exprime conceitos complexos acompanhados de fatos clínicos claros e descritos com simplicidade.

O texto inicia abordando o problema, cada vez mais atual e discutido, da "analisabilidade". Esse assunto não é tratado seguindo as tradicionais modalidades que se empenham em formalizar critérios de seleção por meio de um organograma cada vez mais detalhado (e às vezes confuso), fundado sobre sutis *distinções* nos "diagnósticos" dos pacientes, de modo a exasperar o modelo médico original da psicanálise, e sim explorando e descrevendo os critérios "subjetivos" e afetivos inerentes à estabilidade emocional do próprio analista com base numa "ressonância" pessoal com determinada pessoa com a qual entra em contato.

Assim, além da coerência com o modelo "relacional" proposto, o autor introduz na prática clínica o precioso conceito de Bion da *efetividade*. A indicação para o trabalho analítico é já, desde o início, um problema contratransferencial, o que descarta que se possa predizer um prognóstico objetivado, mas introduz um outro critério com base na sensibilidade do analista em relação à atmosfera emocional que naquele momento pode ser "captada" no campo.

O modelo de campo, deixado na penumbra como modelo forte, mas que atravessa toda a obra, aparece desde o início como fonte inspiradora. De acordo com essa abordagem, a antiga questão da analisabilidade perde uma grande parte da sua razão de ser e se transforma no problema da "capacidade de pôr-se à prova", como potencialidade reciprocamente transformadora da comunicação analista-paciente, e, ao mesmo tempo, como "portadora" do referencial teórico utilizado. Essa variação de perspectiva permite ao autor ligar e articular numa única perspectiva os problemas do início (analisabilidade) e da conclusão (efetividade, e não somente eficácia sintomática).

O conceito da *"capacidade de pôr-se à prova"*, proposto pelo autor como pensamento-guia, é descrito como o negativo daquela "necessidade de mapeamento", que ambos os componentes da dupla utilizam para se tranquilizar tentando prever os futuros percursos da "viagem" analítica, com o risco de influenciar antecipadamente o "campo" e de "opor impedimentos" às suas espontâneas transformações.

Pensamos naqueles pacientes que se apresentam com a pergunta: "Mas o senhor é freudiano?", quase em resposta a uma pergunta não expressa do analista: "Mas o senhor é analisável?". Assim, ambos os componentes da dupla exprimem a exigência de colocar o outro dentro de um mapa primitivo que, muitas vezes,

14 APRESENTAÇÃO

representa justamente o elemento "não variante" para realizar efetivas mutações transformadoras.

O autor cuidadosamente se detém em avaliar quanto uma necessidade de predição, tão natural e racional, expõe o analista a permanecer aprisionado em armadilhas "proféticas", como pode acontecer quando a angústia dos protagonistas (ou o excesso de turbulência do "campo", geralmente ignorado) oferece o risco de induzir um "mapeamento" excessivamente rígido ou capaz de sobrepor-se às reais possibilidades de um verdadeiro conhecimento emocional.

A leitura das considerações de Ferro a respeito da sede de segurança me levou a repensar o desastre do Titanic, que ficou na nossa lembrança não só pela sua condição catastrófica, como uma das vítimas da incomensurabilidade do mar, mas também pela leviandade e pela "soberba" humana favorecida pelo excesso de segurança (Bion nos falou disso de modo sugestivo). A trágica "queda de atenção" relacionada àquele longínquo acontecimento levou-me a aproximar as reflexões apaixonadas sobre a presença mental do analista como fato independente e por vezes em contraste com o bom "equipamento" de que pode ser dotado, como o foi para a tripulação do poderoso navio.

Nesse sentido, a inspiração bioniana presente no trabalho de Ferro a respeito do conceito de *capacidade negativa* aparece de forma ainda mais convincente.

Pareceu-me que, por meio da "atenção" viva de suas palavras, o autor captou a preocupação pelo drama descrito no mito da "desatenção" de Palinuro (o sono do pensamento), comparando com a paralela hiperclareza de Tirésia, como Bion perspicazmente observou, reconsiderando uma dimensão da mente como "duplo" especular da outra, expressões polissêmicas de elementos do mito edípico. De fato, o autor afirma que a completa ausência de tentativas de "mapeamento" pode, ela mesma, produzir inconvenientes: como nos casos em que o analista e o paciente enfrentam o início da análise confiando exclusivamente no "amor à primeira vista", tantas vezes expressão de um nascente conluio transferência-contratransferência.

Segundo o autor, o critério prioritário é, além de um "provisório", inevitável mapeamento, a atenção empática, desde a primeira entrevista, às "microtransformações" do campo. São fornecidos numerosos exemplos e observações clínicas de grande vivacidade, como a ilustração de uma primeira entrevista com a paciente Carmen, em que a passagem da fala sobre o orgasmo para a imagem do pai, que, quando Carmen era pequena, assinava os seus boletins escolares sem nem mesmo "lê-los" (sem atenção), exprime emoções que podem ser captadas dando sentido a dimensões presentes na própria entrevista com o analista.

Utilizando emblematicamente essa situação clínica, pode-se remontar a um fio condutor que serve de guia para a experiência que o autor quer transmitir. De fato, pode-se observar que:

- Uma intervenção interpretativa do tipo "diagnóstico" (problemas sexuais ligados à feminilidade), considerada como possível premissa para uma "colonização interpretativa", não poderia ter outra utilidade senão a de promover uma espécie de "adestramento".

- Uma intervenção de tipo transferência "em movimento rígido" (a equivalência entre o medo do orgasmo e o medo mais geral da intimidade, analítica ou não) poderia cair na mesma *vetorialização do campo emocional*, no sentido de correr o risco de fechar instantaneamente as suas potencialidades de expansão "não linear" por meio de uma interpretação por demais *saturada*.

16   APRESENTAÇÃO

- Uma intervenção interpretativa que estabelecesse uma ligação imediata entre a "raiva" da paciente, o antigo trauma paterno e a resposta do analista ao primeiro telefonema (quando o próprio analista tinha antecipado a sua impossibilidade real de começar imediatamente a análise) teria podido "constituir-se como impedimento" (a hiperclareza de Tirésia) à expansão natural do campo.

A esse respeito, Ferro escreve:

> *Cada uma dessas leituras, na minha opinião, constitui uma colonização do texto do paciente. A alternativa é a de criar na sessão um modelo capaz de prescindir dessas teorizações e de dar pela primeira vez um sentido e um nome a algo de desconhecido que nunca foi pensado antes (pelo menos com e para Carmen, e comigo e por mim) [...] e ver quais transformações dessa 'história' podem surgir [...] (uma vez ativado) um espaço-tempo que promova histórias possíveis.*

Resumindo, a atenção do analista precisa ser livre para se mover em qualquer direção que o campo emocional indique, para poder operar, também nele próprio, aquelas mudanças transformadoras desejadas no paciente. Nesse sentido, ele deve empreender a viagem analítica sem a opressão de uma bagagem teórica demasiado pesada, que deformaria o campo, conduzindo-o para o que o autor chama de "colonização interpretativa"; em tal sugestão não podemos deixar de sentir o eco do postulado bioniano "obscurecimento de memória, desejo e conhecimento"; mas Ferro sabe da necessidade de ancoragens, só parcialmente suprimível, suscitada pelo medo do desconhecido. Sugere então que a bagagem do explorador seja leve, ágil, e, em caso de mudanças, pronta para ser deixada e substituída. Só quem, mais ou menos conscientemente, cultiva a ideia de um trabalho analítico "adestrador" (a colonização anteriormente referida) necessita de imponentes aparelhagens a serem transferidas do próprio território de origem para o campo da análise.

A riqueza das hipóteses teóricas que marcaram a evolução desses primeiros cem anos, desde o nascimento da psicanálise, deve chamar nossa atenção para a incomensurável potencialidade desse instrumento de investigação e de tratamento, mas é oportuno que as razões profundas que levaram Freud a definir como "bruxa" toda opção metapsicológica radical permaneçam como uma invariável fundamental.

Também os problemas da *conclusão da análise* são explorados por Ferro, com referência precisa a esta posição freudiana que coloca em primeira instância os mutáveis e múltiplos movimentos emocionais: "escuta, envolvimento e dissolução", movimentos que hoje nós definimos como "funções de campo". Nesse caso é "a inesperada sinalização do fato" que é posta em destaque, como indício significativo do esgotamento da função do trabalho da dupla, não da função analítica da mente que, ao contrário, deveria aparecer potencializada, seja em termos de uma maior independência de pensamento do analisando, seja em termos de uma maior liberdade para identificar "fatos selecionados" em sintonia com a própria personalidade e, portanto, como capacidade de criar "investimentos" afetivos estáveis. É o fim de uma experiência que pode ser elaborada justamente por meio da separação; pode deixar um rastro "efetivo" na medida em que o analista tenha sido capaz de "não criar impedimentos". A possibilidade de término passa por um acordo, não só verbal, sobre "o compartilhar dessa escolha"; o fato compartilhado estabelecerá a dissolução do campo emocional, mas, como afirma Giuseppe di Chiara, poderá promover a

18   APRESENTAÇÃO

introjeção das funções do campo, com a potencialidade autotransformadora e auto-organizadora que daí resulta.

Também a esse respeito, o material clínico proposto por Ferro é comovente e icástico, como quando escreve: "Começa o 'meu' trabalho sobre o final da análise", e conta como "esse trabalho" o manterá no limite do risco de "antecipar" a ruptura do campo até as últimas falas, último momento de risco da tendência à "colonização", do medo de emoções intensas demais.

Sob o título "Exercícios de estilo", Antonino Ferro reúne um conjunto de experiências clínicas que marcaram a sua evolução como psicanalista; ele começa a percorrer novamente, em chave dialética, o desenvolvimento, histórico e teórico, das propostas e dos modelos teóricos que sustentaram esse percurso. Percurso que nasce da opção de renunciar às interpretações dirigidas às "fantasias inconscientes do paciente", no aqui e agora da sessão, de renunciar ao que ele chama de "cavalgar a relação" (ver o exemplo de "Luigi e as férias"), de separar-se de um estilo de interpretação hipersaturado (ver "O santo que voa", "As hipóteses frescas"), orientando a própria atenção mais para a "forma" com a qual, com o avançar da análise, se apresentam os "personagens", a princípio em contornos vagos, pouco a pouco mutantes, mas cada vez mais em condições de funcionar como "polos significantes" das várias instâncias inconscientes, não só do mundo interno do paciente mas dos seus "nós de significado" ou de sentido.

Muitas vezes, para esclarecer o seu ponto de vista, o autor propõe situações em que lhe seria fácil colher e verbalizar um *significado* convincente para fotografar a situação do paciente; "Frequentemente, acrescenta, entendo que poderia interpretar na transferência, mas renuncio pensando".

Com esse gesto de abstinência específica, os "personagens" são deixados livres para se moverem no campo, podendo receber cada vez melhor o "sentido" de que são portadores, o qual, de início poderia ser captado parcialmente, justamente porque expresso no "dialeto" do paciente, ainda não inteiramente em harmonia com a simbologia do analista. Retoma-se desse modo o cânone tradicional do "silêncio do analista", este também apresentado sob uma nova ótica, funcional e menos passiva; não parece nem mesmo ser somente "aquele" silêncio necessário para escutar e compreender (o *setting* como "sala de concerto" sugerido por Alberto Schon), mas um "silêncio pausa ativa e consciente do analista" que não impede a formação de "um dialeto do campo", dentro do qual a fala entre os dois interlocutores possa vir a ser transformadora, contendo também a faixa das mensagens não verbais.

Nos casos de intolerável sofrimento, esse silêncio pode tornar-se o espaço-tempo para que alucinações, ainda em estado nascente, possam encontrar no aqui e agora o lugar menos perigoso onde refugiar-se (ver "O ovni de Cosimo"). Serão estes os fenômenos que, sucessivamente, numa descrição teórica mais ampla, o autor proporá definir como "*flashes* oníricos da vigília".

Como podemos ver, Ferro prossegue ao longo do fio condutor da "não colonização", que, no entanto, nesse ponto, assume uma extrema analogia e proximidade de sentido com o conceito bioniano de transformação em "O".

A verdadeira originalidade dessa formulação de método clínico, de "teoria da técnica", reside no deslocamento da função primária do analista da interpretação (hermenêutica, mutativa ou dos objetos internos), entendida principalmente como decodificação de um significado latente, para uma disposição para deixar-se transitar pelas emoções que se desenvolvem no campo a partir dos enunciados do paciente. É a partir dessa "capacidade" de "deixar-se transitar" pelas emoções que impregnam o campo que se origina a interpretação como atribuição de significado, o que Bion indicou

20 APRESENTAÇÃO

como transformação K>O, com uma grande abundância de situações clínicas.

Antonino Ferro consegue colocar ao lado dos três modelos metapsicológicos clássicos um quarto modelo caracterizado pela mobilidade dos "vértices de escuta" que se tornam outros tantos vértices de observação da realidade; por isso, "a onda emocional", como ele prefere indicar a identificação projetiva, é absorvida e "digerida" pelo analista que, somente a partir daí, pode comunicá-la interpretando-a, em vez de fixá-la e fotografá-la. Para alcançar "uma realização" desse tipo é necessário que exista uma base de profunda confiança do analista nos recursos do paciente, na sua capacidade de sinalizar repetidamente ao analista os mal-entendidos e as recíprocas posições de comunicação. Aqui, Ferro parece alinhar-se com a perspectiva indicada por Faimberg por meio da sua contribuição sobre "a escuta da escuta".

Antonino Ferro nos propõe o percurso psicanalítico como "uma obra aberta", não constantemente marcada por interpretações, mas na qual aquilo que o paciente traz encontra um acolhimento e um campo de desenvolvimento possível. O analista, renunciando a "explicitar" (capacidade negativa), está em condições de acompanhar o paciente na procura das modalidades expressivas que tornarão "dizíveis" as experiências, que constituirão "narrações". O "texto narrativo" que se desenvolve no aqui e agora tem em si a capacidade de exprimir os pontos de avanço, as "narcotizações", os distanciamentos que se produzem no campo. Os "derivados narrativos" representam uma via direta para se "ter contato com os elementos alfa", na medida em que constituem o pensamento onírico da vigília. Essa hipótese permite distinguir melhor as deficiências da função alfa da incapacidade do aparelho para pensar pensamentos.

É dessa forma que o autor introduz a perspectiva dos "mundos possíveis" que lhe é tão cara. Os "mundos possíveis" são todas as previsões que o leitor faz à medida que lê um texto, e que *ficam*, mesmo quando descartadas, como esboço de outras histórias possíveis. Oportunamente faz notar que a posição sugerida poderia parecer uma maneira de construir um texto dialógico e uma verdade *conversacional*, na medida em que não existem "cesuras interpretativas", ao passo que se trata de "elementos narrativos" longamente elaborados pelas duas mentes que irão configurar o campo. O modelo proposto por Ferro substitui o conhecimento e o *insight* pela "transformação"; a sua proposta não é equivalente a uma "experiência emocional corretiva", mas a uma experiência *transformadora*.

Antonino Ferro conseguiu, portanto, propor um pensamento articulado, dotado de coerência interna e de verossimilhança no plano teórico. No texto aparece evidente a sua predileção pelo nível clínico; o esforço de tecer um discurso teórico está sempre ligado aos dados da experiência e dirigido a descrevê-la. Nesse sentido está muito presente, elaborada de modo pessoal, a lição bioniana. A função de contenção e de transformação é identificada no campo do encontro analítico. Não estão presentes nas suas construções teóricas conceitos unipessoais, não descreve momentos de "solo", como os define, mas sempre o desenvolvimento de um sentido numa "relação" imersa num campo emocional comum.

A vivacidade do seu discurso nos permite quase "vê-lo" ocupado com o seu paciente, inquieto, preocupado, voltado para encontrar uma saída dos labirintos que se criam dentro do campo. Veja-se o belo exemplo do trabalho com Carlo, quando a abstinência de interpretação do analista é apontada pelo paciente como "solidariedade mafiosa"; nesse caso a resolução é feita justamente por aquela cesura interpretativa, que em outras circunstâncias o autor

22 APRESENTAÇÃO

pretende contestar e rever; nesta, é a cesura que "define" o fato selecionado e consegue promover uma transformação. Assim, com uma breve vinheta clínica, sem recorrer a tonalidades pedagógicas, Ferro sugere como é necessário para o analista não utilizar as referências pessoais teóricas como um ponto de referência "forte" para a própria identidade.

De grande interesse me pareceram também as breves anotações sobre o problema do impasse (que implicitamente se liga à reação terapêutica negativa – RTN), embora eu considere pouco convincente a proposta do conto de Hänsel e Gretel[1] como metáfora da dupla analítica, que Ferro parece propor como destinada ao final feliz: a interpretação da bruxa (elementos beta), e a sua metabolização no forno (função alfa). Pessoalmente, vejo aí a ambivalência do autor pela bruxa-metapsicologia, à qual ele contrapõe o esforço de tornar público o "privado" da própria experiência clínica.

Renunciando a munir-nos de descrições "fortes" do "funcionamento" da mente, tornamo-nos mais sensíveis aos momentos de impasse como eventos comuns da comunicação humana; não por acaso, Bion afirmou que estamos tão habituados à frustração de não nos sentirmos compreendidos a ponto de tal frustração quase não ser percebida.

Além do mais, a referência ao fracasso da astúcia de Ulisses, quando tenta fugir do pacto feito, e ao sucesso de uma outra sua astúcia, a "polifemicidade", remete ao problema do impasse como ligação com um campo mais amplo, pelo qual somos tocados com intensas ondas emocionais, o campo humano no qual estamos imersos, os "incômodos" cujas influências o nosso "fazer" analítico não pode deixar de sentir.

---

1 Em português, João e Maria. [N.T.]

A nossa função parece tornar-se ao mesmo tempo menos pesada e mais responsável, a função de "aguardar acordados" os sinais dos nossos pacientes, esperando que os códigos das suas bandeirinhas não sejam demasiadamente ameaçadores e não produzam, pelo medo, "micropsicoses de contratransferência" em excesso.

Essa impostação não somente reconhece plena pertinência aos fenômenos de contratransferência como propõe a capacidade de mudança do analista como recurso do campo, e, realmente, "basta efetuar uma mudança ou transformação em qualquer ponto do campo para que *todo o campo* necessariamente encontre uma nova organização".

É claro que dentro dessas concepções clínicas podemos encontrar o princípio de auto-organização que representa a base das atuais teorias epistemológicas e da teoria da complexidade. Mas Ferro evita explicitar essas analogias, deixando-as implícitas; o chamado nomadismo das ideias suscita turbulências emocionais e ideativas inevitáveis, mas é fundamental ampliar o horizonte da nossa atenção e não permanecer atolados com o paciente em direções já conhecidas.

As reflexões de Ferro sobre as temáticas da sexualidade e da agressividade me parecem coerentes com o modelo de campo, e compartilho sua impostação metodológica no sentido de reconduzi-las aos eventos do campo na sua atualidade, em vez de dar-lhes uma definição no plano metapsicológico.

A intenção do autor é a de sublinhar como as narrações de fatos sexuais, inserções de personagens homossexuais ou fantasias ou atuações agressivas devam ser entendidas também como comunicações no aqui e agora, expressão de pensamentos em estado nascente sobre a relação e sobre as "ondas emocionais" do campo. Dessa forma, o analista pode libertar o vértice clínico de paradigmas moralistas e acusadores tão frequentes nas interpretações dos

24 APRESENTAÇÃO

comportamentos agressivos e sexuais; por outro lado, essa impostação deixa aberta a questão de qual estatuto reconhecer a essas dimensões, operação necessária para não favorecer uma "deriva interpretativa" que não encontre um ponto de apoio sobre o qual introduzir uma "cesura".

Ignorar as recaídas metapsicológicas das próprias opções clínicas apresenta uma dupla validade: por um lado, exprime uma preciosa indicação da primazia da clínica, o que justamente amplia o espaço do método analítico; por outro lado, expõe a um risco de ambiguidade em relação a uma fantasia de interminabilidade e de não publicação das experiências.

Compartilho o temor, e talvez também a intolerância, por construções teóricas saturadas demais que pretendem ser exaustivas e corroem a função psicanalítica da mente; sinto, no entanto, em sintonia com Ferro, a necessidade de posteriores e mais precisas reflexões a respeito do desenvolvimento da subjetividade individual, dos espaços de separação que fazem parte do crescimento, do surgir de fenômenos de compreensão e reciprocidade.

Pensemos, por exemplo, na agressividade psicótica, frequentemente entendida por nós como um desesperado sinal de ajuda; penso que seria necessária uma distinção mais precisa, levando em conta que, muitas vezes, as "manifestações" da agressividade nas situações emocionais podem ser um sinal de uma incontinência emocional que pouco tem a ver com o conceito de agressividade-afeto, mas é muito mais o efeito da ruptura de um continente fictício e artificial, posteriormente colocado à prova na situação analítica, como bem explica o autor.

Imagino que se Freud reformulasse hoje as geniais ideias contidas no seu trabalho "O delinquente por sentimento de culpa", poderia talvez referir-se a "O delinquente por falta de significado", entendendo a culpa primária como sentimento de cobertura da percepção inconsciente de um continente frágil e precário, à beira de uma ruptura, que o ato de delinquência seria, justamente, chamado a substituir.

Quando, ao longo do tratamento, sexualidade e agressividade possuem um suficiente grau de simbolização, acredito que haja necessidade de uma cesura, de uma interpretação "saturada" que tenha, então, a função de conter a "deriva interpretativa", irrefreável com intervenções que se refiram exclusivamente à situação de comunicação do campo.

Convence-me pensar que também "transformações em movimento rígido" tenham legitimidade e pertinência no campo analítico, como o autor salienta a respeito da "oscilação ao longo do Eixo das Interpretações".

Considero que essas respostas podem pôr à prova um "aparelho para pensar os pensamentos" suficientemente desenvolvido, que não necessita de uma referência constante à posição do analista--analisando. Uma "narração" sobre a própria vida sexual pode ser certamente "usada" pelo paciente para "extrair" interpretações, vazias de sentido emocional, sobre a sua sexualidade, com o objetivo de preencher o *horror vacui* derivado da destruição psicótica do aparelho para pensar; é preciso estar atento contra isso, mas é também verdade que a vida sexual e agressiva do adulto tem relação com a diferenciação e com a complexa articulação ligada à independência afetiva indispensável para desenvolver novos investimentos.

O campo é resultado de um conjunto de "vetores" afetivos, e para estabelecer um "vetor relacional" muitas vezes é necessária uma intervenção sobre o "movimento rígido" das transformações, que consubstancia aquele grau de "invariância" definido por Bion como a base necessária para realizar transformações.

Não por acaso, Ferro conclui o seu livro com o tema do "perturbador". Esse tema foi o último tratado por Freud antes de optar pela dualidade dos instintos e, a meu ver, junto com o tema do "duplo", representa o ponto de maior aproximação de Freud com o problema da psicose, posteriormente definida *tout court* como "fuga da realidade". Mas qual realidade? A "interna"? A "externa"? A "relacional"? A étnica e cultural? A etológica?

Se existisse realmente uma "realidade" que pudéssemos atingir com os nossos sentidos, Bion não teria precisado "inventar" a problemática das "transformações", que se apoia, justamente, no "espelho", na concepção da realidade como inatingível "objetivamente".

Essa posição epistemológica nos leva a elaborar o luto em relação às fantasias-pretensões de onisciência, no ato mesmo de aproximar-conhecer-criar o mundo simbólico.

Se os pensamentos verdadeiros podem ser concebidos sem a necessidade de um pensador, o aparelho para pensar é reduzido à função de modesto mendicante que se move somente na área da espera disponível para acolhê-los.

Perturbador é o solitário "sentimento de solidão", de que nos fala Klein, arraigado na irredutível nostalgia de "sentir-se compreendidos sem o esforço da linguagem", perturbadora se torna, pois, a necessidade de coexistir paralelamente nestes dois mundos: um, regulado pela "separação" simbólico-linguística, o outro, confinado na inextinguível nostalgia de um contato recíproco que transcenda as regras sintáticas da palavra.

Extingue-se a pretensão de *possuir* um objeto, a tensão cognoscitiva se volta para a possibilidade de não impedir o "criar-se de um campo de pertinência", apto a promover a experiência de conviver com um objeto "apropriado".

Espero ter conseguido, nestas breves notas, sugerir a riqueza de propostas que o livro de Ferro contém e as variadas questões clínicas e metateóricas que abre para os leitores, indicando, com isso, quanto espaço está aberto à investigação que, espero, nos encontrará ainda "companheiros de estrada" nas complexas explorações que constituem o trabalho psicanalítico.

Prefácio à edição brasileira

Izelinda Garcia de Barros[1]

Em *A técnica na psicanálise infantil*, seu primeiro livro, Ferro propõe que o sentido da experiência psíquica se articula a partir da matriz que é o pensamento onírico. Nele, imagens e palavras se integram em personagens e estes se articulam em enredos narrativos. Entende a sessão de análise como o desenvolvimento de uma narrativa escrita a quatro mãos. No interior dessa narrativa, experiências sensoriais e emocionais brutas (os elementos beta) vão sendo transformados em elementos que podem ser utilizados para pensar (os elementos alfa), dos quais os pensamentos oníricos constituem o primeiro nível de agregação.

O volume que ora apresentamos, intitulado *Na sala de análise: emoções, relatos, transformações*, dá continuidade ao seu diálogo com o leitor. Ferro mostra agora, a partir do seu próprio material clínico, o caminho que percorreu até chegar a esta forma de trabalhar, para, a seguir, esclarecer que também, sempre olhando para a frente, pensa e investiga outras aberturas possíveis.

---

1 Membro efetivo, analista de crianças e analista didata da Sociedade Brasileira de Psicanálise de São Paulo.

30 PREFÁCIO À EDIÇÃO BRASILEIRA

Essa abordagem vem ao encontro de uma das principais curiosidades do leitor do seu livro anterior, que ansiava por ver seu modelo "em funcionamento" na sessão. Comentando abundantemente seu próprio material clínico — foco principal de interesse nessa nova empreitada —, mostra também as correlações entre a técnica e a teoria da técnica. Muito da reflexão do autor sobre o modelo teórico que inspira sua técnica está amplamente exposto na sua obra anterior e sua apresentação sucinta poderá servir como referência para o presente trabalho.

Antonino Ferro fez sua formação na Società Psicoanalitica Italiana (Instituto de Milão). Descreve sua orientação como kleiniana, influenciada pela obra de Bion e de Madeleine e Willy Baranger. Afirma que o contexto teórico de seu trabalho se situa na "intersecção dos conceitos de campo bipessoal de Madeleine e Willy Baranger e cols. e as ideias de Bion sobre a centralidade do funcionamento mental do analista na sessão (*rêverie*)".[2] Estes conceitos — de campo bipessoal e de *rêverie*, aplicados à situação clínica — são pressupostos básicos de seu trabalho, e, na trama entre eles, se entrelaçam os postulados de continente e contido, as ideias sobre a constituição do pensamento.

Pode-se acrescentar que sua contribuição original vem se desenvolvendo dentro do contexto particular do pensamento psicanalítico italiano atual, que se interessa especialmente em pesquisar novos rumos no trabalho clínico tomando como ponto da partida alguns postulados fundamentais da obra de Bion.

A ideia de campo vem da psicologia da Gestalt, e logo foi incorporada à fenomenologia para descrever os fatos psíquico no contexto das relações significativas.

---

2 "El impasse en una teoría del campo analítico: vértices possibles de observación." *Libro Annual de Psicoanálisis*, (1993) 9: 53-65.

O casal Baranger acrescentou a este conceito as noções básicas kleinianas de fantasia inconsciente e da especificidade da transferência e da contratransferência para cada par analítico.

A situação analítica passa a ser definida como um campo bipessoal em que só é possível conhecer a fantasia inconsciente da dupla, constituída pela contribuição de seus dois membros, intermediada por identificações projetivas cruzadas, cujo fluxo, espera-se, dadas as condições particulares da mente do analista, será maior do paciente para o analista. Assim, o funcionamento mental do paciente e o do analista serão mutuamente estruturados e estruturadores.

Por causa da soma das identificações projetivas cruzadas perde-se periodicamente a situação de assimetria no interior da dupla, sendo esta substituída por uma relação simbiótica que tende a estancar o processo. Estas zonas de resistência, denominadas baluartes, exigem atenção especial do analista — uma "segunda mirada" que deverá trazer a possibilidade de se construir a interpretação forte e saturada. Esta, desfazendo o baluarte, põe novamente o processo em andamento e transforma estas experiências em verdadeiras relações objetais. A resolução do baluarte promove o *insight* e traz uma reestruturação do campo.

Tendo aprendido esses conceitos dos Baranger, ele explica que, no momento, sua ideia de campo é um tanto diversa, muito mais inspirada no conceito de continente/contido de Bion. Acredita que é no campo que surge a matriz geradora de significados e que, embora ativada na sessão, no encontro entre analista e analisando, vai além daquilo que pode ser imediatamente interpretado na relação. A sessão se desenvolve como uma narrativa criada pelos participantes; ela não "pertence" a nenhum dos membros; é uma entidade maior do que cada um deles.

Usando a expressão de Bion (1980), acrescenta que o paciente é o "nosso melhor companheiro" de trabalho, porque indica com precisão a necessidade de se modular as interpretações e descreve o que se passa no campo a partir do seu próprio ângulo, diferente e desconhecido para o analista.

A soma destes dois vértices de observação do que se passa no campo — o do analista e o do paciente — constitui o que o autor denomina uma "holografia afetiva", por semelhança com o resultado óptico de profundidade obtido pela associação de duas imagens do mesmo objeto tomadas com foco de luzes diferentes. O trabalho de elaboração destes dados se inicia pelo exame da contratransferência, visto como o lugar da assimetria da relação.

Outro conceito fundamental, cunhado por Bezoari e Ferro (1990), é o de "agregados funcionais" entendidos como o ponto germinativo de imagens, personagens e narrativas no diálogo analítico. A expressão agregado funcional descreve sua origem: são de natureza análoga a um sonho produzido pela dupla e assumem o valor de um nível inicial de simbolização compartilhada, em que o campo emociona e seus componentes são representados: afetos e significados emergem por sucessivas transformações. Os personagens que aparecem no cenário analítico não pertencem, a princípio, a nenhum dos dois participantes. São os compósitos e têm uma dimensão transicional.

As interpretações são agrupadas em dois grandes grupos: interpretações "fortes", transferenciais, que decodificam significados pré-existentes na mente do paciente e as interpretações "fracas" não centradas no aqui e agora, insaturadas, com uma potencialidade semântica mais ampla. Esse tipo de interpretação, diferentemente da interpretação forte, não tem uma qualidade corretiva mas transformadora.

As interpretações fracas, fruto da natureza intersubjetiva e dialógica do trabalho analítico, vão sendo construídas "a quatro mãos", como histórias cujo personagens surgem e desaparecem em função da dinâmica do campo. O texto narrativo do paciente é entendido não como algo de onde extrair um significado, mas como algo com que interagir na construção de um sentido partilhado.

Com as interpretações "fracas" o analista propicia a continuidade da capacidade narrativa do paciente, que, com desenhos, jogos, sonhos e histórias, relata o que estiver ocorrendo nas profundezas do intercâmbio relacional. Elas permitem, assim, que os elementos emocionais encontrem pouco a pouco, na possibilidade de acesso à palavra, uma modalidade privilegiada da expressão.

Ferro usa a palavra afeto para indicar o fenômeno relacional e transitivo de duas mentes em contato, e emoção como uma vivência de âmbito individual, desorganizadora da ordem pré-estabelecida. Das emoções para os afetos há um percurso de mudanças consecutivas, acompanhadas pela constituição de significado.

Neste segundo livro descreve diferentes períodos de sua formação e refere-se a um primeiro modelo interpretativo, mais centrado no paciente, baseado no acompanhamento de fantasias inconscientes corporais, e a um segundo modelo, em que a atenção do analista focaliza especialmente a transferência, a relação analítica e o aqui e agora da sessão.

Havia uma dificuldade técnica no uso das interpretações transferenciais. Pacientes muito narcísicos, com frequência bastante calados, aqueles com ego muito frágil e ainda um terceiro grupo que parecia ter perdido a capacidade de pensar, não recebia bem as interpretações de transferência mas as toleravam melhor se viessem "vestidas". Eram intervenções que traziam os mesmos conteúdos de uma interpretação transferencial, pensada como tal pelo analista, mas vestidas com as personificações do discurso do paciente

34 PREFÁCIO À EDIÇÃO BRASILEIRA

e sem referências explícitas ao "aqui e agora" da sessão. A experiência mostrou que estes enunciados, formulados com a intenção de preparar uma transferência propriamente dita, eram recebidos com alívio e disponibilidade e ainda mais: estimulavam respostas de continuação ativa do processo de transformação, às vezes em direções imprevisíveis. "Percebemos, então", diz Ferro, "que estimulados pela exigência de uma melhor aproximação com pacientes difíceis, estávamos modificando não só a nossa práxis clínica, mas nossas ideias sobre interpretação e mais amplamente sobre a natureza da experiência analítica."[3] Falando da função do analista dentro do par analítico, continua Ferro:

> *O local da assimetria, a tão enfatizada dependência do paciente, desloca-se para o* working-through *do analista: para a tarefa contínua de assumir, transformar e nomear (no sentido de dar nome) as identificações projetivas do paciente, modular as interpretações... (a Tarefa) de escutar a modalidade de recepção das próprias intervenções, de perceber os personagens presentes na sessão sob a forma de respostas verbais do paciente e de assumir a responsabilidade por tudo que for atinente ao campo, inclusive a contratransferência."*

A tarefa do analista será, protegendo o paciente dos elementos beta do próprio analista, transformar os elementos beta oriundos do paciente, assumindo-os, narrando-os e proporcionando condições para que ocorra um autêntico processo de simbolização.

Através de sua análise, o analista desenvolve certas funções da mente que se individualizam na qualidade de contato e de

---

3 "Elementos de un modelo del campo analítico." *Revista de Psicoanalisis* (Arg), 47 (5/6): 847-61, 1992.

separação; no manejo da dependência; no nível de desenvolvimento e de atenção, que o instrumentalizam com uma estrutura de caráter analisada.

Mesmo atingindo estas condições favoráveis, nem sempre é possível fazer clivagens que resultem em um estado de mente disponível para receber as comunicações do paciente. Adota-se, então, uma atitude defensiva, antálgica, que pode até inverter o fluxo das identificações projetivas. Isto é particularmente verdadeiro quando defrontamos com pacientes graves.

Assim como a função onírica materna (*rêverie*) se ativa no encontro com o bebê, diz Ferro, o analista sonha sobre o material do paciente na sessão analítica. O sonho que o paciente traz para a sessão, além de referir-se ao seu mundo interno e à sua história, pode também revelar de que ponto de vista inconsciente ele está vivendo os acontecimentos atuais da relação com o analista.

Ferro complementou os comentários sobre o sonho durante sua estada em São Paulo. Sugeriu que, assim como há um aparelho para pensar os pensamentos, analogamente poderíamos fazer a hipótese de um aparelho para sonhar os sonhos, porque, quando dormimos, já há um enorme armazenamento de elementos alfa (acumulados pelo trabalho onírico de vigília). Este aparelho de sonhar os sonhos escolheria, na miríade destes elementos alfa, os mais significativos da colheita daquele dia. Assim como, instante a instante, um elemento alfa pictografa o estado emotivo global de cada momento relacional, o sonho dá uma espécie de resultante global de todos estes elementos alfa.

Durante a sessão, o analista está empenhado no processo de alfabetização e semantização da comunicação do paciente: fatos, lembranças, histórias. O sonho, no entanto, traz uma comunicação

36 PREFÁCIO À EDIÇÃO BRASILEIRA

já muito trabalhada pela função alfa do próprio paciente e, assim, a função alfa do analista, "menos fatigada em tarefas de digestão, estará disponível para operações mais complicadas".

Em diferentes ocasiões, a propósito de seu modelo diz o autor:

> *Torno a reafirmar que este vértice de escuta não pode ser constantemente o único, pois se incorreria numa relação voltada para si mesma, enquanto se deve poder realizar uma contínua oscilação dos vértices de escuta, da história, do mundo interior, das fantasmatizações e deste vértice que considero privilegiado entre todos, específico e de maior espessura analítica, isto é, volto a repetir, a escuta do que o paciente diz (ou não diz) como algo que narra, continuamente, o que acontece entre as duas mentes, na sessão, vértice que devemos compartilhar para alcançar o paciente onde ele estiver.*

A Técnica na Psicanálise Infantil, sua obra anterior, depenou grande interesse entre nós pela originalidade de suas proposições mobilizando significativas discussões e questionamentos, o que justifica a pronta tradução desse novo livro para o português e a suposição de que também a sua leitura será igualmente instigante. Fortemente centrado no material clínico, parece se ajustar muito bem à vocação clínica do psicanalista brasileiro.

Ferro confirma mais uma vez suas qualidades de analista experiente e arguto. Habilíssimo narrador, expressa-se de modo fácil e conciso, confirmando mais uma vez suas qualidades literária que tornam o texto mais agradável e cativante.

1. Critérios de analisabilidade e término de análise: um vértice radical

Neste capítulo, gostaria de refletir sobre as peculiaridades inerentes às teorizações de campo no que concerne a dois pontos-chave da análise: a decisão de iniciá-la e a de terminá-la.

Antecipo que considero o termo "campo" com a mais ampla gama de significados: desde as conceitualizações dos Baranger (1961-1962) e destes com Mom (Baranger, Baranger & Mom, 1983), até às complexas e sofisticadas de Corrao (1986).

Deste último, gostaria de lembrar a incisiva *definição* (1986) de campo "como uma função cujo valor depende da sua posição no espaço-tempo: sistema de infinitos graus de liberdade, dotados de infinitas determinações possíveis que este assume a cada ponto do espaço e a cada instante do tempo", e remeto a outros (Bezoari, Ferro, 1990a, 1991b; Ferro, 1993d, f) para definições e especificações.

No exato momento em que o campo toma forma, torna-se o espaço-tempo de intensas turbulências emocionais, de vórtices de elementos β, que, urgindo e ativando as funções α, começam a ser transformados em elementos α, isto é – predominantemente –, em "imagens visuais" (Bion, 1962): não importa "onde" estas últimas se manifestem: no relato do paciente, na *rêverie* do analista, na sua contratransferência.

Essa emergência das imagens, descrita por Bion é, no entanto, o ponto de chegada de complexas operações de tecedura transformadora que eu, junto com Bezoari, havia tentado descrever com a metáfora dos moinhos (Bezoari & Ferro, 1992a), a qual reproponho sinteticamente.

No encontro analítico, estamos na presença de duas funções α: o relato do paciente de casos, fatos, lembranças que põe intensamente à prova a função α do analista, que estará ocupado com o processo de alfabetização/semantização da comunicação do paciente; no campo analítico, pensamos o grosso do trabalho como feito por dois moinhos, um a vento (para as palavras) e um a água (para as identificações projetivas), aos quais são levados para moer grandes sacos de trigo (elementos β), que deverão virar farinha (elementos α), serem amassados e cozidos (pensamentos oníricos).

Entre os dois moinhos há muita troca de sacos (troca cruzada de identificações projetivas): em geral, mais sacos de trigo viajam na direção paciente ® analista, exceto nas situações em que este esteja fechado ou sobrecarregado, quando pode ocorrer uma inversão de fluxo (Ferro, 1987; Borgogno, 1992, 1994a).

Frequentemente viajam comunicações bastante brutas, que necessitam até mesmo de um trabalho de filtragem com a debulhadeira, e o trabalho da função α é o de moer cada vez mais esses elementos. A título simplesmente de exemplo, digamos que uma grande parte das comunicações de um determinado paciente (comunicações não elaboradas, brutas) viaje por via explícita (linguagem) ou por via subterrânea (identificações projetivas), e uma pequena parte viaje já transformada por meio da função α do paciente; da posterior elaboração do analista surgirá nova farinha, entrarão em cena os "agregados funcionais",[1] produzidos pelo trabalho mental de ambos narrando o que acontece no campo e na dupla.

O "personagem" (entendido também no sentido narratológico como protagonista de destaque: portanto, pode ser inclusive um objeto do mundo animal ou do mundo inanimado), além das características de "personagem real externo", ou de "personagem do mundo interno", adquire o valor de "nó narrativo sincrético" que concretiza, contextualiza, dá forma e nome a tudo o que acontece no campo, permitindo uma visualização tridimensional.

É a maneira como o texto linguístico-emocional da sessão pode exprimir emoções, afetos, de forma trabalhada, transformável, narrável, compartilhável.

O elemento central dessa conceitualização é o "pensamento onírico da vigília", isto é, aquele contínuo "sonhar para estar acordado", ao qual a função α incessantemente provê ao constituir elementos α, dispostos em sequência, a partir de todas as aferições senso-perceptivo-emocionais que temos a cada instante existencial e relacional (Bion, 1962).

O pensamento onírico da vigília separa continuamente o consciente do inconsciente, permitindo que não sejamos capturados pelo inconsciente, que vivamos as nossas experiências sem sermos subjugados por elas, que as metabolizemos em tempo real. O

---

1 O termo "agregado funcional" (Bezoari & Ferro, 1990a,1991a, b) é alternativo ao de partes personificadas, e permite a suspensão de juízo sobre o pertencimento a um ou a outro ator/autor dos personagens que aparecem durante a sessão, mantendo-os numa situação de transição. O termo "holograma afetivo" (Ferro, 1992) permite colher a tridimensionalidade cênica dos personagens que são evocados durante a sessão, quando não são colhidos no eixo histórico ou no dos habitantes do mundo interno, mas como resultante sintética do funcionamento da dupla no campo.

sonho da noite nos permite ver a resultante de um processo sempre em ato (Bion, 1962).

Temos a percepção do pensamento onírico da vigília por meio dos "próximos derivados narrativos" dos elementos α, que são também continuamente *sinalizadores do texto* linguístico-emocional da sessão.

Os sinalizadores do texto tornam-se perceptíveis todas as vezes que assumimos como vértice escutar tudo o que provém de todos os cantos do campo (relato ou sonho do paciente, nossa contratransferência, nossos sonhos, identificações projetivas etc.) como *uma narração contínua em tomada direta das emoções e dos movimentos do campo e do sucesso ou do fracasso das transformações do campo na única direção terapêutica* β → α.

Esses *sinalizadores do campo* nos permitem dispor de guias com as quais podemos manter a tensão transformadora β → α, e nos indicam qualquer desvio desse eixo como disfunção do campo. Tais sinalizadores do campo, que são a resultante, momento a momento, das forças emocionais do campo, constituem uma aproximação muito significativa da verdade emocional do campo (o "O" da dupla), se originam no funcionamento mental de paciente e analista e são função da interação destes e de todas as suas vicissitudes.

Naturalmente, a partir de outros vértices presentes no campo, tais personagens são legíveis segundo outros modelos que os veem como pertencendo à realidade externa ou à interna. Esses modelos no campo estão em oscilação entre eles e se *autoconfirmam por todos os vértices teóricos de observação*.

Gostaria de examinar os fenômenos de analisabilidade e de fim de análise, privilegiando justamente essa utilização dos sinalizadores do campo.

Analisabilidade ou capacidade de pôr-se à prova[2]

A literatura a respeito dos critérios de analisabilidade é muito vasta, e logo fica evidente a grande disparidade entre a sua abundância e a escassez de pontos de vista compartilhados em relação a esse tema.

Em primeiro lugar, chama a atenção a não correspondência linear entre a evolução dos modelos e a ampliação dos mesmos critérios: de fato, os analistas que mais expandiram os conhecimentos da análise quanto às patologias mais graves trataram somente de maneira marginal dos critérios de analisabilidade.

Do meu ponto de vista, é mais útil falar de um *critério de capacidade de pôr-se à prova*, no sentido de que todo analista deveria ter consciência de até que ponto sente que pode chegar para analisar, com base na própria análise, no próprio funcionamento mental, no próprio grau de tolerância do risco e da frustração. Consciência que deveria compreender ainda o grau de capacidade de colocar à prova do modelo de que dispõe: frequentemente há um trabalho anterior à remoção, que permite construir, formar o "aparelho para pensar os pensamentos" (Bion, 1962) antes que esses possam ser tratados e, às vezes, o próprio desenvolvimento de uma função α, mesmo que gravemente deficitária.

No que concerne a um reexame da literatura mais significativa sobre o tema, remeto à compilação feita por Limentani (1972), ao seu acréscimo sucessivo (1988b) e à ótima compilação de Etchegoyen (1986).

Importante dizer que a atenção de quem investigou esse tema deslocou-se significativamente do estudo das características do

---

2 No original, *cimentabilità*: capacidade de pôr-se à prova em uma situação difícil e arriscada, permanecendo consciente dos próprios limites. [N.T.]

paciente para as da dupla e da interação entre "aquele determinado" paciente e "aquele determinado" analista.

Ao mesmo tempo, o conceito de analisabilidade (entendido como possibilidade de cura, ponto de chegada) foi acrescido, e em boa parte substituído, pelo de *idoneidade* para a análise (baseado na capacidade de estar dentro de um *setting* analítico e de viver um processo transformador) (Limentani, 1972) e pelo de *acessibilidade* à análise, conceito este segundo o qual é possível somente fazer distinção entre pacientes facilmente accessíveis e pacientes de difícil acesso (Joseph, 1985).

Um outro ponto diz respeito a uma espécie de "alarme" de muitos analistas quanto às eventuais *interrupções* da análise (como se "analisável" significasse garantia de um processo que irá chegar até a suposta conclusão de uma última etapa prevista), em vez de considerar de qualquer forma válida uma análise que vá até onde possa ser feita (no trabalho daquela dupla), aceitando, para dizê-lo com Bleger (1967), que uma análise pode terminar com sucesso no ponto em que outras poderiam iniciar.[3]

Outro alarme diz respeito à eventual condição de interminável, vivida como um xeque-mate mais do que como a necessidade de um tratamento que, por vezes, não pode ser suspenso pelas características da patologia do paciente e do campo, uma análise-diálise que às vezes também pode ser necessária.

Entre as pessoas que me pediram para fazer análise, somente a duas, quando tinha disponibilidade de horário, disse não: no início

---

3 Lembro de uma longa análise, trabalhosíssima para mim e para o paciente, pelo contínuo estado de emergência em que se desenvolveu, sempre com o risco de atuações até mesmo violentas – após as quais me perguntava se, no fundo, tinha valido a pena –, em que o próprio paciente me surpreendeu, dizendo: "Devo muito à análise, porque graças a ela não me tornei nem um toxicômano nem um assassino".

do meu trabalho, a um paciente que me repropunha temáticas emocionais e existenciais semelhantes àquelas há pouco elaboradas por mim na minha análise, razão pela qual não me sentia muito preparado para ocupar-me delas em outra pessoa; e, também no início do meu trabalho, a um outro paciente alto e forte que, enquanto eu o "seguia" na sua narração, disse-me que, uma vez, no carro, sentira-se "seguido", e quando essa suspeita tornara-se certeza, tinha parado e batido na pessoa que o seguia até sangrar: pareceu-me motivo suficiente para "não segui-lo".

Em outras ocasiões, tendo tempo, nunca disse não a um paciente por considerá-lo inanalisável ou grave demais: mesmo que por vezes tenha pago bastante, em termos de esforço ou sofrimento mental, por essa decisão, a qual, no entanto, me permitia tentar ir além do que já estava "mapeado".

Permanece um mistério – mas talvez nem tanto – a escolha de dizer sim, mesmo não dispondo de tempo:[4] acontece com pacientes que propõem uma temática que, naquele momento, se aproxima muito dos interesses teóricos e muitas vezes práticos do analista, que parte, assim, *também* para a exploração de zonas misteriosas, ou obscuras, ou simplesmente não suficientemente transitadas pela própria mente (Meotti, 1987).

Outro temor é o do paciente que poderia se agravar, eventualidade que por um lado poderia testemunhar uma técnica inadequada quanto às suas necessidades ou capacidades (possibilidade demonstrada por muitas transferências psicóticas, muitas reações terapêuticas negativas e muitas interrupções; De Masi, 1984, Gagliardi Guidi, 1992, Conforto, 1996), mas por outro lado é uma prova necessária para a elaboração de estados mentais adormecidos ou encapsulados.

---

4 Quero dizer horas geralmente não disponíveis para análise no programa de trabalho da semana.

Puget e Wender (1987) disseram que consideram análise aquelas situações, frequentemente limítrofes, em que se ativa uma função psicanalítica capaz de produzir "a compreensão e a semantização do que é inconsciente, não compreendido, não pensado até aquele momento: um alívio para a dor mental".

Naturalmente, o analista deve examinar-se em relação à própria disponibilidade, de modo geral, para receber *um* novo paciente em análise, e posteriormente em relação a receber *aquele* determinado paciente: pode acontecer que se diga não *àquele* paciente, porque não há lugar para *um* novo paciente.

Acontece, como eu dizia, também o contrário: que não tendo lugar para *um* novo paciente, se encontre lugar para *aquele* paciente. Classicamente, esse amor à primeira vista seria um bom motivo para renunciar a um paciente que acende essa vivência de contratransferência, mas como e por que resistir? Haverá tempo para arrepender-se ao longo da análise; assim como, em contrapartida, pacientes aos quais se disse sim somente porque se tinha *um* lugar revelam-se posteriormente pacientes com os quais vivemos análises apaixonantes, o que me parece confirmar o quanto, numa análise, são infinitas as aberturas de sentido e os mundos possíveis que podem ser ativados.

O primeiro encontro poderia ser imaginado como o mais neutro, aquele durante o qual pode prevalecer a escuta da história ou do mundo interno do paciente; nada mais ingênuo: já desde o telefonema, e mesmo antes dele, começam a estruturar-se por parte do paciente e do analista as fantasias "de dupla", que precipitam já no primeiro encontro, como dizem exemplarmente os Baranger. Não somente isso, mas o *modelo de escuta*, se usado sem consciência, estrutura o campo e termina por confirmar as teorias do analista por meio da formação de microtransformações em alucinose, nas quais as teorias distorcem a comunicação do paciente "lendo-a" de modo unívoco: a colonização interpretativa cria o domínio do não existente, o que é evitado é a dolorosa experiência da frustração diante do vazio do não saber, da dúvida de permanecer por muito tempo em PS, à espera que o campo, "verdadeira matriz de histórias possíveis" (com base no genoma emocional do paciente, do analista e nas capacidades de transformação), ative uma "história" que não pode ser prevista. Creio que existe, já no primeiro encontro, um oscilar contínuo entre as "capacidades negativas" do analista (Bion, 1970), que comportam um seu saber permanecer na dúvida, em PS, permitindo a abertura de infinitas histórias (ou infinitos sentidos), e a opção pelo "fato selecionado", a qual implica a escolha forte de uma hipótese interpretativa que nasça de uma emoção que agrega o que estava disperso em PS, numa *Gestalt* que fecha os sentidos em favor de um sentido prevalente, o qual reorganiza em modo unívoco, de um determinado vértice, o que se formou no campo; é uma operação que acontece em D e que comporta uma operação de luto pelo que não é.

A isso, em narratologia, define-se com os conceitos de "obra aberta" e de "narcotização" de histórias possíveis para consentir o desenvolvimento de uma história, e é mostrado de modo operacional por Diderot no seu *Jacques le Fataliste* (Eco, 1979; Ferro, 1992).

Gostaria de dar um breve exemplo.

O orgasmo e o boletim escolar de Carmen

A primeira comunicação de Carmen, uma jovem mulher não italiana, é que não atinge o orgasmo com a penetração. Impressiona-me o fato de que essa seja a primeira coisa que me diz no nosso encontro.

Conta-me depois a respeito da vida não plenamente satisfatória que leva, e da família que deixou numa cidade europeia. Acrescenta alguns outros relatos da infância e a descrição da sua característica peculiar de estar sempre "raivosa". Afirma tê-lo sido desde pequena, após ter vivido uma experiência muito decepcionante: tinha trazido para o pai o seu boletim escolar com notas muito ruins, e estava certa de que ele iria ficar muito bravo e a puniria. Ficara muito mal e cheia de raiva quando ele assinara o boletim sem nem mesmo olhar as notas e, portanto, sem comentá-las. Em seguida, fala do relacionamento superficial com a mãe e de outras experiências ligadas à troca de regime político no seu país de origem.

Como pensar esse primeiro encontro? Como interpretar os personagens? Certamente podem ser entendidos como personagens com um alto referencial histórico e de realidade externa: em conexão com o próprio romance familiar. Portanto, podemos pensar nos problemas sexuais como ligados à feminilidade, angústias de castração, temáticas edípicas, pré-edípicas e assim por diante...

No entanto, os personagens podem ser entendidos como um modo de narrar, num dialeto, fatos emocionais do mundo interno: "o orgasmo com penetração" poderia estar para "relações íntimas profundas"... e a história do boletim pode ter a ver com o protótipo de uma relação decepcionante e frustrante; como se Carmen dissesse desde cedo: "Eis o meu problema: para mim, as relações íntimas e profundas nunca são fonte de prazer, mas somente e sempre fonte de desilusão e raiva", e o problema sexual pode ser o veículo para contar essas temáticas ainda mais íntimas.

Mas haveria ainda um outro nível possível se puséssemos em ato, desde o primeiro encontro, uma leitura dos personagens e da história muito centrada sobre a relação. Com efeito, já ao telefone, eu tinha dito a Carmen que não tinha horário para uma eventual análise e que podia encontrá-la somente para uma entrevista: o que só poderia provocar raiva e desilusão para com quem não demonstrava particular interesse em conhecer as suas "notas ruins", e certamente a minha resposta não lhe causara nenhum prazer.

Cada uma dessas leituras constitui, a meu ver, uma colonização do texto do paciente. A alternativa é a de criar, na sessão, um modelo capaz de prescindir dessas teorizações e que seja um dar, pela primeira vez, um nome e um sentido a algo de desconhecido e que nunca foi pensado antes (pelo menos com, e para, Carmen, comigo e por mim), de modo que não podemos saber o que é enquanto não tiver sido; é, no fundo, o que diz Bion quando fala do uso do "modelo" construído em sessão e de ser "sem memória e desejo" (Bion, 1962, 1970); contar mais com as próprias "capacidades negativas" do que com interpretações decodificadoras (Bion, 1970) e ver quais transformações poderá ter essa "história", no "dialeto" em que a paciente a propõe, de acordo com a interação das mentes de paciente e analista no campo que eles mesmos criam, campo entendido como lugar-espaço promotor, ativador de histórias possíveis (a partir, naturalmente, dos ingredientes emocionais que o paciente traz).

Nessa ótica, um ponto significativo é o modo de considerar os personagens da sessão numa gama que, permitindo entendê-los como personagens histórico-referenciais do mundo interno, da relação ou hologramas do campo, consinta n combinações dos mesmos, não determináveis aprioristicamente.

Portanto, me parece que o critério da analisabilidade seja um critério *a posteriori*, no sentido de que não sabemos ainda quais "histórias" (da dupla, do mundo interno, da história) tomarão corpo; podemos fazer somente uma previsão (não mais segura do que as da meteorologia) sobre as turbulências que serão ativadas no campo: o quesito que poderemos nos colocar diz respeito a quanto a "função α do campo" e o "aparelho para pensar os pensamentos"

48   CRITÉRIOS DE ANALISABILIDADE E TÉRMINO DE ANÁLISE

de campo serão capazes de não se desestruturar (e, portanto, não evacuar) e de transformar os elementos β do campo.

O único aspecto que, sem ser um critério de analisabilidade, considero útil, é justamente o de levar em conta, já no primeiro encontro, a possibilidade de operações transformadoras na sessão,[5] no sentido de ver quais as capacidades de formar imagens, histórias, *rêveries* que se ativam na dupla: tudo isso como auspício de fertilidade da própria dupla; inútil dizer que, quando isso não acontece, esse poderia ser justamente o problema a ser tratado.

Lembro que Bion, na grade, destinou a coluna 2 às "mentiras", como tudo o que nos "protege" do desconhecido, que é o que mais nos aterroriza e que sempre gostaríamos de tentar evitar, exorcizar, mapear com cartas falsas; creio que todo paciente "difícil", ou inanalisável segundo alguns parâmetros, não faça outra coisa senão nos confrontar com aspectos desconhecidos de nós mesmos, dele e das nossas teorias (Gaburri & Ferro, 1988).

Não posso deixar de lembrar o apólogo dos mentirosos (Bion, 1970) e, entre as falsas verdades que invocamos para nos proteger, incluiria também muito do que se escreveu sobre os critérios de analisabilidade.

Inevitavelmente, receber um novo paciente implica também riscos para a vida mental do analista: menores se o analista se coloca como arqueólogo ou decodificador de fantasmas "do" paciente.

---

5   Um paciente me parece logo, e é, muito grave; está acompanhado... toma muitos psicotrópicos... ao ficarmos sozinhos, fala-me de maneira muito persecutória e violenta da relação com a mãe, mas após algumas minhas intervenções cautelosas, acolhedoras e *textuais*... começa a dizer-me que, bem, não era sempre como me tinha contado... que o ódio nascia do medo... e quando o medo não era tanto, via também os aspectos bons da mãe... que na realidade era muito disponível e atenta...

Acarretam seguramente riscos para o analista os pacientes muito graves, que comportam o confronto e a metabolização de angústias muito primitivas e, por vezes, catastróficas, que de qualquer forma entrarão no campo; pode-se dizer o mesmo para graves pacientes psicossomáticos com os quais se deverá perfazer o caminho do somático ao mental.

Existe, pois, um perigo, no sentido de uma quota de sofrimento mental que se ativará (lembremos o que já dizia Freud sobre a necessidade, para todo analista, de uma "manutenção" periódica e o que disse Bion a respeito daqueles pacientes que provocam danos na mente do analista).

Mas existe também um "perigo" ligado ao crescimento da própria mente: o sofrimento pelo aumento da área de pensabilidade, no sentido mesmo de uma dilatação da própria mente. Um outro perigo – desta vez também para o paciente – é que as teorias se constituam como defesas contra o pensar, o que pode acontecer, aliás, também com as interpretações.

Término da análise

Inútil dizer o quanto a literatura sobre os critérios de término da análise seja, também ela, riquíssima; para um aprofundamento sobre o tema, remeto ao capítulo de Etchegoyen (1986), a Preve (1994) e a De Simone (1994).

Também para o término da análise vale o que eu dizia no início. Se considerarmos a análise em termos de "campo", por consequência será o próprio campo o lugar de "sinalização" do fim da análise. Cada lugar do campo poderá vir a ser o lugar em que se acenderá tal sinalização: a contratransferência, os sonhos de contratransferência, os personagens ou narrações do paciente que começarão a "sinalizar" esse evento, *e isto não com base numa teoria que o preveja, mas num modelo que o permita* (Bion, 1962).

A diferença entre teoria e modelo é traçada muito claramente por Bion em *Aprender com a experiência*; a teoria é muito saturada, deriva de um alto grau de abstração, se usada na sessão distorce o material, enquanto o modelo é insaturado, é uma invenção dia após dia, é uma descoberta provisória feita na sessão, que fora dela poderá encontrar organização em teorias, sendo que na sessão o modelo é único e irrepetível.

Gostaria de acrescentar ainda que, numa ótica de campo, existe mais uma variável, que é a de considerar que este se estrutura a partir da contribuição da vida mental de paciente e analista, da interação das suas defesas, das suas transferências, das identificações projetivas: o término da análise é, pois, algo cada vez muito específico, e específico àquela dupla.

Para mim, o término da análise se constituiu sempre como um "acontecimento" específico daquela análise, salvo poder reconhecer depois a existência de elementos comuns, mas esse aspecto emerge sempre *a posteriori*; prevaleceu sempre, durante a análise, a improvisa e inesperada "sinalização" no campo, por parte do texto linguístico-emocional da sessão, de tal acontecimento.

A posteriori, abstraindo dos vários modelos experimentais na sessão, uma frequente sinalização veio para mim de alguma coisa que indicava uma maturação do "aparelho para pensar os pensamentos" (Bion, 1962). Ou seja, não creio que devamos pensar tanto no desenvolvimento deste ou daquele conteúdo quanto no desenvolvimento do que Bion descreve com a metáfora do aparelho digestivo.

Lembro que, ao lado da função α (e da sua capacidade de transformar elementos β em elementos α, e, portanto, levar ao pensamento onírico da vigília e aos pensamentos), Bion postula a necessidade da existência de um "aparelho para pensar os pensamentos", inadequado na espécie humana mas necessário para tratar, organizar, usar os pensamentos, uma vez que tenham sido produzidos. Sem esse aparelho, os pensamentos são evacuados como se fossem elementos β.

O "aparelho para pensar os pensamentos" é constituído pelas oscilações PS « D e por aquela ♀ ♂. A introjeção suficiente desse aparelho é, para mim, um ponto-chave de tal sinalização. Essa introjeção não passa, durante a análise, por descobertas ou por mais saber, mas pela progressiva introjeção das qualidades mentais do analista, pela introjeção do método que o analista usa para tratar suas emergências emocionais, paixões, pensamentos (Bianchedi, 1991).

Portanto, é a introjeção dessa qualidade que propicia a autonomia: naturalmente, isso passa por um longo trânsito graças ao trabalho sobre os conteúdos, não pelo valor da sua "revelação" ou da sua "interpretação", mas por passar ao outro, progressivamente, essa função: é o que Bion diz a respeito da *rêverie* e da função α materna. Cada vez que entra em função, não só há conteúdos emocionais bonificados ou transformados, mas sobretudo há a progressiva introjeção de partes da mesma função, do aparelho PS « D e de ♀ ♂.

O término da análise é preparado desde a primeira sessão, no sentido de que serão justamente as capacidades mentais do analista, experimentadas dia após dia, durante anos, que permitirão a introjeção do "precipitado" destas; o que conta, na minha opinião, é como funcionou, no campo analítico, a mente do analista com a do seu paciente, quais transformações (β → α) propiciou, prescindindo totalmente das teorias de "cultura interpretativa" utilizadas.

É fundamental o quanto a mente do analista acolhe e transforma, no aqui e agora, as angústias do paciente, pouco importando quanto a teoria do analista comporta esse mesmo fato: *importa o que o analista realmente faz do ponto de vista das microtransformações em sessão, não importando o que creia que faça, ou em que dialeto creia que o faça.*

Critério que difere daquele mais superegoico da estabilização do paciente em D: de fato, com Bion, não é mais possível pensar numa ancoragem em D, mas num oscilar contínuo PS « D. A introjeção da função analítica creio que possa ser considerada como a "enzima" que favorece a reação em direção a D, dando confiança e esperança de que, mesmo nos momentos de mais agudo PS, é possível a transformação do estado mental para D.

Se pensarmos que a análise é aquela sonda (Bion, 1970) que permite a contínua expansão do campo que investiga, não poderia ser de outra maneira.

Quanto à focalização sobre o analista ou sobre a dupla enquanto trabalha, Preve (1994) concilia as posições de Grinberg (1981a) e as de Bianchedi e colaboradores (1991), dizendo que "no fundo é o analista que assume a responsabilidade das decisões de separar-se e fixar a data, mas estas são o fruto de uma interação da dupla".

Preve acrescenta sempre aos indicadores que provêm do paciente, descritos por Libermann e colaboradores (1983) como temporais, de movimento, de afastamento e de "personagens típicos", os indicadores de reestruturação arquitetônica.

Gostaria de insistir na importância das capacidades negativas do analista, entendidas como tolerância à dúvida, ao não saber, para permitir a entrada de tudo o que o texto emocional nos sinaliza: surpreendi-me ao perceber que, em diversas análises, aparecia essa sinalização particular: *uma ferramenta para a manutenção da mente.*

É como se, de repente, as forças do campo começassem a dar esse tipo de resultante emocional; aqui também entendo esses sinalizadores como "agregados funcionais da dupla", que como tais ganham corpo a partir das emoções do campo, e relatam, por meio dos personagens, as transformações ocorridas no campo. É o "espaço da análise que se transforma" (Riolo, 1989), que implica transformações do paciente, do analista e da própria psicanálise.

Esse ponto é fortemente enfatizado por Riolo (1989) quando afirma que a eficácia de uma análise é mensurável somente pelas transformações correlativas que produziu em todos os seus componentes, e que não se verifica nenhum resultado, mesmo somente do ponto de vista terapêutico, se o paciente, por sua vez, não foi capaz de modificar a análise e o analista, de "informá-los" sobre si, de impor a própria verdade, evitando assim o risco de que seja o analista a preencher com os próprios pensamentos e as próprias emoções o vazio deixado por ele.

De Simone (1994) ressalta que é a possibilidade de "reorganizar os acontecimentos do passado com base nas novas experiências relacionais, dando-lhes novos significados" que demonstra a eficácia terapêutica do sintoma transformado em relato e fala, valorizando o tema da *Nachträglichkeit*.

Quinodoz (1991) descreve o sentimento de autossustentação como expressão da "aquisição por parte do paciente de autonomia e da capacidade de estar sozinho".

Alguns exemplos clínicos para concluir: o primeiro e o segundo concernem ao "aparelho para pensar".

O pente de Loredana

Loredana, no final da análise, sonha que recebe do pai uma bolsa com tudo o que lhe serviria (pentes, escovas, bobs, secador etc.) para colocar "a cabeça em ordem" cada vez que os cabelos se despenteassem. Sonho que, junto com os mais evidentes significados introjetivos, sinalizava-me o longo caminho percorrido desde o sonho do início da análise, no qual aparecia, para terror de Loredana, a terrível cabeça da Medusa com serpentes no lugar dos cabelos.

A aparelhagem doméstica de Gabriella

O problema com Gabriella tinha sido elaborar o que estava por trás da sua necessidade de *lucidez*: toda a "loucura" que a aterrorizava e que temia que a contagiasse.

Durante a análise, há uma progressiva preparação para enfrentar as emoções mais intensas e violentas que a invadem.

Isso tudo "precipita", num certo ponto (além da descrição da nova reestruturação da casa e das reformas que comporta, com a definição de novos e separados espaços), com uma detalhada descrição da aparelhagem de dona de casa da qual dispõe, para a rotina normal e para as emergências: para os alagamentos em casa há a "vassoura de Chiavari",[6] que não é nem muito rígida, nem muito mole (é a capacidade relacional declinada duplamente, "vassoura" e "Chiavari", que cuida dos alagamentos emocionais). Mas há ainda o Mini-pimer, capaz de liquidificar, homogeneizar e tornar assim assimiláveis verduras, carnes etc. (qual melhor descrição da função

---

6 *Scopa di Chiavari*: os dois termos, em italiano – "*scopa*" (vassoura) e Chiavari (nome de uma cidade) –, significam, vulgarmente, o ato sexual. [N.T.]

a?), o papel Scottex (com o qual estanca, em um sonho, a ferida no dedo de um menino)... e *a mala de ferramentas do marido*, com a qual, em todo caso, pode contar.

O terceiro exemplo mostra como o paciente – ou melhor, colega – é capaz de sinalizar continuamente as próprias necessidades emocionais.

O "ciao" e a "pinça" de Gianluca

A de Gianluca é uma longa análise já descrita em outro texto (Ferro, 1993b, f), que, no início, o tinha visto incapaz de dormir e de estar acordado, tomado por terríveis e contínuas evacuações alucinatórias. Destas, conseguimos chegar, progressivamente, após a reconstrução de um continente mental, às transformações em alucinoses, e, depois, aos fotogramas oníricos da vigília (Bezoari & Ferro, 1990b, 1994b). Finalmente, após o relato de um amigo que sofrera uma operação neurocirúrgica por causa de uma tensão que o levava a vomitar, e na qual fora colocado um tubinho (= tu vizinho?)[7] que permitia descarregar o excesso de tensões no interior (introjeção de um continente), começa a sonhar, e contemporaneamente encaminha-se para uma estabilização das suas emoções – agora transitáveis – e da sua vida.

Os sonhos tornam-se então os nossos principais meios de trabalho. Aprecia muito o novo mecânico, o senhor Morini, que honra os próprios compromissos, que conserta bem as motos dos rapazes de quem gosta: "Tem um filho ajuizado, porque um pai calmo e adequado faz filhos calmos e adequados". Gianluca agora quer tirar a carteira de motorista... vir a Pavia sem o papai...

---

7 Em italiano, a aproximação fonológica é nítida: *tubicino/tu vicino*. [N.T.]

"fechar as portas"... "pegar a Ciao[8] torna-se cada vez mais fácil para ele"... (assim também saudações e rituais de final de sessão se simplificam).

Sinto uma emoção nova ao ouvir os projetos de Gianluca: quer abrir uma filial para a fábrica de móveis artesanais do papai, não como concorrente, mas em outro lugar... a razão social que gostaria de dar para a própria loja é "Sofá".

Mostra-me a sua foto de quando tinha 3 anos, depois de quando tinha 8 e depois mais quatro fotos de hoje que lhe servem para a carteira de motorista: comunica-me que sabe dirigir bem também nas estradas de três pistas, assim como se move bem também na relação triangular com os pais.

Comprou uma moto "Maratea modelo exportação", não sabe se enfrenta os exames para tirar a carteira, mas sonhou que o papai colocava um "freio" no acelerador para não deixá-lo correr demais.

Começa o "meu" trabalho sobre o final da análise, já é tempo, está pronto ou devo colocar o "freio"?

Um pouco atrasado em relação a ele, digo-me que ainda é cedo e lhe falo (diria Meltzer, fazendo propaganda) do "menino que ficará triste quando me deixar": mostra-me os pulsos dizendo que são robustos e fortes; angustiado pela ideia de um fim prematuro, e sem conseguir metabolizar imediatamente essa angústia, insisto retomando velhos discursos. Tem, depois de anos, novamente um *flash* visual: "vejo uma pinça", não posso não entender e lhe digo que teme que agora seja eu incapaz de deixá-lo ir e que queira retê-lo além do que necessita.

Começo a vê-lo como um rapaz que quer assumir a responsabilidade da própria vida mental e sinto que devo renunciar à fantasia

---

8 *Ciao*: nome de uma mobilete. [N.T.]

de protegê-lo, pensando, eu por ele, que é um risco deixá-lo ir, mas que talvez seja um risco necessário... Logo que começo a pensar dessa forma, conta-me pela primeira vez acerca do que reuniu nesses anos: tem todos os acessórios de Big Jim, o trenó, o *trailer*, a tenda, os aquecedores... tudo comprado na loja de caça e pesca, tem também Big Jack e o terrível Torpedo que dá socos, mas o bravo Big Jim não tem medo; comprar essas coisas lhe custou muito...

Digo-lhe que talvez sejam as coisas que adquiriu em tantos anos de análise e trabalho... nada mais digo... parecendo-me necessária uma discrição da minha parte: esta é premiada. Mostrou o seu Big Jim a Davide, um amigo, que olhou, depois brincou com ele, mas com muita delicadeza, sem quebrar nada, justamente como ele queria... Pede assim para estabelecer uma data para o fim da análise, que respeitamos pontualmente, acompanhados pelas "notas tristes de sinos muito melancólicos" de um sonho das últimas sessões.

2. Exercícios de estilo

O título deste capítulo foi emprestado, naturalmente, do belíssimo livro homônimo de Queneau.

É o resultado de um estudo que durou vários anos, realizado por meio de discussões em grupo de sessões das quais foi possível obter o texto escrito por inteiro, ou o mais detalhado possível. Os casos clínicos de Freud, em particular a minuta de "O homem dos ratos" (1909), prestam-se bem a isso. É extraordinário o caso de Richard, transcrito com muito esforço e precisão por Klein (1961). Também *The Piggle* e *Fragmento de uma análise*, de Winnicott (1977, 1978), servem bem, assim como *As mãos do Deus vivo* (1969), de Milner. De qualquer forma, não é fácil encontrar sessões transcritas de um modo direto (exceto as de jovens colegas); geralmente o material clínico é transcrito de forma indireta, narrada, excessivamente filtrada.

Na minha opinião, são de pouca utilidade as gravações, realizadas, entretanto, por diversos grupos de pesquisa: vide todos os trabalhos de Thomä e Kächele (1985), nos quais, a meu ver, o

60 EXERCÍCIOS DE ESTILO

material é muito pouco filtrado (há a gravação verbal tal qual aconteceu, que é muito pobre, e as várias correções utilizadas me parecem totalmente impróprias), e em relação a isso basta ver o que pensa Bion, em *Aprender com a experiência*, a respeito da questão da "cientificidade da psicanálise"; por isso, continuo preferindo o clássico relato transcrito após a sessão.[1]

Entretanto, não me pareceu correto fazer comentários sobre sessões de colegas, ainda que publicadas, pois poderia soar como crítica, sem possibilidade de defesa e de apelação.

Encontrei, então, uma saída: pegar algumas sessões minhas, de vários períodos da minha formação e do meu desenvolvimento como analista, e propô-las (mudando o necessário para que os pacientes não pudessem ser reconhecidos) com um comentário sobre o modelo e sobre o que eu penso agora a respeito, com anos de distância. Naturalmente, as várias modelizações não têm a pretensão de corresponder a modelos ou a modalidades de trabalho ligadas a escolas: indicam somente como eu entendi e transitei aquele determinado ponto de vista sobre a técnica e a teoria. Não o que me tinham "transmitido" vários supervisores ou grupos de trabalho, mas como eu havia assumido aquelas modalidades de trabalho.[2]

Considero útil propor este meu percurso justamente porque, passado o tempo das supervisões na qualidade de candidatos ou

---

1 Aliás, todo o trabalho analítico se baseia no "relato", e só este e as modalidades com que foi colhido são significativos. As gravações têm, para mim, um sabor igual ao daquela história em que um cartógrafo desejava realizar um mapa geográfico na escala 1:1. E, ainda mais, quem preferiria uma gravação fiel dos fatos ao *Rashomon*, de Kurosawa? Qual é o mais significativo dos fatos emocionais da mente humana? Para uma opinião contrária, em todo caso, ver Freni (1996).
2 Um outro limite desse exercício é que dessa forma posso considerar somente as teorizações por meio das quais eu mesmo transitei, e deixo de considerar as modelizações que nunca me pertenceram do ponto de vista técnico.

jovens associados, permanece um mistério o que realmente faz um analista na sala de análise, salvo expressões de jargão, tão genéricas ou sincréticas que pouco dizem.

Uma exceção significativa é um número recente do *International Journal of Psychoanalysis* (1991), que contém quinze relatos clínicos, muitas vezes com sessões transcritas de forma direta, e com a especificação do modelo que cada autor se atribui; devo também acrescentar que nos congressos internacionais de psicanálise é cada vez mais frequente a discussão de trabalhos com material clínico relatado de forma direta, e que encontram cada vez mais lugar trabalhos sobre "como" apresentar o material clínico (Tucket, 1993).[3] Além disso, o *International Journal* habitualmente tem uma seção da revista reservada aos "casos clínicos".

Das fantasias inconscientes ao campo e às suas transformações narrativas

Em busca da fantasia inconsciente

É essa tentativa que caracteriza um dos primeiros períodos do meu trabalho, quando eu estava convencido de que fosse necessário revelar o ponto de emergência da angústia do paciente por meio da decodificação da sua fantasia inconsciente (corpórea) subjacente. Fantasia inconsciente que eu considerava estar constantemente subentendida na comunicação do paciente, e sobre a qual centrava a minha atenção interpretativa.

---

3 A esse respeito são interessantes os volumes de Rothstein (1985) e de Hunter (1994).

Naturalmente, pontos de referência cruciais eram os trabalhos de Klein, da sua escola e o belo ensaio de Isaacs "The nature and function of phantasy" (1948).

É imensa a literatura a respeito, e, para tanto, remeto o leitor a Hinshelwood (1989, 1993), Bott Spillius (1988), Giaconia (1996), Schafer (1994).

Repito que a minha reflexão abrange somente a maneira como eu transitei esse modelo. As sessões são relatadas apenas com breves menções ao paciente e à sua análise, porque se trata somente de fichas de exercício, ou melhor, de um modo clínico de narrar compreensões ou mal-entendidos da teoria.

Annalisa e a vida fetal

Trata-se de uma paciente adulta no segundo ano de análise.

Paciente: Gosto de obedecer, que me digam o que devo fazer e eu o faço; não quero saber de mais nada, não quero saber o porquê; eu obedeço e fico feliz por poder fazê-lo, mas não devo ser eu a pensar, decidir, gosto de executar, ser passiva e obediente, sentir- -me no quentinho e protegida.

Analista: Uma menina dentro da mamãe, no quentinho e protegida, que obedece aos estímulos de crescimento que chegam até ela: obedecer, sem nada mais ter de fazer.

Paciente: Estou me lembrando de uma minha amiga, uma que tinha "umas terras" que perdeu, daquelas pessoas que acreditam em contos de fadas, que acreditam que os nobres têm sangue azul; ela me contava de quando os alemães haviam chegado na casa em que morava; parecia um conto mítico, os alemães eram muito cavalheiros, muito elegantes, muito corretos no seu comportamento;

tudo ia bem, tranquilamente; depois, de vez em quando, chegavam as SS, eram muito violentos e brutais, vestiam-se de couro, entravam, mas depois iam embora e nem vinham com muita frequência.

Analista: É o relato mítico da gravidez da sua mãe, com você com as suas terras, o colo da mamãe, o papai tão gentil, tão elegante, mas que de vez em quando se tornava um SS que tinha relações sexuais com a mamãe, e você assistia a tudo isso do seu observatório.

Paciente: Mas que estranho, eu odeio o meu pai: não é um cavalheiro, não é elegante; mas dos SS eu gosto; gosto da violência deles, gosto de ver filmes de alemães; quanto mais violentos, mais eu gosto; mas devo dizer também que, na vida real, não gosto de fardas, nem de militares de nenhum tipo.

Analista: A brutalidade e a violência a fascinavam, há todo um filme a ser descoberto, e lhe parece difícil dar ao seu pai o papel de oficial alemão e de SS. [Silêncio] Queria lhe dizer que não poderemos ter as sessões de segunda e quarta que vem.

Paciente: Não me sinto abandonada. Gosto de obedecer, aliás, tenho orgulho em poder fazer o que o senhor quer.

Analista: Eu também posso ser o oficial elegante, ou o brutal SS que a submete às suas ordens.

Paciente: É, e eu gosto disso; tem um amigo meu a quem eu disse: "Quando nos vemos?", e ele: "Eu é que posso lhe perguntar isso, não você, você só tem que obedecer"; eu gosto disso, tenho orgulho, faço o que o senhor quiser, para mim pode continuar assim indefinidamente.

Analista: Volta à idade mítica, bebê na barriga da mãe, que obedece e cresce e não quer saber de mais nada.

Paciente: É verdade; estou me lembrando que neste verão um rapaz me chamou para sair com ele. Eu lhe disse: "Mas justo eu?", porque me parecia não existir, não estar ali.

Analista: Você estava surpresa porque por um lado era quase como se não tivesse nascido, por outro lado, é verdade que nasceu e que os rapazes lhe pedem encontros, como eu que marco de nos encontrarmos após as sessões que não vamos ter.

A minha ideia era que a angústia da paciente diminuiria se eu captasse suas fantasias inconscientes, entendidas por mim como algo que lhe "pertencia" plenamente e completamente independentes do instante relacional, como inscritas em um filme que pertencia somente à paciente, e que a transferência permitia que fossem externadas; *captava a fantasia de vida fetal e a que se referia à cena primária.*

O que, hoje, me parece que gerava na paciente somente mais angústia e sentimento de incompreensão.

Já minha primeira interpretação gera perseguição, e na primeira resposta a paciente descreve com precisão como sentiu a minha intervenção formalmente correta, mas brutal e decepcionante.

A segunda interpretação também gera somente ódio, erotização da violência... e assim por diante ao longo do resto da sessão, até chegar a sentir-se não reconhecida e não existente, não porque funcionasse com identificações adesivas, mas simplesmente porque o que dizia não era acolhido de forma adequada em nenhum momento da sessão.

Perguntei-me durante muito tempo por que sessões como essa podiam ter também uma potencialidade curativa; acho que é porque o analista absorve, mesmo que por trás de teorias, ou de um mau uso das teorias na sessão, elementos β do paciente e os coloca em narração, e se essa narração é até um pouco pré-confeccionada (porque o analista encontra o que sabe que está procurando: como estamos longe das capacidades negativas das quais falará Bion em *Atenção e interpretação*!), é de qualquer forma um colocar em imagens o que deriva do paciente (e um suposto saber algo sobre ele), e pelo menos as identificações projetivas do paciente, para além do texto escrito, encontram alguém que, ao menos em parte, procura alfabetizá-las.

O analista decodifica o que provém do paciente num seu próprio dialeto forte (em outros modelos é, por exemplo, a história, quando considerada real e não mítica), em vez de permitir um desenvolvimento narrativo e transformador, aberto e imprevisível.

O mito da Relação e da Interpretação de Transferência

Para mim, esse foi um longo período no qual é possível notar muitas nuances: a convicção de um texto do paciente a ser decodificado como projeção no analista, e evoluções de tipo cada vez mais interativo nas quais a Relação põe-se pouco a pouco em oscilação com a Transferência (Bezoari & Ferro, 1991b). A relação é algo de específico, novo, criativo que se desenvolve ali na sala de análise e transforma os acontecimentos da transferência (seja como repetição ou como fantasmatizações) por meio da interpretação no *aqui e agora* daquilo que o paciente diz.

Luigi e as férias

Relato uma dramática sessão de um paciente adulto *borderline* grave antes da interrupção das férias de verão. Durante as férias, eu havia marcado encontros com um psiquiatra, o doutor C., para eventuais necessidades.

Paciente: Para mim acabou; ontem parei de comer, e não posso trabalhar; esta terapia fracassou, o senhor errou no tratamento.

Analista: Talvez tenha fracassado a ideia de que eu iria tomar conta de você completamente.

Paciente: Pare de falar bobagens; na minha casa odeio todos, meu irmão, minha irmã, odeio o senhor também porque errou no meu tratamento, para mim não há mais esperança; agora eu vou quebrar o seu consultório, vou quebrar a sua cara.

Analista: Tem medo de que não queira me ocupar de você, porque ontem *não falei com você por muito tempo ao telefone*, mas temos que esclarecer os limites do nosso relacionamento; eu posso ajudá-lo se você me dá condições de ajudá-lo.

Paciente: Pare de dizer asneiras, mato os meus familiares e depois o senhor; mato todos e agora lhe quebro a cara.

Analista: Me vejo forçado a acompanhá-lo à porta.

Paciente: [Dá um tremendo murro na mesa, está prestes a pular em cima de mim, já me sinto espancado e ensanguentado; tenho medo, falta-me o ar, tremo internamente, mas permaneço imóvel e aparentemente impassível] Vou matar o senhor porque errou o tratamento; vou matar todos; vou estragar o seu carro; o seu destino está marcado, agora ou daqui a quinze dias, ou daqui a trinta dias vou matá-lo; a sua única saída é tomar conta de mim, fazer-me ficar bem, senão o mato.

Analista: Parece que você está transtornado e cheio de raiva, muito amedrontado; talvez também perturbado pelo encontro com o doutor C. e porque sua tia teve de pagar o encontro que teve comigo.

Paciente: Minha tia disse com todas as letras que o senhor é um impostor, que me vê para roubar-me dinheiro, e que acrescenta aos meus complexos os seus; sei que não vai querer mais me ver, mas para o senhor é o fim porque vou matá-lo.

Analista: Pergunto-me se tem medo que eu não queira mais vê-lo por ter ficado tão zangado, mas, comportando-se assim, você só fez entrar aqui esse seu aspecto do qual temia que ninguém se ocupasse. E se pensar que eu vou continuar a vê-lo porque tenho medo de você, certamente não poderá ter confiança em mim.

Paciente: Ninguém pode ocupar-se desse aspecto, mas eu devo conhecê-lo, e ai do senhor se não o encontrar.

Analista: Você teme que o único motivo pelo qual eu possa tratá-lo seja o medo; e teme que eu não possa ter outras motivações para fazê-lo.

Paciente: O verdadeiro problema não está aqui, está em casa [chora]. Quem pode me ajudar na minha cidade? Talvez o doutor X, ou o doutor Y, ou o doutor Z?

Analista: Pergunto-me se o que o perturbou não foi uma espécie de salto que realizou: tinha pedido à análise que pudesse considerar-se vítima da mãe, do pai, dos irmãos, e de ser indenizado; agora, porém, acha-se na situação de confrontar-se com a sua responsabilidade e de trabalhar com o trator, tendo que pagar-me, como o fez sua tia, enquanto antes todos cuidavam de você gratuitamente. Teme que a rede de segurança que construímos para o verão não seja suficiente.

Paciente: Não tenho mais esperança [chora]. As suas, agora, não são mais que umas poucas gotas para um morto de sede.

Essa sessão se prestaria à discussão dos critérios de analisabilidade, que talvez nesse caso enfocariam os limites da capacidade de pôr-se à prova que o analista reconhece dentro de si.

Em mim, não há mais a ideia de reencontrar a fantasia inconsciente subjacente, mas a tentativa, nem sempre bem-sucedida, de "cavalgar a relação", e de seguir o paciente com interpretações centradas ao máximo sobre essa fantasia.

Mesmo que esse objetivo seja seguido de forma inadequada, também por inexperiência (sobretudo diante de um paciente "grave") fazendo com que eu responda muitas vezes com dureza defensiva, em vez de colher imediatamente o desespero por ficar sozinho, e o sentir-se "morrer de fome", expresso desde as primeiras falas.

Vemos também como um estilo por demais ativo, e não suficientemente receptivo, estimula um aumento de transferência negativa e um aumento de angústias psicóticas.

Não é captado o sofrimento escondido atrás da agressividade, nem como o meu estilo de interpretação atiça o paciente, não lhe deixando espaço suficiente, e, sobretudo, não é captada a autogeração da agressividade na sessão como resposta à minha proteção defensiva em relação às suas angústias de abandono ("parei de comer").

Liliana e o santo que voa

Liliana, na sessão à qual me refiro, descreve muito detalhadamente a situação que se criou na sua cidade desde que chegou o *novo médico*, que foi logo malvisto pelas autoridades locais, hostilizado, denegrido de todas as formas possíveis. Detém-se sobre as características dessas autoridades, muito conservadoras, ligadas por interesses, pelo poder, substancialmente de natureza mafiosa, e que têm como finalidade conservar imutável e sob controle a situação da cidade. A paciente está muito preocupada de que o médico não aguente a situação e decida ir embora.

Essa sessão se caracteriza também por um *acting* da paciente, que, tendo cabelos castanhos e pele morena, chega na sessão com os cabelos de um vermelho flamejante, para afirmar o quanto é capaz de "mostrar a própria rebelião ao conformismo obtuso" dos habitantes da sua cidade.

Parece-me claro o que a paciente me comunica, e forneço uma interpretação relacionando o que me contou à sua situação interna, nos termos do *establishment* que detém o poder dentro dela, a gangue que se opõe às mudanças que a análise poderia trazer e o seu querer mudar a cabeça, mostrando-se em aberta rebelião contra o grupo interno que a dominou e controlou.

Longa a fala da paciente, longa a minha interpretação: terminou a hora e não tive modo de comprovar o que disse, mas me sinto satisfeito como quem deu uma "boa" interpretação. No entanto, quanto mais vou pensando a respeito, mais insatisfeito vou ficando com o sabor de dois discursos paralelos, sem pontos de contato, como me parecem a fala da paciente e a minha. Estou cada vez mais perplexo.

No dia seguinte, no começo da sessão, a paciente, inicialmente silenciosa, me diz que teve muita dificuldade para vir e que se sente muito zangada, muito sozinha, não sabe por quê. Viu um filme na televisão sobre Santo Antônio de Cupertino, que era representado com asas, e que de vez em quando pairava no ar e voava por conta própria.

Nesse ponto, creio ter entendido e pergunto à paciente se ela não me sentiu exatamente como um Santo Antônio de Cupertino decolando para um discurso abstrato, enquanto ela falava de algo bem concreto e era nisso que queria que eu a seguisse. A paciente confirma que é verdade, que eu lhe pedia para "se afastar" do que ela estava dizendo para pensar e compreender o sentido; mas o sentido para ela era exatamente aquele concreto a que se referia e não lhe interessava outra coisa, pelo contrário, tinha me sentido muito distante e se sentira abandonada, incompreendida, porque *eu não estava onde ela estava*.

Nessa sessão começa a delinear-se, além do problema da exatidão da interpretação (hoje eu diria estar em K), também o da importância da sintonia emocional com o paciente (estar em O).

A interpretação que faço, no fundo, é óbvia, de escola, faz referência às descrições sobre o narcisismo destrutivo de Rosenfeld, e a paciente a percebe justamente nessa qualidade teórica, como "pré-cozida". Começa a haver um uso adequado da contratransferência, na qual se forma uma insatisfação, e depois a capacidade de captar a comunicação posterior da paciente, na sessão seguinte, como "resposta" à inadequação da interpretação "de escola" do dia anterior. Esses movimentos são ainda interpretados de modo direto e unívoco, mas captá-los já é um passo importante.

Luciano e as hipóteses frescas do gato

Estas são sessões de um menino de 12 anos, no seu quarto ano de análise, no período que precede as férias de Natal.

Segunda-feira

Paciente: [Chega pontualmente, logo após se sentar tira dos bolsos tubinhos de cola] Peguei um na loja de modelismo da rua X (rua em que eu moro), e os outros dois com o senhor M. Preciso deles porque tenho que terminar dois protótipos, um de um avião em madeira balsa e outro de um navio.

Analista: Avião e navio que nos falam de partida, de viagem. É preciso muitos tubinhos de cola para construir bons navios e bons aviões, as férias se aproximam.

Paciente: [Desenha um gato com lápis preto no centro da folha de papel]

Analista: Como está sozinho esse gato no centro da folha, com a ideia da partida talvez você se sinta também muito sozinho.

Paciente: [Começa a fazer vários contornos em volta do gato... lembra-se de que o fez também num carro... de tanto fazer contornos torna-se um círculo]

Analista: Você se sentiu descoberto, então faz círculos, figuras perfeitas que envolvem e escondem o sentimento de solidão?

Paciente: Lembra-me também as bonequinhas russas com as várias camadas.

Analista: Talvez seja o Luciano menor que se sinta sozinho, coberto e protegido pelos Lucianos maiores.

Paciente: Estava pensando num outro desenho que fiz, uma árvore de Natal com uma estrela, eu o fiz com canetas hidrográficas que deslizam bem, que têm uma tampa transparente.

Figura 2.1

72   EXERCÍCIOS DE ESTILO

Quarta-feira

Telefono para cancelar a sessão por estar gripado.

Quinta-feira

Luciano telefona para saber se haverá sessão, eu confirmo que sim.

Paciente: Vou fazer um desenho, poderia ser um estádio. Mas teria que ser encurtado [tenta dobrar a folha]. Este é um osso, uma vértebra também foi encurtada.

Analista: Um estádio e um osso encurtados, talvez como a nossa semana de análise que perdeu uma sessão.

Paciente: É, mas os dois são de "cálcio".[4]

Analista: Penso se foi o meu telefonema que chegou até você como um chute, e se por sua vez você ficou zangado.

Paciente: Bem, não vamos exagerar. Afinal de contas, foi só um dia. Estive com o meu amigo *Ferrazzano*, que chegou, embora atrasado. Geralmente fico com *Pedeferri*... ontem minha mãe teve que sair, eu não tinha a chave de casa, então fiquei de fora, tive que ir com Ferrazzano até a escola da minha mãe, ele me acompanhou.

Analista: Eu também deixei você fora daqui e o obriguei a dar uma grande volta; mas Ferrazzano ficou com você: um pouco a lembrança do dr. Ferro, e um pouco o se virar sozinho, para não sentir a minha falta.

Paciente: [Pega os lápis] Aqui está uma escadinha como a da praça Vittorio [pega o *mapa*, desenha o cinema Castello]. É uma praça grande com arcadas... tem um jardim com uma escadinha.

---

4 "Calcio", em italiano, designa tanto o elemento químico cálcio como futebol e chute. [N.T.]

Analista: Que escadinha?

Paciente: A que leva a uma fonte [retoma os lápis e faz uma escadinha desabando].

Analista: Talvez para o "gato" (nossa maneira de chamar a parte afetiva de Luciano) ontem tenha sido como um achar-se perdido numa grande praça, sem água, com a escadinha-sessão caída.

Paciente: Bebe as hipóteses frescas, pobre gato.

Analista: Você teme que agora também não haja hipóteses frescas.

Paciente: Não, porque talvez a água esteja envenenada.

Analista: Então há uma parte que não confia mesmo, e diz ao gato que se ele beber vai se dar mal, como a serpente e o cão [outra história nossa em que a serpente era alimentada para se enfraquecer e ser vencida, e um cão era tratado para depois ser sorrateiramente abandonado].

Paciente: [Constrói trilhos com os lápis de cor, coloca em cima o lápis preto e sopra, fazendo-o correr para a frente]

Analista: Acho que você está mesmo com raiva, não confia, quer me controlar. Quer que eu dependa do seu faro, das suas palavras, talvez temendo que se confiar eu volte a abandoná-lo.

Paciente: [Faz uma estrela, tenta pegar um lápis com outros dois, constrói uma torre de lápis que cai]

Analista: Talvez a estrela esconda que o gato sofre e se despedaça com a ideia de nos deixarmos.

Paciente: [Ao sair, o zíper do blusão emperra]

Há ainda, no meu modo de interpretar, a urgência de saturar logo o texto, fazendo quase "equações simbólicas" (Segal, 1957): avião + trem = partida, *necessariamente*, não como uma das hipóteses possíveis.

Ainda não há espaços para a insaturação, para a abertura em direção a espaços desconhecidos ou mundos possíveis, nem as capacidades negativas do analista (Bion, 1970) permitem a capacidade de tolerar a dúvida e de esperar uma configuração não saturada do "fato selecionado" (Bion, 1962).

Na segunda intervenção do paciente (gato e lápis) também respondo saturando o texto (solidão-partida), efetuando uma verdadeira transformação em alucinose, ou seja, interpretando com base no meu código prevalente, com base na "enciclopédia" (Eco, 1979), assumida como verdade relacional e emocional.

A sessão de quinta-feira começa de uma forma tolerável; mesmo a interpretação da masturbação anal é feita de forma suficientemente aceitável (Ferrazz-ano, Ferro + virar-se sozinho), mas quando o paciente fala da fonte não capto o alívio, o bom que emerge, e pela culpa de ter desmarcado a sessão continuo a insistir até fazê-la degenerar num crescendo de incompreensão e de perseguição, sem perceber que o meu exagero e o ficar muito em cima dele o fazem bufar, "ver estrelas" e, sobretudo, o impedem de se abrir, não de se separar.

Luisa e a balsa em direção à independência

Essa é uma sessão de uma análise bem avançada, ocorrida pouco antes que eu mudasse o meu consultório da minha casa para um outro apartamento.

Paciente: Tenho tantas coisas que aconteceram no fim de semana, entendi que sou eu que preciso de Marcella, não ela de mim, mas eu dela... mesmo se Marcella está mal... depois estive com Luisa e com Simone. Fui com Simone almoçar com um casal na casa de Michele, namorado de Annamaria, que é irmã da Cláudia... disse tudo isso a Marcella... depois sonhei com um assassinato que eu cometia, quando acordei pensei que talvez a vítima fosse a Marcella... depois pensei na mudança, me lembrei de uma mudança feita pelos meus pais, quando foram de uma casa para duas casas vizinhas: uma para eles e a outra pequenininha para mim e Marina, enquanto Fabrizio e Massimo ficavam com eles.

Analista: Acho que pode aceitar que é você que precisa de mim, e que é isso o que importa, não o quanto eu esteja bem ou mal; depois há homens e mulheres juntos, não somente mulheres amontoadas entre elas como acontecia no passado.

Paciente: É, mas eu estava pensando também na mudança, que o senhor vai ficar diferente, mais distante, mais profissional, aqui ouço as vozes que me fazem sentir ciúmes... lá... vai ser bem diferente.

Analista: Mas então quem é assassinada é a mãe que coloca as crianças de um lado e fica com o pai e os irmãos privilegiados de outro; talvez seja o ciúme que faz com que mate Marcella.

Paciente: Mas penso que não poderei mais ter relacionamentos amorosos, porque são absolutos e para mim não é mais assim: como com uma mãe, ou tudo ou nada.

Analista: Eu me pergunto o quanto você acredita no que diz: fora do mundo dos gnomos, ninguém é tudo, todos são alguma coisa; mesmo que não seja fácil se orientar com todos aqueles lugares à mesa, com todas aquelas relações, o papai é também o marido da mamãe, e é também papai das irmãs.

Paciente: Mas na casa nova vamos para o alto?

Analista: No sentido que cresce?

Quinta-feira

Paciente: Fui ver o novo portãozinho do novo endereço do consultório. Depois sonhei, não sonhava assim há muito tempo: catástrofes, tomara que não sejam premonitórias; eu estava no lago e havia uma onda enorme; depois estava na casa da Lucia e era como se fosse a sua discoteca, havia o pai de Marcella, mas não Marcella, havia o cardiologista que vem à nossa seção fazer os eletrocardiogramas, com o qual posso me pôr a salvo, mas não vou; pensei que talvez a catástrofe fosse ter voltado a dormir na casa da Marcella ontem à noite, e não poder falar com ela, tentei dizer-lhe: "Tenho uma vida minha e gostaria de falar disso com você", mas Marcella me disse: "Não, ainda não estou pronta"... depois me dei conta plenamente de que, por mais que ela esteja mal, eu é que preciso dela, e não vice-versa.

Analista: Há uma mudança que é justamente como uma catástrofe: a mudança, o terremoto de deixar esta sala; mas há outra coisa no sonho, um pai sem a filha e um médico que poderia salvá--la; existe também no seu relato uma dupla que dorme e que ainda não pode se falar, e talvez o medo de que também a nossa dupla possa não estar pronta para descobrir a existência de nossas vidas separadas.

[Silêncio de alguns minutos]

Analista: O que eu disse a fez ficar calada.

Paciente: É, eu estava pensando numa grande mudança, estou descobrindo que não sou autossuficiente, que preciso do senhor e de Marcella; mas se é assim, como faço para dizer-lhe que no fim de semana irei a Veneza com a Marta, e há muitas outras coisas da minha vida que eu não disse a Marcella: que montei uma estante na minha casa com a ajuda do Luca, que fui a Milão ver um filme, *A morte dos artistas*, de..., que também... que também...

Analista: Você está descobrindo que precisa da Marcella e de mim, mas logo teme que ou precisamos de alguém e não temos autonomia, ou se temos autonomia não podemos precisar de ninguém; assim como acha que não é conciliável precisar de mim e ter uma vida própria que se enriquece, na qual eu não entro, e que eu também tenha uma vida minha, na qual você não entra; e me pergunto se, com esses pensamentos, a onda não é também de ciúmes.

Paciente: Mas eu creio que aí também entram a dor, o sofrimento: antes eu falava sempre no plural, "nós"; é terrível agora dizer "eu" e "você", cada vez que se fala é um pequeno terremoto nesse sentido. Marcella resolve logo, dizendo: "Eu estou disponível, você é idiota".

Analista: O medo que passar do "nós" ao "eu" e ao "você" possa fazer desencadear a raiva: eu lhe dizer que você é idiota por ir a Veneza enquanto eu fico em Pavia, e você me dizer que eu sou idiota por não fazer a sessão sábado de manhã por causa da mudança.

[Breve silêncio]

Paciente: Eu estava pensando se de fato é possível ter um relacionamento no qual se renuncia a possuir o outro completamente.

Analista: ...E a ser possuído pelo outro!

Na primeira sessão na sede nova, Luisa chega atrasada vinte minutos.

[Silêncio de alguns minutos]

Analista: E aí...?

Paciente: Estava pensando que me agrada, não é mais como entrar num ovo como na rua C., onde estávamos tão protegidos, aqui há mais contato com a realidade, isso me agrada, mesmo que me dê um pouco de medo... hoje estava com vontade de ter a sessão, mas não de vir a Pavia; entrei em contato com o médico que organiza centros de oncologia na Nicarágua, mas como fazer com Marcella, contei para ela, perguntei se ela também queria ir, na verdade foi só por falar, tenho vontade de ir sozinha.

Analista: Parece me dizer que há um lugar novo e desconhecido, mas não é mais um pintinho, tem desejo de independência, de ir sozinha, mas tem medo de que alguém possa não estar de acordo e sofrer com isso.

Paciente: Fui ao psiquiatra... por causa do trabalho... disseram--me que me contratariam contanto que eu me comprometesse a ficar como *psiquiatra*, não sei se quero.

Analista: Penso que há o temor de que as suas escolhas não possam ser livres, que alguém espera coisas de você; você que quer independência, liberdade.

Paciente: Mas a verdade é que tenho o problema do sofrimento de Marcella, se eu a deixar; *tenho vontade de deixá-la, de viver, mas tenho medo que ela sofra.*

Analista: Desejo de independência, desejo de terminar a análise; mas ao mesmo tempo, a ideia de que alguém possa sofrer por esse projeto, por que chamar esse alguém de Marcella, não é você mesma?

Paciente: Pensei que me separar dela implica uma grande dor, porque me sinto compreendida; então me lembrei de quando eu queria ir a X, em outubro, e o senhor me disse que eu havia acionado uma bomba-relógio.

Analista: Naquela época eu tive medo que você interrompesse a terapia, mas você conseguiu ir a X e continuar a análise; agora também há um *timer* quando termino? Parece que entra o fator tempo.

Paciente: Bem, e se eu pensar em terminar em julho, visto que o senhor pode não estar mais aqui em setembro?

Analista: Mas não seria uma aterrissagem muito abrupta?

Paciente: Esta semana também estive em um lugar de *deficientes*, não gosto de estar ali.

Analista: Talvez tenha se sentido puxada para trás pelo que eu lhe disse, quer sair do ovo, desta sala.

No início da sessão seguinte Luisa conta um sonho. Está numa ilha com Marcella, consegue tomar a balsa para terra firme quando já pensava que não iria conseguir e que não haveria mais balsas, encontra na estrada um carro com os pais, as irmãs e os irmãos pequenos a bordo... depois, está num restaurante com eles, depois na cama com um homem "chato", comunista, segura o pênis com a mão, mas tem manchas, manchas de uma velha sífilis, já curada...

Há, na minha forma de interpretar, mais uma mudança: não há mais a obsessão da interpretação coagida da transferência. Começa a se criar um espaço dentro do qual se movem, agem, encontram-se "personagens" que não são necessariamente saturados com interpretações de transferência: há indícios daquela atmosfera que depois conduzirá às conceitualizações de "campo".

Há também referências a um léxico familiar da análise ("o mundo dos gnomos = um mundo sem diferenças"), e isso também contribui para um encontro menos persecutório.

Existe ainda a tendência de "interpretar" (Bonaminio, 1993, 1996) a comunicação do paciente, ou seja, de fazer uma espécie de discurso paralelo, e não ainda a capacidade de construir um texto novo "com" o paciente sem excessivas cesuras interpretativas, mesmo captando bem de perto o estado emocional do paciente, talvez com uma insistência que faz com que o analista seja sentido como "chato" e até um pouco perigoso, mesmo que a "sífilis" esteja curada.

A descoberta dos personagens e suas vicissitudes no campo

Esta é a terceira grande "transformação" do meu modo de entender a sessão de análise. O que olho é o nível emocional profundo da dupla: são as emoções profundas que, por meio das identificações projetivas, estabelecem o estatuto emocional profundo que necessita ser narrado por meio dos personagens, ser transformado por meio do *working through* e ser compartilhado por meio de uma história. Constituem esse modelo a não saturação das interpretações, as intervenções narrativas, o olhar para os personagens entendidos prevalentemente como agregados funcionais (Ferro, 1992), o trabalho de contratransferência, a avaliação do que possa ser "recebido" pelo paciente como fator de crescimento.

Marcella e o cachorro com echarpe e cachimbo

Peço a Marcella, paciente adulta no terceiro ano de análise, um aumento de honorários. Falta às duas sessões seguintes. Retorna à terceira sessão, contando-me situações difíceis que enfrentou: a filha adoeceu, não foi possível fazer o carro pegar... a menina não queria saber do pai, tratava-o mal, batia nele, estava com raiva dele, tinha tido um episódio de *pavor nocturnus* e quando o pai se aproximava gritava..., e acrescenta "Deve ser o Édipo" (Marcella é psicóloga). A resposta me "escapa": "Deve ser o aumento!", e depois sinto a necessidade de completar com uma interpretação que ligue as faltas às sessões e o que me contou com o aumento.

Após um breve silêncio, fala de um filme que viu, no qual uma moça era violentada por um fulano, ex-noivo que ela abandonara, e que por vingança a agredira.

Logicamente entendo que poderia de novo interpretar na transferência, mas renuncio, pensando que seria persecutório demais... e digo, aproximadamente, que deve ter sido uma experiência terrível sofrer uma violência, ainda mais cometida por alguém a quem se estava ligado no passado... Um instante de silêncio e depois acrescenta: "É, mas ela tinha sempre por perto um noivo com o qual podia falar, muito afetuoso, que a compreendia bem...".

Na sessão seguinte, Marcella começa falando da diferença que existe entre o Mickey e um rato verdadeiro, e contando um filme, visto à noite na televisão, no qual formigas que tinham recebido radiações se tornavam enormes e atacavam dois que se gostavam... e volta a falar de ratos; faço intervenções discursivas sobre a periculosidade dos ratos portadores da "raiva"... e também da "peste", acrescenta... depois fala de uma história em quadrinhos na qual formigas enormes invadiam a terra guiadas por extraterrestres... e não se sabia como se defender... e por último conta um sonho recorrente no qual uma enorme formiga saía de uma sua ferida...

A interpretação direta seria fácil, e naquele momento persecutória demais, sobre a invasão de sentimentos que infestavam a sua mente e o campo, contra os quais não sabe como defender a si mesma nem à análise. Limito-me a dizer que existem remédios, a vacina contra a raiva, os antibióticos para a ferida, e que me parece significativo que os insetos não cheguem do nada, mas que no seu sonho pareciam derivar de uma ferida, e que, portanto, "alguém" deve ter-lhe feito mal... "Bem, é claro, o aumento..." – penso, chegamos ao ponto – "... para o consultório que tenho que alugar, minha amiga, que é uma colega, pediu um preço excessivo, mais os encargos" (Marcella vem de outra cidade).

Intervenho perguntando se a amiga é tão inflexível que não possa talvez conversar sobre isso para entrarem num acordo.

Após uma breve pausa, Marcella diz: "Li no jornal que Superman morreu".

Acrescento: "E talvez estejam longe os tempos de 'super--woman', já que por sua vez pode ser ferida e ter dificuldades econômicas" (penso no custo emocional da análise). Responde: "Mas estou confiante de que poderei obter da amiga talvez um pequeno adiamento; vou falar com ela certamente na próxima semana, pois devemos nos encontrar em Pavia".

A um ano de distância acontece este diálogo:

Paciente: Terça-feira eu estava muito mal, as crianças estavam sozinhas, realmente eu não podia... então não vim...

Analista: E quarta-feira houve o meu telefonema.

Paciente: É, mas tive medo que fosse para dar o troco... mas depois disse para mim mesma que não era possível... depois sonhei, mas devo dizer que tinha visto antes um documentário na televisão sobre os pigmeus, que se ressentem muito com as novas estradas que desequilibram profundamente a floresta; no documentário diziam que limavam os dentes até que ficassem muito agudos, era muito útil para cortar a carne no lugar de facas, mas era terrivelmente doloroso porque atingia também a dentina sob a parte dura... Bem, o sonho era que meu irmão chegava na minha casa chorando, gritando de dor, tinha feito algo nos dentes, talvez limpeza, sofria terrivelmente, eu procurava dar-lhe alguma coisa, aspirina talvez, e ele nada, por um pouco de tempo eu o suportava, procurava ajudá-lo, depois ia embora...

Analista: O que a faz pensar tudo isto?

Paciente: Bem, não é difícil... que sinto dor e sofro pelas sessões em que não nos vemos... antes eu nunca teria podido admiti-lo.... é a dependência, se sofro assim, como poderei um dia ficar sem o senhor... bem, no fundo, devo dizer-lhe também que terça não vim para não ouvi-lo comunicar-me o dia das férias...

Analista: E ficou muito mal com a ideia de que as crianças ficassem sozinhas.

Paciente: Entendo o que quer dizer... É verdade.

Analista: É verdade também que agora você pode reconhecer essa dor por ficar sozinha, pode cuidar dela e buscar remédio para ela, mesmo que depois ela se torne intolerável... e você se distancia dela... e eu estava pensando que sessões perdidas, férias, são como estragos feitos à floresta dos pigmeus... que me lembram também um pouco crianças, patinhos feios... pequenos e negros... porque descuidados..., bem, tenho realmente que lhe dizer a data das férias de... a...

Paciente: [Alguns minutos de silêncio] Na minha seção há uma colega, Carla, que está muito zangada... não suporta o médico-chefe, que ele tome as decisões... disse que vai embora daqui a seis meses... que não quer mais vir... estava furiosa porque uma menina não podia fazer as análises de que precisava, espumava de raiva...

Analista: *Carla* ameaça ir embora quando sente algo como uma injustiça, no fundo, também porque assume a defesa da menina que precisa das análises... faz um pouco dente por dente como temia que eu tivesse feito anulando a sessão de quarta-feira depois de você ter faltado na de terça-feira.

Paciente: É, mas a Carla está muito zangada, e se fosse para outro lugar seria para recomeçar do início, e depois iria embora de novo...

Analista: Bem, a raiva de *Carla*, os dentes afiados dos pigmeus prontos para dilacerar a carne como se fossem facas, creio que nos falem também da sua raiva depois que lhe falei das férias; não vamos esquecer, no entanto, que a afiação dos dentes comporta também muita dor, como para seu irmão no sonho... e que as suas partes ternas e afetuosas sofrem por tudo isso... *Carla* deve ser acompanhada mas talvez também compreendida na sua raiva, e sobretudo no seu sofrimento.

Paciente: Bem, mas eu decidi que no verão vou viajar por um mês e meio... Vou para a Sardenha, para estar longe da minha mãe, ficarei mais tranquila ali...

Analista: Bem, talvez você mate dois coelhos com uma cajadada só: Carla ficará contente por sair, longe por um mês e meio... mas "a polpa e a dentina" ficarão contentes por estarem na Sardenha, onde imaginam que eu também vou estar...

Paciente: [Silêncio por cinco minutos] Finalmente vejo o que está escrito sob aquele quadro: "colorido à mão"; valem mais e são mais bonitos os coloridos à mão pelo autor...

Analista: Ah, o quadro... foi importante para nós aquele quadro.

Paciente: É... os balcões em frente à minha casa.

Analista: Também outras coisas...

Paciente: Hoje Viviana, enquanto tentava entretê-la com alguma coisa, me fez um desenho, um cachorro de óculos, echarpe e cachimbo, um afetuoso cachorro investigador em cuja boca colocou uma mão: por hoje chega!

Analista: Para bom entendedor poucas palavras...

A relação, ou melhor, o campo, não é entendido como algo que deva ser interpretado continuamente, mas como o *meio* que permite operações transformadoras, narrativas e pequenos *insights* sucessivos, que não necessitam ser interpretados, mas que precedem outras mudanças: é justamente o campo que, à medida que é explorado, amplia-se continuamente (Bion, 1970), tornando-se matriz de histórias possíveis, muitas das quais são deixadas "em depósito", à espera de poderem "brotar".

Há uma atenção contínua para com as capacidades de receber do paciente e para não colocar à prova a sua função α, e o seu aparelho para pensar os pensamentos, mais do que possa suportar, o que causaria somente perseguição que seria imediatamente sinalizada no texto. O paciente não é acusado, ou questionado, é verdadeiramente "o melhor colega" (Bion, 1978) com o qual podem ser construídos percursos imprevisíveis; a renúncia à explicitação imediata da transferência permite "semear" percursos futuros que poderão, no momento oportuno, ser desenvolvidos, com a confiança absoluta de que mesmo o que não é interpretado imediatamente "permanece" como fio e textura do próprio campo.

Cosimo e o portão da fantasia

Quando a mãe de Cosimo vem (o pai se desvencilhou do encontro alegando problemas de trabalho), fico impressionado com a forma precisa, concreta, sem espaço para as emoções com que me fala dos problemas do filho: ele não estuda, não se aplica, é distraído, ausente, abúlico, não se envolve com nada.

Cosimo tem 13 anos, frequenta a sétima série e já foi reprovado duas vezes. Diante da minha tentativa de saber mais, a senhora responde que "frequentemente Cosimo mexe nas gavetas, nos armários, à procura de alguma coisa, e isto me incomoda muito", procuro *então* ser mais cuidadoso na minha investigação, mesmo percebendo que "gavetas e armários" estão bem fechados.

A única informação que recolho é que Cosimo disse que não conseguia estudar porque o priminho de poucos anos o perturbava distraindo-o continuamente com o seu choro. "É realmente um mentiroso – acrescenta a mãe –, porque o priminho vem nos visitar mais ou menos uma vez por mês."

Não posso resistir à oportunidade que se me oferece e digo: "Bem, talvez não seja assim tão mentiroso; no fundo, poderia ser a forma que Cosimo encontrou para contar que é perturbado por alguma coisa dentro de si, que o incomoda, como uma criança que chora, algo que o distrai e o impede de concentrar-se".

Um instante de silêncio, e a mãe acrescenta: "Uma vez, quando eu era menina e fazia judô, o professor me tirou do lugar fazendo-me dar um voo que me deixou sem fôlego".

Sorrio e, naturalmente, renuncio a mostrar-lhe como a minha imprevista frase sobre a mentira/verdade de Cosimo a tirara do lugar.

Na sessão seguinte fico surpreso ao ver diante de mim um menino com um aspecto apagado, mas, ao mesmo tempo, simpático. Tomo a iniciativa, após um silêncio que o deixa embaraçado: "Bem, a mamãe me contou das suas dificuldades na escola e ela está preocupada". "*Estudar não me interessa*. Na verdade, há coisas que me interessam, mas são muito poucas." "Quais?" "A descoberta da América, os maias. Gostaria de ser arqueólogo e também cientista."

Tento uma aproximação sobre as "descobertas", as "coisas escondidas" e "esquecidas", as civilizações sobre as quais pouco sabemos...; mas com escassos resultados... Tento alguma outra possível direção, mas não consigo nada. Fala de como gosta de brincar no computador de "*simulação de voo*", penso que há uma simulação acontecendo, talvez a de uma normalidade, e que por sua vez não gosta de mostrar o que esconde "nas gavetas e nos armários", mas não sei como entrar, como usar os "narremas"[5] de que já disponho, que no entanto me parecem somente esboçados, e sinto que arruinaria tudo ao forçá-los.

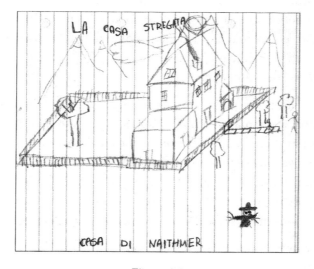

Figura 2.2

Tenho uma ideia e proponho: "Por que não faz um desenho enquanto falamos?". Aceita imediatamente de bom grado, começa um desenho, e eu me pego pensando em como, na sua idade, ele possui ótimas "*capacidades de perspectiva*" (Figura 2.2).

---

5 Subunidades que compõem as narrações, como as sílabas, as palavras.

88 EXERCÍCIOS DE ESTILO

Já estou pronto para a desilusão, com medo de ter entrado em outro beco sem saída, quando lhe pergunto: "O que acontece nesta casa?";[6] aproxima-se de repente com a cadeira e pergunta: "Por que, poderia interessar-lhe?"; "Claro, e muito". "Bem, acontecem muitas coisas, até incríveis"; e começa um relato emocionalmente muito rico; é a casa de *Nightmare*... tem uma pessoa que entra na casa, o *piso* cede e a pessoa desaba dentro do que parecem ser caldeiras, mas são gavetas de cemitério... é terrível... depois, chega um monstro... mas acontece algo ainda pior com essa pessoa... o que sonha tem efeitos na realidade... uma vez sonha com um cachorro que morde um braço seu e de manhã, ao acordar, encontra o braço sangrando... enquanto isso olha o braço direito, no qual há um arranhão recente, e diz: "Meu Deus, como o meu braço!"... mas retoma imediatamente o relato: de como aquela pessoa tem *os olhos vermelhos*... de como as cortinas se movem...

O relato prossegue com outras sugestões: histórias de outros monstros, fantasmas, e o filme *Não entrem naquela casa*...[7] e por último um segredo que devo prometer não revelar aos seus pais: ele não joga *videogames* no computador como acreditam os pais... está, há mais de um ano, escrevendo um livro que o apaixona, é todo sobre os óvnis e os extraterrestres, tem certeza de que existem... ele os sente... precisa saber e descobrir mais sobre *eles*.

Fica desapontado e incrédulo quando lhe confirmo que poderemos nos ver somente uma semana depois.

Na vez seguinte, Cosimo me traz o livro que está escrevendo sobre os extraterrestres, fruto também de muitas documentações "científicas". Depois me conta um sonho: está diante de um portão, tem medo de entrar por ele, mas não pode furtar-se ao fascínio, à

---

6 De quantas formas é possível entender "esta casa"? Acho que é fundamental, para a não saturação do texto, poder permitir halos semânticos muito amplos.
7 Título de um filme de terror que Cosimo cita no primeiro encontro.

atração do que ele encerra. Entra... encontra-se num bosque, depois num território sem fim, cheio de animais, de repente um menino que o acompanha cai num terrível abismo, tenta salvá-lo, não consegue, fica triste mas deve seguir adiante; há uma paisagem que não sabe descrever, uma espécie de *canyon* do Texas, há guardas que protegem um território, talvez o protejam de cair: no imenso precipício diante dele caem somente os seus óculos, ele os vê cair como em câmera lenta... uma lente se quebra, a outra fica intacta, mas os óculos não se quebram no fundo do abismo... muda o cenário e se quebram na calçada da sua casa, e ele está na janela do seu quarto olhando a cena...

Digo-lhe que me parece que entra em um mundo misterioso, no qual por um lado se perde, mas só até um certo ponto, de fato os guardas estão ali para protegê-lo do abismo, e também, assim como é capturado por esse mundo, sai dele e se reencontra na sua realidade habitual e familiar. "Mas então aquele é o portão da fantasia, dos sonhos de olhos abertos que vejo, dos quais não posso fugir, que me atraem mas dos quais também tenho medo... veja, estou tendo um agora mesmo: *vejo um óvni, uma astronave que pousa no Ticino, aqui pertinho.*" "E talvez seja como dizer que você sente que estamos permitindo que coisas misteriosas, que você sabia que existiam mas que ficavam muito distantes, aterrissem aqui e se tornem familiares..."

À medida que o clima se torna mais familiar, toda a perseguição ligada ao novo encontro (*Não entrem naquela casa*), sofre uma espécie de colapso que permitirá narrar os mesmos conteúdos por meio de algo mais doméstico e mais familiar; sairão de cena os *nightmares*, os monstros, para dar lugar às aleias do "parque do Ticino", ao lado de sua casa: haverá então o bosque, as lebres, os esquilos, os cabritos, mas também os javalis e os lobos, as raposas e as víboras. Mas aí estão também os "guias do parque do Ticino",

90 EXERCÍCIOS DE ESTILO

que, com suas modestas motos, acompanham os visitantes, evitando que corram perigos; e não só, há também áreas particularmente protegidas e talvez perigosas às quais é possível o acesso somente se acompanhados.

Decido aceitar Cosimo em análise, levando em conta o que eu tinha pensado sobre a sua "ótima perspectiva".

Relatei esses primeiros encontros para colocar em evidência como uma escuta acolhedora e continente, que leve em consideração os narremas e que saiba favorecer a sua ativação (sem cesuras interpretativas precoces), tolerando uma relativa insaturação do campo, permite desenvolvimentos não previsíveis. Quando não forçados, as "gavetas e os armários" tendem a se abrir sozinhos diante do hóspede discreto, e o que sairá deles será certamente uma função da história e do mundo fantasmático do paciente, mas também da qualidade do olhar do analista.

Será justamente essa qualidade, entendida como qualidade negativa de *não perseguição*, *não intrusão*, *não decodificação*, que propiciará a transformação do clima de terror e de pesadelo em clima familiar doméstico e de gosto pela investigação.

Ou seja, o campo que se ativa, e que se transforma, é uma função do funcionamento mental da dupla, da liberdade do analista e das suas *capacidades negativas* (Bion, 1972).

Todo o relato de Cosimo[8] é também o relato de como ele desconhece o seu mundo interno e as suas fantasias, de como é neces-

---

8 Notou-se, em relação a esse material clínico, que uma coisa é "aceitar não entender", outra é "aceitar entender e não dizer" (Manfredi, 1994b). Na minha opinião, também no segundo caso pode haver um "entender" que pode ser incluído na coluna 2 da grade, de modo a operar contra as transformações em O (Bion, 1965).

sariamente curioso sobre esses "mundos não identificados", verdadeiros óvnis que ele sente e sobre os quais tem certeza, mas aos quais nunca teve, em carência de *rêverie* materno/paterna, acesso possível. É o relato de protoemoções ainda cruas demais para serem pensadas ou ditas: além do mais, numa situação de forte tensão, esses estados protoemocionais às vezes rompem aquele continente mental que geralmente possibilita "pensamentos oníricos da vigília", que permanecem contidos nesse continente mental e bem separados do que acontece na consciência; ele, no entanto, tem verdadeiros fotogramas oníricos da vigília, *flashes*, retalhos de pensamento onírico da vigília que são projetados para fora (Meltzer, 1986; Ferro, 1993b).

Desde a primeira sessão teria sido possível interpretar o terror do encontro, a incerteza do que iria encontrar "nesta casa e dentro de si mesmo" e assim por diante. Antes eu trabalhava assim: certamente teriam sido ativadas outras histórias e talvez silêncios. Considero agora mais vivo, mais criativo, mais útil ao paciente, acompanhar o seu relato, favorecendo-o e apaixonando-me pelo mesmo; *consciente* de que existe também um outro nível da fala e que será preciso muito tempo e muito caminho antes que os dois níveis possam coincidir e que se possa construir uma nova língua original comum a ambos, sem colonização emocional ou linguística de nenhum dos dois (Rocha Barros, 1994).

Percursos em formação

Neste parágrafo quero reunir percursos ainda em fase de exploração, que eu não quis sistematizar justamente para não impedir desenvolvimentos ainda não previsíveis. São notas de pesquisas ainda em andamento que, espero, poderão dar frutos. Desejo mesmo deixar essa característica de *work in progress*, sem sobrecarregá-las com excessivas referências bibliográficas.

Modelos de vértices rígidos e de vértices oscilantes

"Minha mãe não quer ter um cachorro porque tem muito trabalho para fazer." Fora de contexto, podemos fazer simples exercícios sobre esse fragmento de comunicação de uma jovem paciente em análise.

Podemos ver quem são os personagens (explícitos e implícitos): "minha mãe", o "cachorro", o "excesso de trabalho", a "paciente que narra", o "analista ao qual se dirige a narração"...

Vejamos alguns desses personagens: "minha mãe" pode ser entendido como referindo-se à *mãe real externa*, o "cachorro" referindo-se a *um cão real externo*, o "trabalho" à *atividade profissional da mãe*... e estar subentendido o desapontamento da paciente por aquela mãe muito ocupada que não tem disponibilidade para com o cachorro...

Há um outro nível: considerar os personagens, na transferência, como partes da paciente, imagens internas projetadas... A "mãe" poderia ser a projeção no analista da função materna considerada inadequada em relação às expectativas, o "cachorro", a parte mais primitiva e animal da paciente, o "trabalho", uma modalidade de trabalhar do analista, considerada inadequada em relação aos aspectos mais primitivos (cachorro).

Mas há ainda um terceiro vértice: o de considerar a comunicação como o relato sob o vértice da paciente de como funcionam, na sala de análise, analista e paciente; existe a ideia de uma função analítica ainda inadequada em relação a conseguir receber aspectos mais primitivos, digamos, da relação, já que existem ainda muitos aspectos pré-verbais, emoções que devem ser trabalhadas pela dupla... Estamos, no entanto, em presença de três modelos igualmente fortes. No primeiro, os personagens são entendidos prevalentemente como nós de uma rede de relações históricas, os fatos narrados são, por sua vez, oportunidades de sentimentos, conflitos, estratégias emocionais, sempre em relação àqueles personagens, ou fatos, que mesmo atualizados na dinâmica intrapsíquica receberão quase o crédito de uma existência "própria".

No segundo, os personagens são nós de uma rede de relações intrapsíquicas, os fatos narrados, no fundo, são um disfarce comunicável da realidade interna do paciente, considerada, porém, como já "dada", à espera de um intérprete que esclareça o seu funcionamento reencontrando a sua raiz nas fantasias inconscientes. É de grande interesse estudar, por exemplo na análise de Richard, o modo como Klein (1961) entende os personagens que tomam corpo na sessão, ou os fatos narrados, sempre reconduzíveis a fantasias inconscientes do pequeno paciente.

No terceiro, os personagens são nós de uma rede narrativa interpessoal, ou melhor, intergrupal, que nascem como "hologramas" da inter-relação emocional atual analista-paciente (Ferro, 1992).

É característica desses três modelos a autoconfirmação pela estabilidade dos vértices de escuta, cada modelo de escuta se autoconvalida por meio do próprio vértice e exclui os outros. No fundo, estamos em presença de três modelos fortes de decodificação de uma comunicação. A esses três modelos gostaria de contrapor um quarto, caracterizado pela instabilidade dos vértices de *escuta*, e que portanto compreende todas as *histórias possíveis* que, a partir do enunciado do paciente, tornam-se narráveis, e em cujo interior existe a liberdade de combinações narrativas absolutamente exponenciais: porque "minha mãe" poderá ser selecionada no modelo "a", "b", ou "c"; assim como "cachorro", "trabalho" etc. Torna-se impossível a decodificação de uma mensagem, e possível somente a construção de uma história que terá a característica de ser necessária àquelas duas mentes. Isso porque serão as defesas de ambos (digamos, do campo) que permitirão organizar a narração num sentido em vez de um outro...

Isso acontece contanto que o analista se deixe transitar pelas emoções da sala, e que junto com o seu paciente selecione entre os rumores emocionais uma harmonia narrativa colocando em sequência, em ritmos, em imagem o que antes era confuso, caótico, pré-verbal...

Essa outra modalidade não pode deixar de suscitar suspeita e medo, pois renuncia a um código certo de leitura dentro do qual o analista se sente seguro a respeito do próprio papel e do próprio saber, tem verdades pré-constituídas sobre si mesmo, sobre o paciente, sobre a psicanálise, às quais pode se agarrar e sobre as quais repousar.

O analista coloca em jogo as próprias capacidades criativo-transformadoras, numa aceitação das infinitas histórias possíveis no encontro entre duas mentes, e da necessária seleção de uma história prevalente de acordo com as trocas emocionais profundas e com a capacidade do analista de receber, transformar e narrar as "ondas emocionais" que se ativam na sala...

Não acredito que o analista seja sempre tão livre e criativo para trabalhar com seu paciente segundo essa modalidade, haverá certamente momentos em que funcionará no primeiro modo, subgrupos a, b, c.

Acho necessário considerar esta oscilação entre

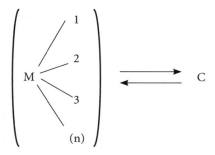

isto é, entre o trabalho com base nos modelos rígidos [M 1, 2, 3, (n)] e o trabalho autenticamente criativo [C].

Isso estando conscientes de que as fronteiras de C são efêmeras e em contínua expansão, pois o que hoje está em C, amanhã estará necessariamente em M1, M2, M3 .... M(n)... e posteriormente poderá vir a ser uma teoria.[9]

O "dialeto" da paciente

"Gosto de fazer amor com meu marido contanto que ele me penetre com o seu pênis por três centímetros, não menos porque não sinto nada, não mais porque dói..."

Do que a paciente está falando? Da própria vida sexual com o marido e das suas modalidades. Das modalidades, digamos, de amamentação revividas na transferência, se pensarmos numa confusão geográfica, e de como é difícil encontrar uma medida certa de penetração. Do funcionamento mental da dupla na sala de

---

9 Merecem ser conhecidos os trabalhos de Parthenope Bion Talamo (1987, 1991).

96 EXERCÍCIOS DE ESTILO

análise, onde as palavras do analista devem ter um certo gradiente de penetração, não menos porque não chegariam, nem mais porque seriam persecutórias. Mas também de já se ter formado um continente capaz de suportar uma certa intensidade de solicitação e não outras.

Fala de todas essas coisas, e de outras ainda, se o analista naquele dia souber renunciar à decodificação com base no modelo prevalente dentro dele naquele momento e se souber se aventurar em compartilhar o "dialeto" do paciente para contar e saber mais a respeito – o que acontece durante o amor, o que acontece na penetração insuficiente, ou excessiva – e esperar para configurar quais os *scripts* e as cenografias possíveis para essas penetrações; de modo que a relação paciente-analista gere um *acréscimo de significado* e não um permanecer igual do significado (tradução em outro dialeto mais conforme com o do analista) ou até mesmo um *empobrecimento do significado* (mortificação, enrijecimento, esqueletização da comunicação quando lida com base num código rígido: transformação em alucinose).

O acréscimo de significado ($\Sigma \rightarrow \infty$), que no fundo é o sucesso do processo de simbolização (Ferro et al., 1986a, b), é tanto mais necessário quanto mais grave forem os pacientes.

De fato, são justamente os pacientes mais graves que não podem tolerar o empobrecimento de significado da sua comunicação. Esta é uma das dificuldades dos critérios de analisabilidade: o problema refere-se às defesas que devo acionar para não me expor demais ao sofrimento. Até onde consigo ir no encontro com as exigências emocionais de um paciente?

Quanto sou disponível para acolher, transformar, re-narrar as suas emoções (e as minhas ativadas por ele), em vez de me defender atrás do avental de chumbo das teorias codificadas, mesmo as mais sofisticadas, que com Bion poderiam ser colocadas na coluna 2 da grade?

É verdade também que nem todos os pacientes nos colocam à prova com necessidades tão primitivas (muitas vezes os critérios de analisabilidade servem para selecionar os pacientes que confirmam as nossas teorias), e que, de qualquer forma, mesmo na prevaricação que muitas vezes se faz ao não considerar o dialeto do paciente e ao obrigá-lo a aprender o dialeto do analista (que será o da remoção, dos objetos parciais, da fantasia inconsciente corpórea, do continente-conteúdo etc.), haverá uma relativa e marginal obra de re-narração transformadora dos estados emocionais do paciente (que, sem que este se dê conta, penetrarão o analista ou, se encontrarem obstáculo, serão recontados pelo paciente de como não foram acolhidos), numa trama que será a de uma "história", de uma reconstrução, mais ou menos mítica, de experiências infantis, mais ou menos precoces, de fantasmatizações...

Naturalmente, quando estão em jogo as partes mais primitivas da mente, esses expedientes inconscientes não podem ser suficientes e, na ausência de um processo de simbolização no aqui e agora, que aconteça por meio de todo um arco comunicativo (receber a onda emocional/transformar/colocar em relato) que leva à formação de elementos α, de "pensamentos", haverá todos aqueles fenômenos (preciosos indicadores de uma disfunção da relação analítica) que chamamos reações terapêuticas negativas, impasses, transferências psicóticas e que falam essencialmente de uma inadequação do instrumento analítico (e daquelas mentes, naquele momento) em relação à tarefa analítica com a qual se defronta.

Isso não quer dizer ter que se expor a novas e maiores dificuldades, mas sim ter a consciência de que podemos ir somente um pouco mais adiante em relação à nossa análise e às teorias que nos sustentaram, e que não deveremos fugir dessa tarefa.

Modelos de rotina e funcionamento criativo

Nos meus momentos de *não boa forma*,[10] evito uma acolhida transformadora do que o paciente me comunica e *interpreto* com base nos muitos códigos de que, com a longa prática, inevitavelmente já disponho.

Mas se a *onda emocional* (prefiro essa expressão a "identificação projetiva", por demais usada) não é acolhida, mas interrompida e fotografada pela interpretação, o paciente o sinaliza imediatamente. Sobretudo os pacientes "graves", após uma dessas interpretações, logo sinalizam o que aconteceu.

Carlo, de 47 anos, após uma interpretação minha de rotina, diz, de uma maneira aparentemente sem coerência: "Ontem não achei todas as casas para os botões da camisa, então peguei a tesoura e cortei a camisa...". Naturalmente posso interpretar a falta de eco/encontro para as suas comunicações, mas forçaria somente a sua função α (e Carlo certamente o sinalizaria, talvez assim: "Ontem eu tinha levado para minha mãe a minha roupa suja para lavar, mas ela a devolveu ainda mais suja e com grumos de sabão, claro que dei valor ao seu trabalho, mas quanto à sua utilidade...!"); preciso então me tornar disponível para a sua narração e captar, por exemplo, no seu nível e no seu dileto, de "como às vezes dá raiva não achar as casas dos botões, a ponto de rasgar a camisa" (eu havia esquecido de dizer que, no dia seguinte, ele tinha faltado à sessão!). Isso teria permitido a Carlo responder, digamos: "Bem, talvez eu tenha exagerado em estragar uma camisa só de raiva", e seria uma forma de propiciar uma tomada progressiva de consciência; em

---

10 Não creio que a mente do analista possa ser considerada uma invariável do campo. É submetida às oscilações PS-D de campo e também a oscilações próprias de natureza intrínseca (Ferro, 1993f). Também não creio que o analista possa estar constantemente no ápice da forma.

vez de lhe dizer que, por não ter sentido receptividade ou correspondência suficientes, tinha faltado à sessão/cortado a camisa.

Neste último caso a resposta poderia ser: "Não suporto ir ao escritório, por enquanto há o meu diretor que continua controlando tudo o que eu faço, quase decidi tirar alguns dias de licença por doença...".

Nesse ponto, poder-se-ia insistir com interpretações decodificadoras, até chegar a verdadeiras transferências psicóticas ou reações terapêuticas negativas (Barale & Ferro, 1992), ou acolher a exigência emocional do paciente de ser submetido a uma menor pressão interpretativa e montar, junto com ele, os *scripts*/cenografias de que ele necessita para exprimir o que ele vive, e para depois permitir "transformações emocionais" no campo.

CP_1 Dada uma comunicação de um paciente que imaginamos por *absurdo* neutra, sem elementos de relacionalidade residual com as sessões anteriores, mas somente de comunicação de história ou de mundo interno.

CA_1 Segue-se a resposta, ou comunicação, ou interpretação do analista.

CP_2 Quantas casas terão encontrado os botões do paciente só poderemos saber após a resposta seguinte (ou não resposta, de todo modo uma resposta) do paciente, que continuará a se desenvolver com possibilidades comunicativas se tiverem sido encontradas suficientes casas, que irão conter elementos sinalizadores de casas que faltam, em termos de personagens α, β, γ, portanto, se as casas encontradas forem poucas, a comunicação do paciente conterá também $\alpha + \beta + \gamma$.

α, β e γ poderão ser interpretados inclusive como pertencentes ao mundo interno ou à história do paciente até gerar $(\alpha + \beta + \gamma)^n$ *versus* Transferência Psicótica/Reação Terapêutica Negativa, ou poderão ser acolhidos como sinais de sofrimento do texto

100 EXERCÍCIOS DE ESTILO

emocional e permitir uma transformação da modalidade interpretativa, para permitir novamente uma plena comunicação.

Essas observações, que se colocam na linha traçada por Rosenfeld (1987) em relação aos problemas de comunicação desenvolvidos sobretudo nos últimos trabalhos, e do primeiro Langs (1976), cujo intuito a respeito dos "derivados" impressionou o próprio Rosenfeld, assumem uma sua especificidade enquanto consideram junto ao *mundo histórico* e ao *mundo interno* o *mundo relacional*, ou melhor, o *"mundo do campo"* como algo que naturalmente também diz respeito às realidades dos outros mundos, mas que garante uma sua especificidade conforme a interação das duas mentes e as grupalidades internas de cada um e do campo, ao articular-se em possíveis narrações.

Da narratologia (Eco, 1979) podem chegar sinalizações úteis, como as que dizem respeito aos conceitos de rhema, de mundos possíveis e de narcotização de elementos do texto; mas a situação analítica é muito mais complexa, porque temos a formação de um texto linguístico-emocional-afetivo que não somente é gerado pela interação das duas mentes, mas tem a extraordinária capacidade de sinalizar continuamente por si mesmo as narcotizações, as supressões, as rotas de fuga: *no fundo as defesas que o campo coloca continuamente em ato e que deverão estar em oscilação com a formação de significado, do contrário haverá o impasse ou a reação terapêutica negativa ou outros sinais de mau funcionamento.*

O texto linguístico-emocional da sessão continuamente nos sinaliza suas próprias hemorragias; o que irá acontecer dependerá da nossa capacidade de escuta; uma posterior complicação é que o lugar de aparecimento da "sinalização" poderá ser o texto linguístico do paciente, o seu texto emocional, ou o próprio analista, as suas *rêveries*, a sua contratransferência, ou qualquer outro "ponto" do campo: portanto a situação complexa de um texto novo que, enquanto é gerado, sinaliza os lugares de descolamento, e pode sinalizá-los por meio do texto, ou por meio de *acting* (correspondentes, no fundo, a aglomerados de não pensabilidade que deverão ser atuados): como o corte da camisa/falta à sessão de Carlo.

Peguemos um texto teatral: "Disse a meu marido que há muitos dias eu tenho que limpar tudo sozinha" (mas poderia ser também o início de uma sessão); poderia dar resultados e desenvolvimentos muito diferentes, conforme a resposta do interlocutor e do próprio marido; a cozinha poderia terminar em cacos, uma briga, uma fuga, uma cena de carinho doméstico e assim por diante; como pensar, então, que uma sessão de análise possa ser obra menos aberta, e que possa depender, no seu desenrolar, de outras coisas senão as situações emocionais e defensivas das duas mentes em jogo.

Creio que a escolha do "dialeto" (ou da teoria) por parte de um analista depende de quanto ele sente que pode ou não se colocar em jogo na relação com o seu paciente, razão pela qual "tudo terá acontecido na história", "tudo acontece no mundo interno", "tudo acontece na relação" são escolhas que revelam as necessidades defensivas da mente do analista que vão de um máximo de necessidade de uma grande distância ("tudo já aconteceu em outro lugar") a um máximo de proximidade que confunde ("nada conta senão o que já está acontecendo agora entre nós").

Comentários sobre os personagens

Já exprimi amplamente as várias formas com as quais podem ser entendidos os personagens de uma sessão de análise, personagens em sentido narratológico, portanto como protagonistas significativos do texto, e não somente antropomorfos (Ferro, 1992, 1993f).

102   EXERCÍCIOS DE ESTILO

Tentei também descrever os vários modos com que prevalentemente são entendidos os personagens nos vários modelos psicanalíticos e tentei comparar essas modalidades com aquelas utilizadas nos vários modelos narratológicos.

No parágrafo anterior procurei retomar esse tema; agora, gostaria somente de acrescentar o quanto seria útil tentar um sistema de mapeamento e de siglas dos personagens de uma sessão.

Esse mapeamento permitiria uma espécie de "semáforo" em relação aos vários mundos possíveis de serem animados em uma sessão, e também um estudo *ex postea* da sessão e dos modelos implicitamente utilizados, que se evidenciarão de acordo com a maneira com que terá sido feita a criação das siglas, podendo, além de tudo, descobrir as expansões de sentido possíveis de uma sessão, que são infinitas. A "semaforização" de infinitos percursos possíveis permite tornar possível de ser percorrido um e não outros. Uma imagem visual de vários modelos, das secções destes, das possíveis ligações entre planos e secções dos modelos pode ser fornecida pela litografia *Relatividade*, de Escher (1953).

Dentro dele, poderiam ser atuados, vez por vez, percursos escolhidos e válidos somente naquele instante.

Além dessa simples criação de siglas, poderia ser concebida uma abordagem um pouco mais sofisticada, que não fosse nem tão abstrata como a proposta por Bion com a grade nem tão aderente ao texto como a anterior. Poder-se-ia, por exemplo, decidir arbitrariamente mapear uma sessão utilizando um máximo de vinte carteirinhas de personagens: destas, dez poderiam ser pré-constituídas, sendo aquelas que em média "voltam" mais vezes, e dez poderiam ser livres, a serem inventadas a cada vez. Isso permitiria tanto observar facilmente, no tempo, as transformações dos personagens e das suas constelações quanto estudar gradientes de terapeuticidade das mesmas.

Poder-se-ia também tentar uma grade de cada personagem, combinando, por exemplo, a modalidade de entender o personagem com as modalidades interpretativas (Figura 2.3).

Uma tentativa de mapeamento

Os personagens da sessão, entendendo como personagem qualquer presença significativa do texto, poderiam, pois, ser mapeados com carteirinhas, como faz Calvino em *O castelo dos destinos cruzados*, no qual se assinala o tipo de personagem. Digamos, o "cachorro".

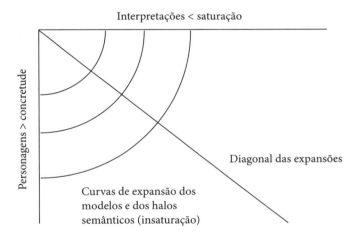

Figura 2.3 Diagrama dos personagens.

Seriam siglados, assim, os principais personagens da sessão, sempre por defeito, pois, querendo, seriam quase inexauríveis.

Em seguida, de acordo com a maneira como fossem "tomados" na interpretação, cada carteirinha deveria receber uma lista colorida, digamos, vermelha-amarela-verde, se o analista tomar o personagem como "personagem da realidade" (vermelho), "personagem do mundo interno" (amarelo) ou "personagem relacional" (agregado funcional ou holograma afetivo, verde). Se o halo semântico das interpretações do analista for muito amplo, poderiam coexistir amarelo + verde ou vermelho + amarelo e até todas as três cores. Isso permite uma espécie de semaforização das leituras da sessão, que se compreenda rapidamente como foi "siglada" e que se captem também todos os possíveis mundos oclusos, ou aqueles aos quais se concedeu reconhecimento.

Cada interpretação é como um ponto de parada e, ao mesmo, uma saída para histórias diferentes. Acrescentar-se-ia também às carteirinhas um S e um I, de acordo com o grau de saturação/insaturação da interpretação. Fiz frequentemente esse mapa, obtendo benefício seja para perceber como eu tinha siglado os vários momentos da sessão, seja para extrair daí estímulos de discussão com os colegas. Combinando os três sistemas (carteirinhas + cor + S/I), teríamos também o índice de relacionalidade do campo.

Obra aberta

Aqui se reúnem algumas observações absolutamente esparsas que dizem respeito às reflexões sobre a técnica, que não desejo, como as da parte B, sistematizar, justamente para poder considerá-las ainda em plena expansão.

Aqui e agora

Trabalhar no aqui e agora, certamente, não significa fazer contínuas interpretações sobre o que está acontecendo no hoje; significa simplesmente que o processo de simbolização acontece dentro da sessão (Ferro et al., 1986a, b); e que o que o paciente "traz" (num dos tantos modos em que é capaz de trazer: desde o modo verbalizado às atuações dentro ou fora, às identificações projetivas, às evacuações de elementos ou telas β) deve encontrar um acolhimento para uma transformação narrativa no hoje.

Isso significa também renunciar a "explicitar" ao paciente o que se entendeu sobre ele após a sessão: isso seria vivido persecutoriamente pelo paciente, talvez fosse verdade, mas não estaria em "uníssono"; é preciso sobretudo "trabalhar" com ele, no hoje do encontro, o que acontece no campo emocional que se constitui; é esta, aliás, a lição que nos chega de Bion na célebre expressão, frequentemente esvaziada de significado, de trabalhar "sem memória e sem desejo".

Tudo o que o paciente traz no hoje deve ser acolhido, transformado, semantizado com a contribuição ativa do próprio paciente; lembra-nos Riolo (1989) que Bion se refere ao tipo de pensamento que provém de uma só das mentes que deveriam estar em relação como o "pensamento mentiroso". Continua Riolo que "é este o sentido que se deve dar ao elemento -K: não o de indicar um conhecimento 'falso' no lugar de um 'verdadeiro', mas de indicar um conhecimento unilateral, que satura os significados do campo com os elementos extraídos do mundo cognitivo-afetivo de somente um dos sujeitos presentes".

O senhor Parmigiani de Gianluca

Gianluca me fazia muitas comunicações que eu não conseguia metabolizar e às quais eu conseguia dar sentido durante a pausa "digestiva" após a sessão. Considerava importante falar-lhe na sessão seguinte do que eu tinha entendido, até surgir o senhor Parmigiani e a comunicação "gosto de leite fresco, do dia, existem ótimos

106 EXERCÍCIOS DE ESTILO

queijos curados, deve ter quem goste deles, mas para mim são irritantes e de sabor rançoso".

A "brussa" de Carlo

Com Carlo eu não tinha sido capaz de receber no hoje uma sessão baseada no lamento, também por estar ocluso pelo senso de culpa por ter-lhe anulado sessões num momento difícil, e lhe lembrava a esterilidade daquele lamento.

Pontualmente, no dia seguinte, ele traz um sonho: o médico titular estava ausente, ele não era capaz de substituí-lo, havia um homem rude, com a quinta série primária, cujo sobrenome era "brussa" (escova de ferro que serve para limpar os cavalos quando os pelos se sujam por terem ficado deitados), que dava remédios errados. Não posso não reconhecer no meu comportamento do dia anterior quão pouco acolhedor e disponível eu tinha sido.

Mas a ótica de campo permite recuperar e considerar preciosos todos os personagens que tridimensionalizam o funcionamento da mente: e a bronca[11] pode encontrar lugar num código paterno que para Carlo fora sempre particularmente carente, ele que tinha uma "toxicomania" de mãe...

Quer dizer que, mesmo por meio de interpretações atuadas do meu dia anterior, tinha entrado na sessão a sua alergia a qualquer tipo de bronca, mesmo quando era útil para "limpar" o cavalo que tinha ficado deitado sobre os próprios lamentos de autocomiseração.

---

11 No original "*strigliata*", que em italiano significa tanto "escovada" como "bronca". [N.T.]

Estados profundos das mentes

Toda a sessão pode ser categorizada ao longo da fileira C da grade, como um sonho que a mente do paciente faz do funcionamento da mente do analista e do funcionamento do campo.

Naturalmente, outras categorizações são possíveis, mas penso que na maioria das vezes são menos úteis para possibilitar transformações em "O".

A privada oclusa

Numa sessão eu tinha sido um bom intérprete do estado mental da paciente, mas não tinha conseguido ser plenamente disponível e permeável aos seus profundos estados emocionais.

Na sessão seguinte, a paciente sonha que tinha ido num lugar onde havia pouco espaço, onde privadas se alinhavam sem divisões, e quando achava um lugarzinho separado, ali faltava a privada, e se "puxasse a descarga", sem o buraco, o piso se alagava todo.

Como para dizer que o sonho nos conta como funcionou ou não a troca profunda de comunicação: pouco espaço na mente do analista, pouca intimidade no encontro, pouca disponibilidade para absorver as angústias da paciente que, se "puxar a descarga", evacua ainda mais angústias, e a isso se segue obrigatoriamente um alagamento do campo.

Sonha também que está com a garganta pastosa por causa de tocos de cigarros dos quais não pode se livrar e que quase a sufocam. É a raiva do "maldito toco" que desde pequena lhe vem aos lábios nos momentos difíceis, mas que nem sempre pode ser expressa, temendo que não haja o "buraco", a "privada", pronta para absorvê-lo.

Mas mesmo antes dos sonhos já tinha me avisado de como havia sentido o que acontecera na última sessão, trazendo como personagens o "papai de Marianna", que por sua vez não quer ter relações com os homens que despreza, "Stefano", seu próprio irmão, que, de tanto ser enganado, odeia os outros, e "Licia", sua professora de escola primária, que era uma "freira", muito pouco disponível ainda que ela a amasse apaixonadamente.

É lógico que esse *material* pode ser visto de três eixos: o eixo histórico que reconstrói uma experiência existencial (*realidade externa*), o eixo fantasmático, do funcionamento do mundo interno (*realidade interna*), mas também e sobretudo como expressão daquela *realidade relacional* que toma corpo dentro do campo emocional gerado pela dupla e que inevitavelmente está em oscilação com as outras duas realidades, dando origem a infinitas aberturas de sentido.

A verdade relacional é o único lugar possível das transformações, sendo as outras duas realidades o lugar do conhecimento. Mesmo que conhecimento e transformação estejam em necessária oscilação entre si.

A instabilidade da mente do psicanalista, também por uma capacidade receptiva das protoemoções do paciente (por identificações projetivas), é um instrumento fundamental de conhecimento (e também de transformação na sessão) quando a estabilidade é um ótimo instrumento de terapia.

Creio que entre instabilidade e estabilidade, no fundo, exista um movimento de tipo oscilatório como entre receber um papel (acumulação de identificações projetivas?) e o "segundo olhar" de que falam os Baranger (1961-1962) como capacidade de metabolizar os "baluartes".

Antonia

Após uma sessão em que eu me sentira "pouco presente" mentalmente, e durante a qual sentia que conseguia "contê-la" menos, Antonia conta que o marido havia deixado a menina cair do sofá: ela batera com a cabeça e chorara muito...

Interpreto, por meio dos personagens evocados, a escassa confiança que às vezes pode sentir em relação ao marido... depois entra em cena o asilo muito disponível onde a avó tinha achado lugar.

Percebo cada vez mais a existência de um nível para o qual não contam as interpretações, mas os "fatos mentais", a qualidade do funcionamento mental, mesmo que este possa ser estragado pelas identificações projetivas do paciente: mas esse também é um problema a ser resolvido dentro do campo.

As partes primitivas de cada paciente testam o grau de disponibilidade mental, tendo uma percepção do gradiente de identificações projetivas que a mente do outro está disponível para acolher: aliás, é o que nos lembram o último Rosenfeld, quando fala de "justa abertura da mente", e o Bion dos *Seminários italianos*, quando diz que o paciente conhece sempre, e retorna, a qualidade do funcionamento mental do analista na sessão.

Narrações figurativas e a sua proximidade com o sonho

Considero esse tipo de narração a que melhor nos coloca em contato com os "derivados narrativos" dos elementos α.

Derivados narrativos que participam da natureza do elemento α, do qual são uma versão "em prosa", enquanto o elemento α só pode ser conhecido na sua "poesia" durante os *flashes* visuais.

Naturalmente, prestam-se a serem categorizados ao longo da fileira C da grade. Participam, por um lado, da inexprimibilidade direta do elemento α e, por outro, da expressividade do relato: como se fossem dotados de uma dupla superfície específica, funcionando como interface entre elemento α e relação.

Os cachorrinhos e o seu continente

O modo como Luisa descreve o ativar-se de emoções e sentimentos, por muito tempo petrificados (os prédios sobre a montanha do Himalaia de um sonho), emoções temidas como arrebatadoras, é o seguinte: "Levei minha filha para o campo, deixei ela livre no quintal dos tios e lá chegaram muitos cachorrinhos, a menina teve medo que eles a atropelassem com sua vitalidade, primeiro jogou-se no chão de barriga para baixo, como se vê nos filmes de guerra nas situações de perigo, depois criou coragem e começou a brincar e a divertir-se com eles".

O carrossel de Murano

Gostaria de contar o início de uma sessão. Tinha havido com Luisa, na sessão anterior, a invasão de um "betaloma"[12] (Barale & Ferro, 1992), que tinha gerado em mim uma situação que a paciente descrevera como de "apartamento", pois começara a falar, a um certo ponto, da mãe, prostituta, de um menino cada vez mais psicótico, à qual interessava somente ganhar dinheiro, com o qual depois comprava "apartamentos". Creio que estivesse descrevendo naquele momento a vivência de eu ter-me retirado, saído da relação, de ter-me justamente apartado. Na sessão seguinte a paciente começa contando que no pedágio da autoestrada um caminhão tinha dado marcha a ré e tinha-se chocado contra seu carro, quebrando-lhe

---

12 Tínhamos chamado assim um "acúmulo" de elementos β, amontoados entre si, com uma característica quase tumoral.

uma lanterna e um para-choque. Não sei se interpreto ou não. No entanto, me parece importante fazê-lo e lhe proponho se no fundo não é uma forma de me contar o que lhe acontece quando sente que eu posso me afastar,[13] em vez de me sentir mais em contato e mais próximo.

A paciente sorri, diz que provavelmente era aquele o sentimento. Mas logo depois fala de uma menina com fobia de escola, que tinha lhe trazido um "carrossel de Murano" de Veneza, de vidro, ou melhor, de cristal, com quatro cavalinhos de montar. Ela o levara para casa, onde a sua filha, sendo ainda pequena e um pouco irrequieta, pegou-o e imediatamente o quebrou. A este ponto decido ficar no texto e falar de como é possível consertar o carrossel, e de como às vezes as crianças fazem desastres.

É cada vez mais evidente que os personagens nascem na sessão como para ilustrar as qualidades do funcionamento mental que ganham vida no campo.

---

13 No texto, *"tirare indietro"*, cuja tradução literal seria "puxar para trás". [N.T.]

3. O diálogo analítico: mundos possíveis e transformações no campo analítico

> *O principal interesse do analista deve ser pelo material do qual ele tem direto conhecimento: a experiência emocional das sessões de análise.*
>
> W. R. Bion, *Transformações*

É ponto pacífico que considero uma sessão, desde as suas primeiras falas, como aberta a infinitos desenvolvimentos possíveis: dependendo de como irão interagir analista e paciente, na sua forma de se falar, e sobretudo no jogo das emoções que ativarão. Há infinitos desdobramentos linguístico-emocionais que nos fazem pensar numa sessão, por um lado, como "obra aberta" (Eco, 1962), mesmo que por outro lado seja fundamental:

a) que haja, na direção a ser tomada, um gradiente $\beta \rightarrow \alpha$ positivo, a favor do paciente;

b) que o desenvolvimento da sessão tenha como "limite" o levar em conta a transferência entendida como repetição e a transferência entendida como projeção das fantasmatizações do paciente;

c) que permita o desenvolvimento da "história" útil ao paciente, e não à confirmação das teorias do analista (ou pelo menos que essa confirmação não impeça demais o processo $\beta \rightarrow \alpha$);

d) que se possa aceitar o fato de que são infinitas as possibilidades de "histórias" que podem ser construídas com o paciente; e que cada modelo corresponde a uma história de um diferente dialeto: o da infância, o do mundo interno, o da relação atual etc.

Creio também que a resposta do paciente seja o que nos permite orientar-nos no percurso, se considerarmos nessa resposta a presença de três elementos:

1. uma quota de transferência como repetição;

2. uma quota de transferência como projeção para o exterior de fantasmas;

3. *a organização de tudo isso por parte do pensamento onírico da vigília* (Bion, 1962) *"que sonha" em tempo real a resposta ao estímulo interpretativo.*

Creio ainda que seria importante poder relativizar a própria teoria, não como a mais verdadeira, mas como a mais adequada para fazer funcionar analiticamente o analista: sempre que a maior parte do material por meio do qual se constrói provenha do paciente, da sua história, das suas identificações projetivas.

Ajuda-me como ativador de pensamentos a conceitualização narratológica relativa aos "mundos possíveis". Essa é uma noção desenvolvida inicialmente no contexto da lógica modal, e estendida à semiótica do texto por autores como Petofi (1975), Van Dijk (1976), Pavel (1976).

A definição de Platinga (1974) é "*a way the world could have been*".

Um exemplo muito rico dessas conceitualizações pode ser encontrado no filme de Nichetti *Stefano Quantestorie*, no qual, segundo a prevalência de uma história emocional ou de outra, delineiam-se e se estruturam várias histórias que teriam podido acontecer.[1]

Os "mundos possíveis" são entendidos também como todas as previsões que o leitor faz à medida que lê um texto, e têm muito a ver com as enciclopédias (as teorias de que dispõe) que muitas vezes o afastam do texto e fazem construir mundos possíveis que nada têm a ver com o que o texto sugere, nos quais, ao contrário, deveria prevalecer o respeito pelas categorias de "economicidade" da leitura e de "direito do texto" (Eco, 1990).[2]

A previsão do leitor "a ser descartada" permanece o esboço de outras possíveis histórias, e na situação analítica poderia ativar o desenvolvimento de outras histórias determinadas pela teoria, ou por diferentes categorizações (Bion, 1965).

Portanto, não é indiferente a resposta do analista (e, ainda mais, não é indiferente a disponibilidade da sua mente para captá--la e deixar-se transitar pelas identificações projetivas), aliás, é a

---

1 Numa história Stefano vive um *carabiniere* (militar), mas se em certo ponto tivesse prevalecido uma tonalidade emocional diferente, esta teria levado a desenvolvimentos em que na mesma história ele teria sido um Ladrão, ou, se tivesse prevalecido um certo comportamento do pai ou da mãe, ele teria feito, na mesma história, o papel do Piloto de aviação ou do Professor de matemática cuja mulher aeromoça o trai com o Piloto...

2 Ver a leitura de *Um drama bem parisiense*, proposta por Eco em *Lector in fabula* (1979).

116 O DIÁLOGO ANALÍTICO

partir dela que podem ser geradas tantas histórias possíveis, até as variantes extremas da reação terapêutica negativa, impasse, transferências psicóticas, interrupções (Barale & Ferro, 1992; Ferro, 1993e, 1994b), e, menos dramaticamente, as tantas histórias possíveis dentro de uma análise que funciona, histórias que serão diferentes de acordo com o interagir das duas mentes. Sob essa ótica, para além da referência histórica, ou do mundo interno, os personagens são entendidos como "modalidades expressivas" do que acontece no campo e que necessita de "nós narrativos" para tornar-se narrável.

O conceito de campo tem precedentes na psicologia da Gestalt e será reelaborado por Merleau-Ponty com a intenção de fundar uma psicologia do homem "em situação", capaz de observar e compreender os fatos psíquicos pelo seu sentido no contexto das relações intersubjetivas.

Esse conceito é unido pelos Baranger e por Mom (Baranger & Baranger, 1961-1962; Baranger, Baranger & Mom, 1983) aos conceitos basilares da psicanálise kleiniana. Esses autores definirão a situação da análise como um campo bipessoal, no qual é possível conhecer somente a "fantasia inconsciente de dupla" como é estruturada pela contribuição das vidas mentais de paciente e analista, veiculada também por identificações projetivas.

A patologia do paciente como tal não entra no campo a não ser com relação à pessoa do analista, que, por sua vez, contribui ativamente, de preferência em menor grau, para a constituição da *patologia do campo* que será o objeto concreto da elaboração psicanalítica.

Visto que analista e paciente formam uma dupla estreitamente ligada e complementar, resulta daí que os membros dessa dupla podem ser compreendidos somente em conjunto.

Portanto, leva-se em conta, ao máximo, o funcionamento mental do analista, que deverá deixar-se envolver, quase capturar, pelas forças do campo, para depois recuperar uma tercialidade por meio da interpretação e daquele "segundo olhar" que permitirá olhar com distância o processo para cuja constituição o analista contribui, mas cuja especificidade ele deve ser capaz de captar e descrever.

Se a identificação projetiva não é somente a fantasia onipotente de um indivíduo, mas "algo que acontece realmente entre duas pessoas" (Bion, 1980), "não surpreende que a sua importância seja decisiva para a estruturação de cada dupla" (Baranger & Baranger, 1961-1962).

A adoção desse modelo radicalmente bipessoal da identificação projetiva produz importantes mudanças também na concepção das dinâmicas de transferência e de contratransferência. Segundo os Baranger, o que é classicamente definido como neurose (ou psicose) de transferência passará a ser considerado em termos de campo, como neurose (ou psicose) de transferência--contratransferência, ou seja, como função da dupla.

Na situação analítica, o *insight* se verifica quando analista e paciente adquirem uma compreensão comum das fantasias inconscientes ativas no campo naquele momento. Isso coincide com uma reestruturação do próprio campo, pois a possibilidade de pensamento e de comunicação – ao mesmo tempo afetiva e cognitiva – se estende a áreas antes ocupadas pelos "baluartes", isto é, áreas de resistência da dupla, baluartes que são assim mobilizados e dissolvidos.

O campo bipessoal da análise é portanto sede de um processo dinâmico caracterizado pela tendência da dupla a constituir baluartes, isto é, vínculos de tipo simbiótico (no sentido de Bleger), e do trabalho que visa transformar essas experiências em termos de

118   O DIÁLOGO ANALÍTICO

relação autenticamente objetal. Essa inexaurível dialética confere ao processo analítico um andamento que os Baranger, seguindo Pichon-Rivière, descrevem como "em espiral" (Bezoari & Ferro, 1991b; Ferro, 1993f).

A construção de histórias

Como já afirmei no primeiro capítulo, no próprio momento em que o campo toma forma por meio da constituição do *setting* transforma-se no espaço-tempo de intensas turbulências emocionais, de vórtices de elementos β que, urgindo e ativando a função α, começam a ser transformados em elementos α – dotados prevalentemente de qualidades visuais – que constituem, como tijolinhos pictografados, as subunidades que compõem o pensamento onírico da vigília do qual nos falam os derivados narrativos (Bezoari & Ferro, 1992a, 1994b; Sacco, 1995b) e os *flashes* visuais (Meltzer, 1982a, b, c).

Gostaria de tentar descrever algumas situações clínicas que, partindo de identificações projetivas de emoções ainda não pensáveis, chegam a uma possível tecedura transformadora de tais protoemoções.

Mario e o pirata

A mãe de Mario, ao me descrever as dificuldades escolares do filho que, aos 6 anos, ainda não consegue nem ler, nem escrever bem, diz que ele deixa sempre "buracos" de algumas letras nas palavras, tanto quando lê como quando escreve.

Mario é descrito como um menino tranquilo, cordato, obediente, que gosta de estar com as outras crianças e que não demonstra particular desconforto pela situação familiar intricada e particular em que se encontra.

Quando Mario entra na sala, mostro-lhe que coloquei à sua disposição papel e lápis. Logo faz um desenho (Figura 3.1).

Figura 3.1

Figura 3.2

São as duas professoras, "Crisna e Snone". Nomes que, intuo, querem dizer Cristina e Simone: não digo nada sobre a forma como os escreveu e comento que me parecem duas pessoas com pernas muito compridas, "talvez as veja muito altas ou grandes demais para ele"; ele concorda, dizendo que prefere estar com os colegas do que estar com as professoras, e passa a fazer um segundo desenho (Figura 3.2): um barco que se chama "Vela", um barco de pesca, ainda que eu note espécies de carrancas no mastro principal; penso que preciso ficar atento ao que digo, *as minhas palavras poderiam ser o vento que move o barco não sabemos em qual direção*. Pergunto o que fazem os marinheiros. "Pescam peixes e os comem." O clima com Mario me parece bom, mas de repente percebo uma repentina angústia que cresce dentro de mim e que se define melhor como um sentimento de incômodo, de irritação, de raiva, como se tivesse recebido um golpe, aliás, sinto realmente uma dor, um peso "no estômago" e digo para mim mesmo: "Clima tranquilo sim, mas não me oriento, e tudo me parece tão fingido, tão falso; e por que me sinto tão incomodado, ou melhor, francamente desconfortável e zangado, justamente quando tudo parece caminhar tranquilamente?". Sou tentado a interpretar sobre as ânsias de devorar ou sobre a avidez, mas só tenho o tempo de deter-me sobre as emoções que senti, de reconduzi-las dentro de mim e ao que acontece na sala, e de iniciar um comentário dizendo: "Tudo me parece tão tranquilo...", e sou interrompido por Mario, que diz: "Estes *parecem* pescadores, é um disfarce; são piratas. Eu brinco sempre de pirata, construo navios e faço batalhas, gosto particularmente do canhão com que o pirata dispara balas que fazem *buracos* nos navios adversários, gosto também de brincar com a catapulta de Robin Hood que faz *buracos* no castelo", e desenha rapidamente canhão e catapulta (Figura 3.3).

Figura 3.3

A angústia e a raiva dentro de mim somem completamente. Capto uma ligação entre as balas, verdadeiras identificações projetivas de emoções que não têm ainda acesso à pensabilidade e que tinham tão violentamente e somaticamente me atingido, e os buracos nas palavras escritas ou lidas. O que me atingiu, na ausência de um continente disponível para acolher e transformar essa raiva, atinge e "faz buracos" nas palavras; Mario não tem consciência dessas emoções, que são as que se ativam dentro dele na situação familiar particular em que vive, e na qual todos fingem um bem-estar que não sentem.

Formulo essa hipótese de sentido dentro de mim; como é só uma consulta, limito-me a perguntar-lhe se faz outros jogos. Conta-me que faz muitos outros jogos de terror no computador: Drácula, Batman, Invaders... (Figura 3.4). Penso que para Mario são fantasmas muito primitivos e que podem ser tratados somente se desafetizados com o "computador", tomando distância, mas que as energias que permanecem livres em campo transformam-se em "balas" de canhão e de catapulta.

Faço somente alusões mínimas que deixam Mario insatisfeito e, como resposta, desenha tristemente um menino que anda sozinho de bicicleta num pátio (Figura 3.5).

Digo-lhe que talvez logo chegue, para o menino que ele desenhou, alguém com quem possa brincar, e que me pareceria uma boa ideia se a brincadeira que só começamos pudesse ser continuada com outra pessoa, e que eu iria falar sobre isso com a mãe dele. "Sim, contanto que seja alguém que goste de piratas", é a resposta de Mario, "e, sobretudo, que não tenha muito medo deles".

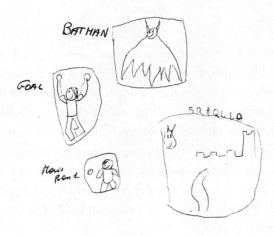

Figura 3.4

Parece-me evidente que a renúncia a explicitações interpretativas, baseadas numa leitura de conteúdo ou simbólica dos desenhos, permite reunir figurações pictóricas e figurações emotivas, estas últimas aparecendo em nível de contratransferência, num desenvolvimento transformador que possibilita o surgir de um sentido compartilhável até a tomada de consciência da realidade emocional do "pirata" e das suas necessidades de encontrar um continente (e não um alvo) para a sua raiva e para as suas turbulências emocionais.

Evidenciar as transformações narrativas (Corrao, 1991) levou-me a considerar toda a parte dialogada de uma sessão cada vez mais como um desenho de características peculiares: uma contínua mobilidade de todos os componentes, como num quadro vivo.

Figura 3.5

Sob essa ótica, é fascinante acompanhar a entrada na sessão de um "personagem", os seus movimentos, a sua transformação, a saída de cena para ser substituído, ou às vezes para ver acrescentar-se um outro "personagem" (de um relato, de uma lembrança, de uma história, de um sonho...), mas sempre dando forma e cor a tudo o que acontece no funcionamento mental da dupla naquele momento (Ferro, 1996a; Badoni, 1996).

Modelos diferentes interagem de modo muito diferente em relação aos "quadros vivos" das sessões; mesmo aqueles que pretendem ser mais neutros entram na construção do campo, considerando também o fato de que frequentemente as interpretações se colocam como defesas da mente do analista, em relação à quota de dor mental não assimilável e transformável (Ferro, 1993c).

Modulação das tensões do campo e pictogramas emocionais

Nas situações clínicas em que há uma integridade da função α, com a capacidade do paciente de constituir elementos α, e portanto de sonhar e de ter um pensamento onírico de vigília (Bion, 1962), pode haver uma inadequação do "aparelho para pensar pensamentos", os quais podem ser tratados como elementos β e portanto evacuados (Bion, 1962). O mesmo acontece para as interpretações do analista todas as vezes que põe à prova a função α do paciente e o seu aparelho de pensar pensamentos além do limite de tolerabilidade: com esses pacientes torna-se importante dosar as interpretações de acordo com a sua capacidade de tolerá-las. Os seguintes casos clínicos me ajudam a focalizar esses pontos.

A máquina de lavar roupas de Claudia: qual programa?

Claudia tem problemas de tipo narcísico que a levam a negar o próprio sofrimento e a mascarar a própria necessidade de análise sob o interesse profissional, já que está se especializando em psiquiatria.

Desde o início trata-se de uma análise com grandes riscos de interrupção, *acting*, traços de reações terapêuticas negativas, antes que eu perceba, como sugeriu um sonho, "que não podia permitir-se pagar *intervenções* caras demais" (no plano emocional).

Capto a necessidade de Claudia de negar o próprio sofrimento sem o explicitar, e me impressiona o interesse pelo mundo árabe que Claudia me comunica logo depois: em vez de medicina, quase tinha estudado línguas orientais, o mundo árabe a fascina pelas suas enormes riquezas e pela sua grande pobreza.

Lembro-me, após algumas interpretações minhas, da entrada em cena do "menino visto na reanimação porque tinha comido pregos" ou, sempre após interpretações que haviam me parecido possíveis de serem dadas de forma direta, entrar em cena "uma menina que ficou quase cega por causa do excesso de oxigênio recebido na incubadora", ao passo que se eu percebia dentro de mim a superdosagem interpretativa e modulava as intervenções, isso era recebido e sinalizado por meio da entrada em sessão de "um oculista que, com intervenções não intrusivas, tinha ajudado a menina, com boas possibilidades de recuperação da visão". Ou, então, se me sentia eficiente demais, logo falava do "médico chefe que, tendo feito o curso de administração, usava sempre o *cérebro eletrônico*".

Acrescento que foi muito significativa para mim uma sessão em que, após uma minha interpretação direta na qual eu ligava a raiva muito forte, que depois de ter aparecido em sonhos podia viver, a algo que a tinha feito sofrer muito, uma ferida profunda sempre negada, fui interrompido por Claudia, que, muito amedrontada, disse: "O que está acontecendo, o que está acontecendo? Estou vendo a máscara do quadro em frente se levantando...".

Inútil dizer que no quadro sobre a parede em frente não só não havia nenhuma máscara em movimento, mas não havia nem mesmo uma máscara desenhada.

Percebo como as emoções ativadas pelas minhas interpretações haviam rompido o "continente", gerando uma extrema persecutoriedade, dando origem a fotogramas oníricos da vigília (Meltzer, 1982a, b, c; Ferro, 1993b). Se depois eu interpretava essa persecutoriedade ou os sentimentos que as minhas intervenções geravam (inveja, ciúme, dificuldade para depender), seguiam-se as faltas às sessões, relatos de brigas furiosas, ou surgia a terrível relação com a irmã mais velha, centrada na recusa a qualquer coisa proveniente dela: recusa e desprezo. Entendo que é impossível interpretar tudo isso na transferência e entendo que preciso modificar a minha técnica habitual se quero evitar uma interrupção da análise. Assim, aparece "Marcello", o novo namorado, "que se deixa guiar por ela, que é solícito e disponível".

Acompanho-a com interpretações muito dosadas nessa história de amor que desbanca outros possíveis pretendentes: "Claudio", que quer sobretudo sexo (e que aparece todas as vezes que me aproximo excessivamente com interpretações de transferência), e "Sandro", capaz somente de terna amizade (e que aparece quando me mantenho por demais reservado e distante). Marcello parece o meio-termo adequado, e chegam em pouco tempo ao casamento.

Logo fica esperando bebê: a gravidez enriquece a vida emocional de Claudia, que começa a ser vivida e narrada por meio das emoções que pouco a pouco se ativam e que descobre na "criança".

A sua própria angústia de separação foi longamente narrada como a angústia do filho Marco que chorava e se desesperava cada vez que a mãe se afastava; o seu próprio ciúme foi chamado de "o ciúme de Marco quando foi anunciada a chegada de um novo irmãozinho"; as próprias necessidades foram "a insaciável fome beirando a voracidade de Andrea".

Foi necessário, portanto, durante muito tempo, ficar com a história como era narrada (*obviamente com a minha absoluta convicção de que se falava e se trabalhava exclusivamente sobre fatos emocionais e mentais da sala de análise*), antes que fosse possível encontrar mais explicitamente as modalidades que permitissem a Claudia aproximar-se de emoções reconhecíveis como suas próprias.

Diminuíram as "muitas medalhas" de um sonho dos primeiros tempos de análise, dando lugar para os "muitos buracos"/

"necessidades" que, num sonho posterior, eram recobertos justamente por medalhas-próteses.

Começou então um período de reapropriação de áreas geográficas cindidas da própria mente: os sonhos começaram a se povoar de ciganos, de "camelôs", de *árabes* às vezes furiosos como "Marco" – que quando ficava com raiva parecia falar árabe, de tão incompreensível –, que por vezes pediam abrigo... depois apareceu "Lassie" com a sua fidelidade e capacidade para reencontrar o caminho de casa.

Entraram em cena as crianças muito doentes que começa a acompanhar, cada uma delas sendo também a representante do problema que devíamos tratar (e aqui também foi preciso dar uma longa volta interpretativa).

Aparecia "Stella" com a fobia da escola, pelo medo de uma professora muito exigente (toda vez que eu tornava a aumentar a minha dosagem interpretativa), ou que tinha fobia (no final da sessão) da fruta porque era sinal de que o almoço estava terminando e o papai ia embora; "Marcella" que amava muito o namorado que não lhe dava atenção como gostaria que ele desse... e assim tantos personagens, cada um com o seu "tema".

Mas essa forma de trabalhar, embora me pareça ter contribuído para poder elaborar, metabolizar, transformar emoções muito primitivas de Claudia, num certo momento me é sinalizada como insuficiente pela própria paciente na seguinte sessão.

Eu havia precisado adiar o nosso encontro de uma hora.[3]

---

3 Eu havia renunciado à costumeira modalidade de comunicação de não poder fazer uma sessão esperando a eventual solicitação de mudança por parte do paciente, à qual responderia afirmativa ou negativamente segundo as reais possibilidades, já sabendo o quanto desejasse "recuperar", quando possível, a sessão, e tinha eu mesmo lhe proposto a mudança.

128   O DIÁLOGO ANALÍTICO

No início da sessão, enquanto Claudia começa a falar, encontro--me distraído por causa de uma raiva enorme que sinto ao pensar no mau funcionamento dos correios, razão pela qual as cartas não me são entregues pontualmente e correm até o risco de perder-se.

Volto a escutar a paciente, que nesse ínterim me conta que tinha visto um filme a cores e um em branco e preto. No primeiro, uma menina não desejada na sua casa se matava, e o seu irmão a vingava matando todos aqueles que tinham causado a sua morte. No segundo, havia uma história triste ambientada em Pavia, na qual uma moça, esposa de um médico, morria ao dar à luz uma menina, que, ao contrário, se salvava.

Dentro de mim, não é difícil pensar numa interpretação exaustiva de conteúdo (isto é, captar como estão presentes no primeiro sonho emoções em "PS", relativas à perda de sessão: raiva, desespero e vingança, e como no segundo aparece uma reelaboração em "D" da sessão perdida, mas, ao mesmo tempo, a esperança pela nova sessão), mas lembrando de como a paciente tinha demonstrado "que não tinha ainda o lugar" onde colocar as interpretações que nascem de mim, faço uma intervenção insaturada, daquelas que com Bezoari (Bezoari & Ferro, 1989, 1994a) tínhamos chamado interpretações "fracas", colhendo somente a diferente tonalidade afetiva dos dois filmes.

A paciente, após um breve silêncio, diz: "Estou me lembrando de um sonho: estava lavando uns pulôveres meus com o programa extradelicado, que é muito bom para a lã muito delicada, mas como a centrifugação também é do programa extradelicado, os pulôveres ficavam encharcados de água e eu tinha medo que pesassem demais no varal".

Pergunto se acha que a lavagem normal poderia estragar os pulôveres, ela diz que não, porque já foram lavados muitas vezes com o programa extradelicado e já não há mais perigo que se estraguem. E acrescenta que estava pensando na sua irmã Luisa, que tinha um cobertorzinho que uma vez tinha sido lavado e estendido, e não podia ser usado enquanto não secasse, e isto a tinha feito chorar muito.

Sinto então que posso lhe fazer a lavagem normal (que é esperada e desejada) e trago para a transferência os sentimentos relativos ao primeiro filme, ao segundo, às vivências da "irmã" que não pode esperar, e à nova capacidade de poder conter as suas emoções.

A paciente comenta dizendo: "Agora eu entendo toda a raiva que eu senti ontem, brigando com todos...", e eu, do meu lado, a raiva que sentira dos carteiros que não entregam pontualmente a correspondência, que havia sido o meu modo de receber as identificações projetivas da paciente.

O terrorismo basco

Mimmo vem para a análise por um mal-estar muito indefinido, que o leva a descuidar-se dos estudos, a desleixar-se, a entediar-se, frequentemente a lamentar-se.

Quando o vejo à porta, com seu terno cinza de homem, penso: "Como deve ser chato e conformista", parece-me o último sobrevivente de uma outra época... depois percebo um lampejo repentino nos seus olhos que me faz inesperadamente pensar: "Ou talvez não... parece um selvagem...".

Os primeiros tempos são difíceis, com longos silêncios, de minha parte há tédio e sonolência, sinto que existe algo de adormecido, mas não entendo o que, nem encontro o modo de abrir uma brecha para algo mais vivo e vital.

Prosseguimos assim, até que nos acontece um incidente completamente insólito: numa noite de inverno, quando está começando um temporal, a eletricidade vai embora de repente... não estou preparado para enfrentar essa eventualidade porque em muitos anos nunca havia me acontecido... mas enquanto fico no escuro, sou invadido por um terror indizível, que até hoje não consigo descrever: um verdadeiro pânico, temo que Mimmo possa pular em cima de mim, matar-me, apunhalar-me, esquartejar-me... imagens de uma violência inaudita invadem minha mente... enquanto isso, Mimmo continua a falar com a mesma voz monótona... a luz volta... a sessão continua... mas há essas cenas que se abriram dentro de mim e que não sei como utilizar. Decido esperar, mas estou tenso. Alguns dias depois, a minha atenção é atraída por um boné basco que Mimmo começa a levar à sessão, destoando completamente do resto das suas roupas e, uma vez que o boné cai no chão na saída, eu me vejo "recolhendo o basco".

Nesse momento, tenho uma intuição que me permite ligar o que eu tinha vivido, o que eu tinha começado a notar com relação a uma tendência minha a interpretações não suficientemente moduladas, ao que estava acontecendo, e digo para mim mesmo: "É justamente o Basco que é preciso recolher"; na sessão seguinte faço cautelosamente entrar em cena esse personagem: se o basco que cai, e que talvez caiba a mim recolher, não é talvez um Basco do qual eu nunca havia me dado conta.

Daquele momento em diante se desenvolve toda uma narrativa sobre os bascos, sobre a importância que as minas de *ferro* têm para a economia deles, sobre o caráter explosivo particular que os distingue, ainda que recentemente um jovem basco tenha se casado com uma sua prima de quem ele gosta muito, ele até se interessou pela língua deles, que parece não pertencer a nenhum tronco conhecido... e depois as bombas... sobre a necessidade de independência dos bascos... sobre a dominação da identidade basca... passando até, em sessões sucessivas, por meio de relatos de filmes, os bisões da América... os animais ferozes de uma viagem recente à África, onde o pai começou inesperadamente uma atividade de importação-exportação... até chegar ao drama dos albaneses e das suas necessidades...

Uma breve reflexão sobre os personagens: primeiramente tinham sido agregados pela minha mente, a partir provavelmente das identificações projetivas de Mimmo: o Selvagem, o "Esquartejador", e depois a partir das suas atuações comunicativas, o "Basco": haviam, portanto, possibilitado que zonas da sua mente cindidas e letargizadas pudessem vir a ser pensadas e transformadas.

Não é preciso dizer que por longo tempo aqueles relatos permaneceram "nos lugares" nos quais o paciente os colocava (Espanha, África, Albânia) antes de entrar, com o peso das emoções envolvidas, no campo emocional e, portanto, na nossa relação, e por fim na sua história pessoal.

Penso que um caso como este coloca dois problemas: o da *permeabilidade* em relação às identificações projetivas do paciente, e, portanto, a necessidade de se acolher ao máximo tudo o que vem do paciente, e um problema não menos importante, o do limite das hipóteses interpretativas.

Ou seja, o Basco, o Ganês etc. encontram o seu direito de serem acolhidos, como histórias e relatos que têm algo a ver com a verdade emocional do paciente e com a sua história: são as identificações projetivas, as emoções do paciente que devem entrar em histórias, e *somente* estas.

É preciso dizer que todas as vezes em que isso não acontece o paciente nos sinaliza, como no caso de Rosa, que veremos adiante: mas uma escuta adequada permite sempre captar as sinalizações do texto, que poderão aparecer no próprio texto do paciente, ou na contratransferência ou em qualquer outro lugar do campo.

Gostaria ainda de reafirmar que os personagens, as narrações, as lembranças, os desenhos, por exemplo, evocados na sessão, podem ser repensados a partir de um vértice como "síntese de funcionamento" da dupla naquele momento, que mudam e se transformam constantemente de acordo com seu interagir e com as qualidades deste (Ferro, 1993a; Cancrini-Giordo, 1995).

Concatenações de "fatos selecionados" e sinalizações do texto

Para tecer uma narração é necessário suprimir continuamente um conjunto de histórias possíveis, para que as histórias prevalentes e mais significativas tomem corpo e se desenvolvam.

Entendo por histórias prevalentes e mais significativas as que, derivando das transferências e dos elementos β do campo, permitem e ativam o máximo de transformação narrativa (Corrao, 1991). No fundo é a concatenação de sucessivos vértices narrativos (ou a interação sequencial de "fatos selecionados", Bion, 1965) que permite a definição de um relato.

É o que nos lembra também Diderot em *Jacques le Fataliste*: são tantas as histórias possíveis, mas é necessário renunciar a muitas para um desenvolvimento coerente e compreensível de uma história narrável.

É interessante refletir sobre como alguns dos "mundos possíveis" (Ferro, 1993d) são aqueles nos quais se entraria por uma disfunção do campo (mundos que terminamos por chamar de reações terapêuticas negativas, transferências psicóticas, impasse etc.), são mundos coerentes com o que acontece, aliás, que relatam de modo prepotente o que acontece nos intercâmbios ou nos bloqueios, ou nas fraturas comunicativas profundas (Nissim, 1984; Robutti, 1992b; Barale & Ferro, 1992).

Outros mundos tornam-se impenetráveis, são como os "caminhos interrompidos" de Cassola, por defesas da dupla, por resistências, ou mesmo quando as coisas funcionam, porque são menos significativos em relação a consentir cadeias sequenciais de "fatos selecionados" (Bion, 1965) com finalidades transformadoras.

Esse conceito em narratologia é chamado de "narcotização" e implica a limitação da expansão (n) de mundos possíveis.

O texto linguístico-emocional que se tece com o paciente tem, inclusive, a capacidade de sinalizar a existência de "desvios", de perda de "riqueza transformadora": graças ao aparecimento, não importa em que lugar-tempo do campo (sonho do paciente, sonho de contratransferência, narração do paciente, imagens do analista, *acting in, acting out* etc.), de torrões de elementos β à deriva que não são acolhidos e transformados, ou seja, de angústias ou de estados protoemocionais que devem, *ao contrário* e *necessariamente*, ser acolhidos e transformados para gerar um movimento β → α.

Além disso, se considerarmos o inconsciente não como lugar-depósito, mas na acepção totalmente dinâmica de Bion (é a barreira de contato, constituída por elementos α que, procedendo continuamente como um zíper, abre, separa, distingue, estrutura em Inconsciente e Consciente, reabastecendo-os continuamente por meio das contribuições emocionais e sensoriais transformadas), será então evidente como as Transformações da História, das lembranças, das memórias, podem ser muito mais amplas do que outras concepções, justamente pela extrema plasticidade inerente a esse modelo.

Se lembrarmos também a distinção que Bion (1962) faz entre "*lembranças*" e "*fatos não digeridos*" que continuam a urgir no hoje, enquanto a carga que excede a possibilidade de transformação por parte das funções α disponíveis não tiver encontrado lugar e modo de transformação, de relato, portanto de vir a ser lembrança (Etchegoyen, 1986; Ferro, 1993f), vemos como o campo é rico de eventos, de fatos emocionais, de construção de sentidos. Isto é, naturalmente, apenas a ponta do *iceberg* de fenômenos que esperam para serem descritos.

Por último, gostaria de destacar o fato de que aquilo que poderia parecer uma *verdade de conversação* (sempre que não existam cesuras interpretativas, mas um procedimento no sentido de construir juntos um texto dialógico), que chega no campo como um acontecimento, é na realidade longamente e profundamente "trabalhada" pelas mentes, e para esse trabalho profundo é fator de primária importância a *capacidade negativa* do analista, como definida por Bion (1970) na carta de J. Kears aos irmãos, colocada pelo próprio Bion na introdução ao último capítulo de *Atenção e interpretação*: "A capacidade que um homem possui se souber perseverar nas incertezas, por meio dos mistérios e das dúvidas, sem se deixar levar por uma agitada busca de fatos e razões".

Rosa e a doença proliferativa

Com Rosa, professora de filosofia de 25 anos, temos uma primeira entrevista na qual decidimos se é realizável um projeto de análise para o qual seria necessário esperar talvez alguns anos, pelo fato de eu não ter tempo disponível antes.

Durante o primeiro encontro, Rosa consegue contar-me um episódio extremamente dramático que lhe acontecera por ocasião de uma viagem e, muito determinada, me diz que, mesmo que a análise comigo não seja para breve, está decidida a me esperar, já que inesperadamente conseguira contar para mim "aquela coisa" da qual não tinha conseguido falar com ninguém; eu, do meu lado, renuncio à ideia de não a tomar em análise devido à longa espera, e aceito o seu projeto. No segundo encontro aparecem estes relatos: após a nossa entrevista "teve o desgosto" – que foi grave – de deixar a escola na qual se dava bem... depois, com *Marco*, outro professor da escola, tinha surgido uma história, *ele perdeu a cabeça*, envolveu-se de modo impressionante, enquanto isso teve também um caso com um outro colega, *Aurelio*, com o qual existe uma relação *"como você me quer"*, e ela gosta de satisfazê-lo em tudo; existe também o namorado que lhe garante um lugar seguro e de confiança, mas que não satisfaz certas exigências suas; aparece enfim a irmã menor, com uma "doença proliferativa" e a urgência de tratamento adequado.

Como pensar esses "personagens"?[4] Uma teoria poderia ser a de considerá-los na sua prevalência referencial, como personagens da realidade externa, importantes pelas emoções e pelos sentimentos que ativam na paciente.

Ao mesmo tempo, poderiam ser considerados como personagens que se combinam, saturam ligações possíveis do mundo interno de Rosa, dando a possibilidade imediata de passar da referencialidade externa a uma teoria (a dos objetos internos) que forma uma ponte em direção às grupalidades internas de Rosa e à organização destas: os personagens evocados de modo especular remetem a objetos internos, a fantasias inconscientes, a fantasmatizações de Rosa.

Essas fantasmatizações encontram imediatamente a possibilidade de serem reconhecidas na transferência e na relação que já se formou desde as primeiras falas da primeira entrevista: essas "figuras" poderiam ser vistas de vários ângulos como figuras de transferência, e portanto de projeção, e como antecipações do modo de

---

4 A questão seria: em que teoria considerá-los? Qual o tema considerado? (Eco, 1979).

ver a relação transferencial na análise (em termos de transferência repetição, de transferência exteriorização, de relação entendida como algo de único e específico às duas mentes no aqui e agora, função da transferência, mas também das capacidades acolhedoras e transformadoras da mente do analista) (Di Chiara, 1983; Ferro, 1992; Folch-Mateu, 1986; Manfredi Turillazzi, 1985).

Tais modalidades poderiam ser ou não *interpretadas*, dependendo de um conjunto de considerações técnicas.

Mas existe um outro vértice, *em necessária oscilação com os outros*, que é o de considerar tais personagens como expressão sincrética e pictograficamente narrável dos fatos emocionais ocorridos na sala de análise, nas recíprocas fantasmatizações ativadas no campo bipessoal (Baranger & Baranger, 1961-1962), ou melhor, no campo bigrupal que se iniciou e que apresenta *três principais modalidades emocionais* e histórias narráveis que poderão se formar de acordo com a interação das mentes. Tal interação é modulada pela função analítica e transformadora da mente do analista (Hautmann, 1981) (ou função de guarnição transformadora, ativadora de histórias possíveis).[5]

Naturalmente, interpretações diferentes estruturam, a partir desse momento, uma história completamente diferente: histórias diversas segundo os códigos de interpretação introduzidos, que valorizem a capacidade de sedução, a identificação adesiva, a reconstrução histórica etc.

Em vez de decodificações interpretativas (que gerariam outros textos possíveis), opto por uma contribuição aberta ao desenvolvimento narrativo e digo que me parece que estamos em

---

5 Penso nessa função como numa função de fronteira, como no filme *Dança com lobos*, em que o protagonista se deixa envolver pelas histórias dos índios, torna-se o protagonista delas para depois tornar a separar-se e voltar à própria história após uma dupla transformação: a dos índios e a dele mesmo.

presença de diversos relatos: um passional, um erótico, um que se refere mais aos afetos (as histórias com Marco, com Aurelio, com o namorado).

Naturalmente, eu os penso como nossas possíveis tramas ou "fábulas" todas por narrar. Mas o texto emocional a quatro mãos (Nissim, 1984) tem essa característica de "*ser vivo*", de "*sangrar*" ou "*chorar*", *portanto, pelas lacerações de sentido que não são captadas.*

Após a minha intervenção, Rosa acrescenta: "Queria ter feito medicina: fazer filosofia às vezes me parece um jogo tão excitante, mas masturbatório". Tenho um instante de desorientação. De onde chegam "medicina"... "filosofia"... "masturbação"? Logo depois entendo que são uma sinalização do texto; tinha havido uma minha opção por três histórias possíveis, mas eu havia fugido da quarta (Cronin, me digo, e a história da doença, mas também Kronos, da urgência da terapia/análise, da urgência de não perder tempo: a doença proliferativa da irmã-parte de si, ou melhor, o proliferar no campo emocional de emoções que não podem ser contidas).

Neste ponto, são justamente as *histórias reprimidas mas necessárias que brotam para se inserir no texto.*

Eu teria podido fazer uma interpretação decodificadora. São tantas as teorias: não captar o caráter autogerador do texto emocional e utilizar a teoria da inveja, da desvalorização, do ataque ao vínculo, ao -K, ou então, captando a implicação emocional do aqui e agora, *explicitar o motivo do aparecimento daquela comunicação* (à Langs ou ao último Rosenfeld) ou então, renunciando a uma "bizantinização" do texto, optar pela simplicidade da troca emocional e captar o *choro do texto*, introduzindo (sem interpretação prévia) a preocupação pela "doença proliferativa", a "luta contra o tempo", a "urgência de tratamento"... Será o desenvolvimento do texto que irá narrar também a congruência ou não da intervenção...

138   O DIÁLOGO ANALÍTICO

A atenção aos sinais do texto emocional/narrado faz com que não sejam suprimidas histórias necessárias de serem contadas e transformadas, e com que possam permanecer fechadas todas as histórias possíveis não pertinentes com a emoção e a urgência do hoje (Faimberg, 1989, 1992).

O desenvolvimento da história compartilhada (Vallino Macciò, 1993) constituirá o reservatório no qual irão se reabastecer os outros níveis das grupalidades: "o proliferar das emoções que já a primeira entrevista havia acendido"... "o medo do que proliferava"... "a necessidade de terapias antiproliferativas"... "e qual a terapia mais eficaz" serão todas as histórias a serem escritas posteriormente, mesmo que seja passando pelo texto da preocupação pela doença proliferativa, em relação à qual se pergunta se será possível intervir a tempo.

Encontro o tempo e o modo de antecipar o início da análise com Rosa.

Laura e os graus

Há uma sessão muito intensa com Laura na qual, a partir de uma sua pergunta a respeito de um perfume "Fahrenheit" que sente na sala, é possível para mim introduzir o tema dos "graus" que marcam as diferenças de temperatura e as hierarquias de um campo que ela pretenderia uniforme, não diferenciado, homeotérmico, homeostático. Interpreto nesse sentido.

Na sessão seguinte aparece um jovem amigo muito apaixonado, Giovanni, muito bonito e bem dotado fisicamente, "um daqueles rapazes que qualquer garota gostaria de ter perto de si pelo menos uma vez por semana".

Sinto o clima da sessão excitado, vagamente falso, e fico com um gosto de insatisfação, de algo que ficou escondido, não dito, mesmo tendo procurado ligar a presença de "Giovanni" ao que lhe havia dito no dia anterior.

Na noite seguinte, sonho com um tubarão pequeno com o qual brinco, embora perigosamente, e que se transforma em seguida em um míssil com o qual, mesmo sendo potencialmente explosivo, eu continuo a brincar.

Na sessão do dia seguinte Laura chega em plena crise: sonhou com uma menina cuja *mãe não tem útero*... uma menina sem cordão umbilical... aliás, nem existe a mãe, existe um homem (♂)... a menina morre de fome... e acrescenta que pensou muito em se matar...

Nesse ponto, é fácil para mim pensar que as minhas intervenções sobre os "Fahrenheit", *graus, gradientes, diferenças, hierarquias*, embora centradas e ativas, e que tinham satisfeito as partes mais adultas da paciente (testemunha disso é a entrada em cena de Giovanni), eram excessivas para a parte mais infantil, a menina ainda com necessidades fusionais ou fetais, e que essa parte fora privada do que ela necessitava para viver: uma plena e acolhedora disponibilidade (♀) emocional, antes mesmo de precisas interpretações que deixam com fome a menina-tubarão, que volta explosivamente a ameaçar de se suicidar...

A primeira interpretação sobre os "Fahrenheit" poderia ter sido, com um outro paciente, uma boa interpretação com *rêverie*; mas era ainda prematura para a capacidade de aceitar de Laura, terminando por gerar – justamente porque impõe uma diferença entre ela e eu, entre mim que penso ativamente e ela que se torna receptora de uma verdade repentina num modo para o qual não está preparada – ciúme, raiva, insatisfação, que correm o risco de se tornarem explosivos.

O sonho de contratransferência me permite captar as proto-emoções que haviam se acendido nela, e que tinha despejado no campo, de modo que, guiado por ele, posso achar um sentido para as comunicações do dia seguinte e posso sintonizar-me com as capacidades e necessidades emocionais de Laura, ainda longe de poder tolerar interpretações que nasçam "demais" de mim.

Portanto, considero a sessão a partir de um vértice interno à própria sessão, como se fosse relatado apenas e justamente o que acontece na profundidade da vida psíquica no campo. É lógico que tenho em mente *outros vértices*, em oscilação com o anterior, que permitem considerar o "tubarão", "Giovanni" e "a mãe sem útero" como pertencentes ao mundo interno e ao mundo real externo de Laura.

Permeabilidade do campo e lembrança de experiências novas

Um outro aspecto que gostaria de enfatizar é o da necessidade de uma grande permeabilidade do campo, para que nele possam encontrar acesso e transformação os aspectos mais primitivos das mentes. Mas a entrada de um personagem é somente o prelúdio para a sua transformação, a qual acredito que possa levar, como no célebre exemplo de Etchegoyen,[6] à construção de lembranças diferentes do mesmo "fato", e eu diria também de "lembrança" possível de fatos nunca acontecidos, a não ser na realização emocional do hoje,[7] que ressignificam fragmentos de experiências pregressas.

---

6 Exemplo no qual o autor mostra a transformação radical de uma lembrança com o avançar da análise (Ferro & Meregnani, 1993).

7 Que valor "objetivo" podemos dar à lembrança se "produzida" dentro do "mesmo lugar" onde são produzidos os sonhos, isto é, na transformação de elementos β em elementos α que somente como tais podem ser armazenados (Bion,

A título de simples exercício, digamos que, após uma intervenção do analista, um paciente "se lembre" do terror que sentia do próprio pai, pugilista profissional... e de como, quando criança, nunca fosse ouvido pelo pai terrivelmente violento. Como pensar esse "achado"? O pai pugilista assim reencontrado é certamente uma ocasião para uma redescoberta importante e se constitui de componentes provenientes de transferência (seja como repetição, seja como exteriorização), mas é também algo que se estrutura ali no campo, naquele momento; é o modo como certas partes do paciente sentiram a intervenção do analista-pai pugilista violento (que seguramente agrega a violência existente no campo, também aquela que parte do paciente, o qual produz identificações projetivas que entram no campo). Ora, esse pai pugilista violento está ali no campo e necessita ser transformado, graças ao *working through* do analista, graças à sua capacidade de administrar e transformar essa violência por meio das próprias intervenções moderadas e continentes.

Naturalmente, serão necessárias muitas passagens, meses ou anos de trabalho, para a transformação desse personagem, "pugilista violento", num pai "que gostava também de pescar" ou "de acompanhar as crianças à escola" ou "de ser disponível com os amigos após um bom encontro",[8] isto é, a estruturação no aqui e agora de um pai nascido no aqui e agora do encontro relacional e que irá habitar o Mundo Interno e a História, permitindo aquelas "lembranças de experiências novas" que são um dos fatos mais peculiares da nossa vida mental. E não me refiro tanto à desoclusão

---

1962): pelo menos, se aceitarmos as conceitualizações de Bion em relação a um Inconsciente em contínua formação. Ver também, a esse respeito, as conceitualizações dos Sandler (1984) sobre Inconsciente Atual e Inconsciente Passado.

8   Desde que o analista tenha sido capaz de "pescar" os significados, de acompanhar o paciente nos seus percursos, de ser disponível nos encontros e assim por diante.

142 O DIÁLOGO ANALÍTICO

de outras histórias possíveis, que tinham ficado oclusas na história prevalente, fato que pressupõe, de toda maneira, que experiências positivas tenham sido feitas em outro lugar. Suspendendo qualquer juízo sobre o que não posso saber, sei como certo que no aqui e agora se reestruturarão (estruturarão?) novos personagens, novas narrações que depois voltarão (ou começarão pela primeira vez?) a habitar a História e o Mundo Interno. Temos contínuos exemplos disso em análise, se renunciarmos a escutar os relatos dos pacientes somente como se tivessem sido subtraídos ao véu da remoção ou à distância da cisão e captarmos neles a novidade criativa.

Do mesmo modo, um personagem ou um sentimento, digamos "o medo do pai violento", caso entre em cena no início da sessão, não pode ser pensado como pertencente às fantasmatizações do paciente e depois ser visto, mais adiante na sessão, como transformação do "pai competente", e que sucessivamente entre como pai que nasce da relação.

São realidades de mundos e de leituras diversas. O "pai violento" e, suponhamos, o "pai competente" pertencem a todos os três eixos presentes no campo, todos os três poderão ser vistos na história, na fantasmatização, na relação: não é que as figuras positivas pertençam à Relação e as negativas ao Mundo Interno ou à História: o pai violento nasce também ele da Relação, das sessões anteriores, digamos, da falta de capacidade de acolhimento por parte do analista num certo momento, e também esta é uma *realidade relacional do campo*. Junto dela está a realidade do mundo interno. Junto, a realidade histórica.

O lugar do conhecimento é a realidade do Mundo Interno e da História, o lugar das transformações é a realidade emocional da Relação no Campo.

Na minha opinião, o analista competente tomará sobre si a violência "do pai", não fora do campo, defendendo-se dela, deslocando aquela emoção para a História ou para o Mundo Interno do paciente, mas se perguntando a partir de que vértice (estranho, absurdo, psicótico) *é verdadeiramente, para aquele paciente, naquele momento, um pai que suscita terror* (sempre levando em conta que no seu modo de ser é superdeterminado também pelas identificações projetivas do paciente até o assumir de um papel), e como deve colocar-se, como deve *transformar-se*, para permitir a transformação daquele pai num outro sensível às necessidades emocionais do filho e de tal modo, digamos, que suscite afeto ou gratidão.

Essa transformação relacional no campo daria vida a uma nova configuração do "pai", que depois poderá vir a se constituir como lembrança de um fato novo na história e novo habitante do *mundo fantasmático*.

Naturalmente, os exemplos poderiam ser multiplicados ao infinito, mas creio ter esclarecido o que entendo dizer quando afirmo que o lugar da transformação é o aqui e agora da situação analítica e, mais precisamente, que o lugar que dá início a toda transformação é a mente do analista.

No fundo, um discurso análogo poderia valer para a entrada em sessão de um personagem qualquer, digamos, "Francesco": naturalmente "Francesco", muito provavelmente, tem conexão real externa com os fatos a respeito dos quais é chamado em questão; é provável que "representa" algum aspecto do paciente, e remete aos seus funcionamentos cindidos, a modalidades das quais o paciente não tem consciência, ou é uma espécie de "amigo secreto", como em Conrad (Gaburri, 1986), um habitante da vida mental do analista; é tudo isso, com toda probabilidade, mas é certo que "Francesco" está ligado ao campo emocional-linguístico-afetivo dentro do qual ganhou corpo, ou melhor, nome, que no fundo é a mesma coisa (Bezoari & Ferro, 1991a, 1991a, b; Ferro, 1993f).

Tenho, então, que me perguntar quais são os vetores emocionais do campo, que agregaram "Francesco" ali, naquele momento, naquela narração, e ver quais transformações serão possíveis do "personagem do campo" e "das suas relações".

Isso é significativo e terapêutico porque depois todas essas novas agregações voltarão a informar sobre si, o Mundo Interno e a História.

É evidente como este modelo se distancia de outros, também presentes no campo, que veem a História como história real externa ou as fantasmatizações como referentes ao funcionamento mental do paciente em "solo"; e como este modelo substitui ao conhecimento e ao *insight* a transformação por meio da metabolização de elementos β por parte do analista e da função α do campo.

A interpretação exaustiva perde a sua centralidade e é substituída pelo trabalho mental feito pelo analista na sessão ao permitir o mais possível no campo um gradiente $\beta \rightarrow \alpha$: o sucesso ou o fracasso dessa operação será narrado continuamente pelo paciente por meio das histórias, dos fatos, dos personagens que trará à sessão.

Essa modalidade de olhar o que acontece no campo é radicalmente diferente do conceito de *experiência emocional corretiva*, no sentido de que não está em jogo um modo de ser do analista, afetuoso ou compreensivo, que constitua uma nova experiência positiva: trata-se de realizar *experiências emocionais transformadoras*, o que comporta um grau máximo de permeabilidade do analista, e do campo, a todos os aspectos da transferência, do mundo interno do paciente como serão veiculados pela repetição e pelas identificações projetivas (Tagliacozzo, 1982; Lussana, 1991). Está em jogo, pois, uma conceitualização dinâmica do inconsciente, como lugar-espaço-modalidade em contínua formação e transformação:

a barreira de contato, continuamente, "abre", diversificando e separando os territórios da consciência dos territórios do inconsciente (Bion, 1962).

Se quiséssemos retomar o exemplo do pai pugilista, seria absolutamente necessário, e seria um pré-requisito para toda possível transformação que tal "violência" pudesse entrar no campo através de não importa qual "janela", as palavras do paciente, as suas emoções, as suas atuações, ou por parte do analista com a sua violência interpretativa.

Os eixos da sessão (histórico, relacional, fantasmático, de campo) são sincrônicos e distinguíveis somente conforme o vértice em que nos situamos; cada um é coerente em si mesmo, isotópico e se autoconfirma; somente a oscilação dos vértices de escuta pode permitir uma visão pluridimensional, capaz de dar espessura à História, ao Mundo Interno, à Relação, ao Campo Emocional e ao modo de colocar-se do paciente dentro desses mundos possíveis (Ferro, 1992, 1993f).

Macrotransformações na história

Até agora privilegiei a descrição das microtransformações em sessão, que são instáveis e reversíveis e que mudam com a mudança do sistema emocional da dupla analítica; há, naturalmente, um outro vértice não menos importante, o das macrotransformações, estáveis e não facilmente reversíveis, como encontramos na evolução em longo prazo do processo analítico (Ferro, 1993f).

Ressaltarei aqui somente que a História é um precipitado de narrações possíveis, e que o *après coup* nos confirma que a História se escreve somente *a posteriori*, ou melhor, se inventa, toma forma a partir do "depois"; no fundo, se construímos a própria realidade

146　O DIÁLOGO ANALÍTICO

(Glasersfeld, 1981), não fazemos diferente com a "história" (Baranger, Baranger & Mom, 1988).

Um outro tema apaixonante é o da transmissão psíquica transgeracional,[9] para a qual cito as fundamentais contribuições de Faimberg (1985, 1988), Kaës e cols. (1993), além dos trabalhos italianos de Neri (1993), Bonaminio e cols. (1993), Meotti e Meotti (1996).

Gostaria de acrescentar que um campo suficientemente permeável se transforma em lugar-tempo no qual podem ser transformadas também as fantasias transgeracionais do paciente, que devem "viver" no campo antes de poderem ser identificadas e, em seguida, transformadas.

Mas, num campo que funciona, isso é válido também para as fantasias transgeracionais do analista; refiro-me também às teorias do próprio analista, que devem encontrar, a partir das próprias sinalizações que o campo gera continuamente, a ocasião e a possibilidade de serem por sua vez transformadas, às vezes de modo radical.

Eu concluiria lembrando que Willy e Madeleine Baranger, já em 1966, escreviam: "Provavelmente a obra-prima de Freud foi ter permitido que seus pacientes (Dora, o Homem dos lobos, o Pequeno Hans) lhe ensinassem alguma coisa e ter-nos transmitido esse conhecimento".

9　Poder-se-ia remeter também ao mito do cemitério de Ur, de Bion, ou ao conto de Schnitzler, "Riqueza".

4. Oscilando ao longo do eixo PS-D das interpretações no campo das transformações

Considero este capítulo como uma expansão do que sugere Bion (1965) a respeito de fazer "jogos psicanalíticos" no "contexto da revisão diária do trabalho analítico", imaginando quais outros rumos a sessão poderia ter tomado com diferentes interpretações, sempre considerando que "O campo do psicanalista é o que está entre o ponto em que um homem recebe impressões sensoriais e o ponto em que exprime a transformação que aconteceu" (Bion, 1965).

Penso que esse pensamento de Bion se conjuga com o que Cavazzoni relata no seu livro *O poema dos lunáticos* a respeito do prefeito que havia encomendado a um geógrafo o mapeamento da sua prefeitura, tarefa que se revela impossível pela contínua mudança do território, apesar de todos os artifícios técnicos do geógrafo para conseguir mapear, quase em tempo real, aquela região.

Elementos α: derivados narrativos e construções compositivas

Em *Aprender com a experiência*, Bion (1962) nos fornece um modelo da mente provisório e não saturado, no qual uma parte central cabe à elaboração das senso-extero-propriocepções (estímulos de toda espécie e proveniência – os chamados elementos β – e, como tais, por si só impossíveis de serem conhecidos) em elementos α, que são como pictogramas visuais que sincretizam poeticamente cada instante auto e heterorrelacional. Existem também elementos α não visíveis, acústicos ou cinestésicos (audiogramas ou cinestesiogramas), mas, para simplificar, podemos deixá-los de lado: contudo, é claro que o que vale para os elementos α com qualidade visual vale também para todos os outros. Os elementos α são colocados em sequência, constituindo o pensamento onírico da vigília que nos acompanha em todas as operações diurnas, sem que tenhamos consciência disso. Também a barreira de contato que separa o sistema consciente do inconsciente, criando-os e diferenciando-os, é formada por sequências de elementos α. Os elementos α podem, portanto, pertencer ao sistema consciente ou ao sistema inconsciente. Formam os tijolinhos elementares do pensamento inconsciente da vigília e, simplesmente, os tijolinhos dos pensamentos.

Os pensamentos são "derivados narrativos dos elementos α", que mantêm graus variáveis de "alfidade". Uma vez que os pensamentos estejam formados (por meio daquele processo elementos β → elementos α → pensamentos inconscientes de vigília → pensamentos), Bion afirma que há necessidade de um sistema, um "aparelho para pensar os pensamentos", na ausência do qual, ou quando ultrapassam as capacidades de tal aparelho, os pensamentos são tratados como elementos β e evacuados.

O sonho da noite seria diferente do "pensamento onírico da vigília", que no fundo é uma soma linear dos pictogramas emocionais; o sonho é algo que pressupõe a existência de uma função de reelaboração/organização de todos os elementos α que foram produzidos e conservados no sistema consciente ou no sistema inconsciente durante a vigília.

A necessidade relativamente escassa de pictografar as estimulações (do mundo externo) em tempo real no sono faz com que o trabalho onírico seja autocentrado, podendo também alcançar pontos não digeridos e, como tal, não transformados em α.

Portanto, afirmo que há necessidade ou de uma função α que opere no sono de modo diferente do habitual ou, como me parece mais coerente com o modelo e com a experiência afirmar, que haja, no *aparelho para pensar os pensamentos*, junto com o sistema PS-D e com o sistema ♀ ♂, um *sistema para sonhar os sonhos*.

Gostaria de distinguir radicalmente a produção de elementos α e a sua sistematização sequencial na vigília (como o trabalho de um *cameraman* de cinema sempre em atividade, que filme em imagens o que acontece de significativo) do trabalho de organização, composição, reelaboração dessa colheita que é realizado no sono, dessa vez no aparelho para pensar os pensamentos (o sistema para sonhar os sonhos) e que é semelhante ao trabalho de um diretor de cinema e de um montador que selecionam criativamente, entre milhares de fotogramas, o material para o filme.

Bion, de fato, distingue dois pontos de patologia: um mais grave, ligado a uma deficiência da função α, incapacidade de transformar elementos β em α e, portanto, evacuação de elementos β: patologias alucinatórias, psicossomáticas, patologias de caráter etc.; o outro, com a função α funcionando, consiste na incapacidade do aparelho para pensar os pensamentos de "manejar", usar os pensamentos.

O foco da questão é a patologia da função onírica: no primeiro caso, como eu disse, temos a evacuação de elementos β não digeridos com a formação das "alucinações", com as características bem conhecidas dos objetos bizarros descritos por Bion e com as características da situação analítica descrita por Meltzer. No segundo caso, temos um fenômeno aparentemente semelhante, mas de natureza completamente diferente, que é o chamado "*flash* visual da vigília": está em jogo uma patologia não mais do sistema função α-produção de pictogramas oníricos (elementos α), mas uma deficiência do sistema para sonhar o sonho ao qual compete a estocagem e a montagem sequencialmente significativa dos elementos α.

Deixo de lado as situações de grave deficiência da função α, que descrevi (Ferro, 1993b) por meio da longa análise de um pré-adolescente com alucinações visuais (nas quais houve uma progressiva restauração da função α e, portanto, da produção de elementos α), para concentrar o meu interesse nas situações de grande difusão em que o elemento α formado não dispõe de um aparelho para pensar os pensamentos e, portanto, de um sistema PS-D, de um sistema ♀ ♂ , de um sistema para sonhar os sonhos suficientemente adequado. Nesses casos, temos, acordados, a evacuação em tomada direta do elemento α recém-formado.

A primeira vez que deparei clinicamente com esse fenômeno foi durante a análise de que lhes falei e na qual o *flash* visual compareceu como algo radicalmente diferente das alucinações (Ferro, 1993b). A alucinação arrancava completamente o paciente de mim, não tinha significado possível, para o paciente era possível falar dela somente no passado, com a evacuação completada: "vi...", enquanto o *flash* visual era material precioso, de valor investigativo para a análise, e permitia manter a relação comigo, e era possível descrevê-lo em tempo real: "vejo...".

Em seguida, fui encontrando cada vez mais pacientes não muito graves com *flashes* visuais, que pictografavam de modo incrível o clima do momento, de modo rico e criativo: levei algum tempo para entender que estava em presença do *elemento α puro*, visto no seu imediatismo.

Uma paciente à qual peço um aumento de honorários me responde desorientada: "*vejo* na parede em frente um frango sendo depenado". A função α funcionou, produziu o elemento α, não funcionou o aparelho para pensar os pensamentos (ou para sonhar os sonhos), fracassa o sistema ♀ ♂, o elemento α é evacuado: eis o *flash* visual, que nos diz que a função α funciona adequadamente e que o aparelho de segundo nível (destinado a pensar os pensamentos ou a sonhar os sonhos) funciona de modo inadequado.

Na análise do adolescente ao qual eu me referia, à medida que o aparelho de pensar os pensamentos e de sonhar os sonhos se desenvolvia, desapareciam os *flashes* visuais, substituídos pelos sonhos da noite. Isso foi descrito por Gianluca desta forma: um menino que morava embaixo dele e que, antes, vomitava por causa do excesso de pressão na cabeça, sofreu uma operação neurocirúrgica na qual foi implantado um tubinho[1] (*tubicino = tu-vizinho*, como me fez observar Lussana?) que aliviava as pressões, descarregando-as numa caixinha colocada no seu estômago.

A relação – parece contar Gianluca – constrói também a caixinha capaz de conter os elementos α.

Como já disse no Capítulo 1, num momento de forte tensão emocional, quando Gianluca já estava querendo terminar a análise e eu ainda não estava certo de que ele estivesse suficientemente

---

1 Em italiano, "*tubicino*" quer dizer tubinho; foneticamente, porém, aproxima-se de "*tu vicino*": "tu vizinho". [N.T.]

curado, e o segurava, o menino teve um novo *flash* visual: "vejo uma pinça que me segura...".

Com o tempo, foram se multiplicando situações clínicas que me colocavam em contato com esses "*flashes* visuais". Mas, para mim, tinham importância sobretudo teórica, porque me permitiam – como já disse – colher diretamente o elemento α.

Na falta de *flashes* oníricos, podemos conhecer os derivados narrativos do elemento α no que o paciente comunica, especialmente em momentos carregados de emoção, como em resposta às nossas intervenções, ou em momentos de particular *insight*.

Quero dizer que geralmente não podemos ter contato, estando acordados, com o elemento α, a não ser por meio dos "derivados narrativos" ou naquelas situações particulares de dádiva que são as *revêries*, nas quais se abre um espaço interno para o elemento α (Vallino, 1991).

Nessas zonas, encontram-se alguns pontos-chaves em relação à criatividade, que, acredito, tem muito a ver com uma particular capacidade de contato com o pensamento onírico da vigília e com o elemento α.

Outro capítulo seria sobre o sonho e, portanto, uma pesquisa sobre as características do aparelho para pensar os pensamentos (ou do sistema para sonhar os sonhos) que poderia ser investigado nas operações de composição e direção que executa; um ótimo desenvolvimento desse tema se encontra em Hautmann (1995).

As oscilações PS-D do eixo das interpretações

Interpretações não saturadas

Na extremidade esquerda desse eixo, em PS, ponho as interpretações *não saturadas* (aquelas que com Bezoari, 1989, 1994a, tínhamos chamado de "interpretações fracas"),[2] que indicam a capacidade do analista de tolerar a dúvida e a incerteza, e de tolerar a existência de mundos em aberturas imprevisíveis. São as interpretações que por excelência nascem das "capacidades negativas do analista" (Bion, 1970; Flegenheimer, 1989).

A professora e as "tarefas"

Eis o que Licia diz: "Na escola deixei uma tarefa para as crianças, bem fácil, porque eram coisas que tínhamos feito bem: grande e pequeno, longo e curto, partes do corpo, e foram muito mal, *mas em vez de me zangar, tentei perguntar a mim mesma se havia algo errado no meu modo de ensinar,* e acho que entendi que *eu os tornava muito passivos, que me antecipava a eles, que lhes explicava tudo*: as crianças, porém, se encontram algo sozinhas, têm mais satisfação; sentem-no como próprio e não o esquecem mais; claro que eu devo ajudá-las, guiá-las, mas dar-lhes o prazer de encontrar as coisas, sem pressa; são mais ativos do que se pensa, e basta esperar um pouco mais, deixar-lhes espaço, e encontram as soluções. Se as crianças acharem a confiança em si mesmas, poderão reconhecer a necessidade que têm dos adultos".

Trata-se, na construção narrativa feita com o paciente, de fornecer narremas não saturados (como os pedacinhos de "lego" polivalentes, de múltiplas possibilidades de encaixe) que permitem o desenvolvimento do tema do paciente sem determiná-lo demais

---

2 Assim chamadas por analogia com o "pensamento fraco" (Vattimo, 1983).

ou fechá-lo num sentido forte demais. Não posso deixar de citar as palavras de Winnicott (1971) quando afirma: "Assusta-me pensar na quantidade de mudança profunda que impedi ou atrasei [...] por causa da minha necessidade pessoal de interpretar. Se somente soubermos esperar, o paciente chega a entender de modo criativo e com imensa alegria, e agora eu me deleito com essa alegria mais do que habitualmente me deleitava com o fato de ter sido inteligente". Exemplos de situações em que não houve essa capacidade de não saturação poderiam ser os seguintes.

Os cientistas e o ovo

Roberto, um pequeno paciente em análise, como já lembrei antes (Ferro, 1993f), num período em que eu vinha fazendo com frequência interpretações saturadas na relação, contou-me ter visto um programa de televisão no qual cientistas pegavam ovos, seleciona-vam-nos e os estudavam ao microscópio, mas era uma pena que não entendessem que desse modo o pintinho não podia nascer.

O corpete que sufoca

Após uma minha interpretação estritamente de transferência, uma paciente me conta do hábito que tinha sua avó de vesti-la com cor-petes apertadíssimos, puxando muito os laços, que a sufocavam até quase impedi-la de respirar, e que por isso muitas vezes evitava passar algum tempo na casa da avó (com fácil referência aos atra-sos frequentes com que chegava à sessão).

Interpretações saturadas

Na extrema direita, em D, coloco as *interpretações saturadas*, exaustivas, as que derivam de um "fato selecionado" que compre-ende o luto por todas as expansões possíveis que havia em PS e pela formação de uma *Gestalt* que exclui todas as outras; é uma operação que comporta uma renúncia por tudo o que não é; o fato selecionado (Bion, 1962) deriva de uma emoção imprescindível e não da aplicação de um código (Rocha Barros, 1992; De Leon & De Bernardi, 1988). Naturalmente, são típicas nesta categoria as interpretações saturadas de transferência.

O cemitério da máfia e a "omertà"[3]

Carlo é um paciente, muito grave no início, já em análise adiantada. Ao contrário do que costuma fazer, não paga no fim do mês... dizendo que haverá um atraso... porque a mãe, por pirraça, não quer dar-lhe o dinheiro. Conta que gastou uma grande quantia para comprar livros para enfrentar as férias. Depois diz que isso não nos diz respeito, porque é um problema real com a mãe, que bastará ter paciência até a raiva dela passar e tudo ficará bem.

Eu não sei direito como pensar isso tudo, se a partir da comunicação da data das férias, do vazio subsequente que deve ser preenchido com livros e, consequentemente, a sua raiva e o seu despeito... mas é também o primeiro gesto de autonomia de Carlo para com a mãe e comigo... aguardo e aceito deixar "o problema fora do campo". Na sessão seguinte, Carlo me fala de um quadro de Caravaggio, a *Madonna col bambino*, no qual há uma atmosfera de idílio... fala do quanto deseja uma namorada submissa, que aceite tudo dele, "que lhe chupe o pinto". "Ah, não" – digo para mim mesmo –, "isto é demais". Entendo que quer que eu me cale... que o pênis na boca não é um pênis erótico... é a "pedra na boca" da máfia para calar... é uma prevaricação que me impõe, não falar para não estragar o idílio. Também tenho medo de retomar o tema do atraso do pagamento, porque conheço a ira de Carlo, as bebedeiras quando a dor e a raiva se misturam, mas decido que não posso

---

3 Solidariedade dos mafiosos. [N.T.]

calar-me e retomo como tema central, que não podemos deixar de fora, o do atraso no pagamento, o seu desejo de que eu me cale e que seja submisso. Fica ofendido, diz que não tem nada a ver, e termina a sessão falando sobre Pacciani, o "monstro de Florença", e sobre um outro célebre assassino, que tinha matado a mulher a golpes de machado. Fico inquieto e preocupado, pronto para uma outra sessão de fogo.

Na sessão seguinte, Carlo, logo ao deitar-se, afirma que está muito bem, que está tranquilo. Diz que saiu perturbado da sessão anterior, mas que à noite teve um sonho que lhe devolveu a serenidade e a confiança. Eis o sonho: a antimáfia tinha a coragem de ir ao cemitério da máfia para desenterrar coisas que tinham sido sepultadas, parecia um cemitério de filme de faroeste; desenterravam um pássaro preto, comprido, que talvez se chamasse a "viúva do paraíso". Ele estava aterrorizado, mas aos poucos criava coragem. Mudava a cena, um amigo do pai, com uma escavadeira, removia grandes blocos de pedra que impediam que uma estrada continuasse, aplainando o trabalho para as máquinas de asfaltar... associa um quadro de Migneco com dois galos silvestres.

Para mim, é fácil elaborar o sonho com ele: o fato de eu ter falado tinha rompido a *"omertà"*, a ordem da máfia para calar-se, a pedra e os genitais na boca pertencem justamente aos rituais mafiosos, aplainamos o campo removendo os bloqueios à comunicação, mesmo com medo de que isso desenterrasse o machado de guerra e o inicio de uma batalha feroz como a dos galos. Fica aliviado e contente que tenhamos podido transitar por significados antes fechados.

Interpretações narrativas

Colocam-se como intermediárias, no eixo PS-D, as interpretações chamadas "*narrativas*", que participam de PS pelo modo não saturado no qual são ditas, e participam de D porque já definem uma imagem.

São aquelas que se classificam mais claramente na fileira "C" da grade, derivam muitas vezes de elementos a, frutos de *revêries* (ou de sonhos relacionais no aqui e agora do analista) e as que mais evidentemente participam da "extensão no campo do mito" (Bion, 1962, 1963), em relação às quais Bion (1987) afirmará "Que história é preciso contar?".

É aqui que o analista deve ser um artista, deve fazer construções com o que está acontecendo.

Os salva-vidas de Mario

Lodovica, que teve a traumática experiência da perda de ambos os pais quando criança, num acidente de carro, e que ainda não é capaz de investimentos afetivos pelo terror que contêm, pode contar tudo isso, e mais ainda, por meio do personagem "Mario" (com o qual mantém um certo relacionamento), caracterizado por ter muitas histórias afetivas sem que nenhuma se torne nem prevalente, nem significativa. Um dia – falando de Mario –, diz que as pessoas com quem ele mantém essas histórias são para ele como salva-vidas aos quais pode agarrar-se.

Neste ponto eu digo: "Então, é como se fosse um náufrago que, tendo naufragado, tem tanto terror de arriscar-se a afundar de novo que prefere ficar boiando – e paradoxalmente em segurança – com um sistema de muitos salva-vidas, em vez de subir num novo navio".

Essa interpretação por um lado define uma história possível (uma narração ou uma transformação possível), portanto é saturada; por outro lado, permite ao paciente pegá-la, deixá-la cair, pegá-la em parte, talvez num modo inesperado.

Além do mais, é fruto da relação – nasce como *rêverie* na sessão, sendo, portanto, filha do pensamento onírico da vigília, surge de um modelo sem memória e sem desejo, não é fruto de um uso, de teorias saturadas na sessão. Pode ser o prelúdio de transformações em "O".

Transformações

Tentarei a seguir, de forma arbitrária, extrapolar o que Bion diz em *Transformações* (1965) e descrever as aplicações clínicas a partir do vértice das operações que o analista realiza na sessão.

Transformações em movimento rígido

O analista pode movimentar-se no campo das *transformações em movimento rígido* – aquelas em que se reconhece facilmente a figura inicial pelo seu elevado grau de invariância (Bion, 1965) –, que se verificam todas as vezes em que, por exemplo, nos aproximamos de uma cisão, ou trazemos para a transferência alguma comunicação do paciente. Essas operações, muitas vezes, me parecem mais úteis para o analista, pela convicção de que podem tecer uma condição relacional de base comparável, para mim, à rede de segurança dos trapezistas.

Lembremos o exemplo que nos dá Bion em *Transformações*, ao relacionar os sentimentos de exclusão do paciente, por ocasião do fim de semana, a uma exclusão da cena primária, com todas as emoções correlacionadas: "os sentimentos e as ideias apropriados à sexualidade infantil e ao complexo de Édipo e aos seus derivados são *transferidos* (com uma inteireza e coerência características) para a relação com o analista" (Bion, 1965).

Transformações projetivas

São diferentes ainda as operações de *transformação projetiva* que o analista realiza: nestas, a invariância é menor, são menos facilmente reconhecíveis como transformação da configuração anterior. Derivam frequentemente da *rêverie*, de novas aberturas de sentido: nascem de um modelo operativo no campo, mais do que de uma teoria.

Todos nos lembramos do célebre exemplo de Bion sobre o paciente que diz "*ice-cream*", sorvete, ao qual pode interpretar a emoção violenta contida pelo gelo: "*I scream*", eu grito. Nas transformações projetivas "Tpb parece exigir duas personalidades: um objeto no qual algo deve ser projetado, e um objeto responsável pela projeção" (Bion, 1965).

"Senhora" ou "S' ignora"?

Com Mauro não é um momento fácil, inclusive em relação à manutenção do *setting*, porque falta às sessões alegando os motivos mais disparatados.

Cada vez mais frequentemente entra em cena uma "Senhora" com a qual começou uma relação muito satisfatória do ponto de vista sexual, que o preocupa porque o afasta de Marta, uma moça com a qual tinha desenvolvido uma relação afetiva terna e construtiva.

Durante muito tempo, não sei como "tratar" essa Senhora, que sinto, junto com outros vértices de leitura, como se tivesse a ver com alguma coisa inerente à análise e que deve estar em algum lugar, em alguma modalidade de relação ou de não contribuição dentro da sala: deixo-a, portanto, nos nossos diálogos sempre como "Senhora", mesmo estando cada vez mais impressionado com o fato de que nunca seja chamada pelo nome.

Pouco a pouco me dou conta da falta de respostas diretas aos meus cancelamentos de sessões, à comunicação das férias de verão, enquanto o *setting* se torna cada vez mais instável, as faltas às sessões aumentam, mas todo o resto vai aparentemente bem.

Até que, durante uma sessão, na enésima aparição da Senhora, repentinamente uma outra leitura torna-se evidente à escuta, isto é, "*S'ignora*", "Se ignora", e esta *revêrie* me parece poder organizar todos os problemas relacionados a este período: a entrada em cena do seu ignorar os sentimentos que certas comunicações minhas ativam dentro dele, as feridas que lhe causam, a consequente raiva e a dor nela subjacente. É claro que tudo aparentemente está bem, mas lá no fundo, se os problemas são ignorados, aparecem por meio de distúrbios do *setting*.

Mauro fica muito impressionado com essa interpretação a respeito de S'ignora/Senhora e diz imediatamente que então teriam sido muitos os seus "não *s'ignora*" e "não senhora", os seus protestos, e conta que havia um certo tempo acalentava a ideia de interromper a terapia... de tanto "senhorilizar" tudo, teria acabado por "estourar" não vindo mais... Creio ser importante uma escuta de todas as comunicações que acontecem no campo, até encontrar aquelas capazes de organizar novos percursos do pensamento.

O *down* de Sara

Sinto que posso claramente mostrar a Sara, jovem psiquiatra que traz temáticas narcísicas, as suas necessidades sempre escondidas e negadas. Durante uma sessão conta um sonho: os seus cabelos eram cortados e apareciam sobre a sua cabeça vidros e cristais... depois uma amiga queria fazer a quinta sessão, mas tinha medo que lhe nascesse uma criança *down*...

Para mim é fácil dizer-lhe que me vem em mente Sansão e o corte dos cabelos: se não há mais a força de Sansão, existe o acesso à sua fragilidade, e isso a amedronta, a faz temer necessitar de uma quinta sessão e tem medo de um *breakdown*.

Responde contando que, de manhã, a filha Maria tivera uma terrível crise de ciúme porque o irmão tinha conseguido fazer uma tarefa antes dela, tinha ficado furiosa e batido a porta... mas depois a raiva havia passado e ela voltara a ficar contente. Do mesmo modo, "Sara" pode, agora, viver o ciúme quando lhe digo coisas nas quais não tinha pensado – sem dizer mais: "Eu já sabia", ou sem se sentir mal, mas podendo viver uma emoção e podendo metabolizá-la.

Transformações em K

São as que implicam um conhecimento, mas sem que ativem mudanças catastróficas; podem ser preparatórias destas. "As transformações em K são temidas quando ameaçam fazer aparecer as transformações em O. Isso pode ser reformulado como medo quando $T\alpha \to T\beta = K \to O$" (Bion, 1965).

A fotografia dos ingredientes

Um paciente, após uma sessão em que eu havia interpretado algumas necessidades suas de modo correto, mas sem ser suficientemente disponível e capaz de acolher e transformar as suas identificações projetivas, sonhou ter recebido uma fotografia que não lhe servia e que certamente não podia comer, ao passo que ele havia levado para uma senhora ingredientes para que ela lhe preparasse alguns pratos. Os ingredientes tinham sido fotografados (interpretação inadequada), mas não haviam sido limpos, nem cozidos, e, portanto, não podiam ser utilizados.

Quando o mesmo paciente, logo em seguida, no início da sessão, diz que sua mãe vestia há algum tempo as mesmas roupas, que não tolerava um cachorrinho em casa, mas que estava disposta a ter um cachorro grande que se comportasse bem, e que o pai tinha uma descontinuidade na retina, achei insuficiente interpretar o temor do paciente em relação ao fato de que, havia algum tempo, eu não estivesse disponível para os seus aspectos mais infantis, que falasse as mesmas coisas e que tivesse buracos de visão; achei necessário deixar-me ajudar por ele, "melhor colega", a entender no que, do *seu ponto de vista*, eu não estava funcionando adequadamente (Bezoari & Ferro, 1994b).

O sonho que não existe

A análise com Erminia é difícil, por longo tempo vivida sobre o "relacionamento de escritório". Há um certo tempo venho meditando sobre a falta de afetividade, de proximidade, numa análise em que a paciente me parece "defender-se" muito, e na qual sinto as coisas pouco claras, quando Erminia conta um sonho: colonos colocavam carroças – como nos filmes de faroeste – todas em círculo para defender-se de um ataque dos índios. Em seguida uma moça, num quarto bastante escuro e frio, olha-se num espelho que reflete fracamente a sua imagem.

Sinto os sonhos como em sintonia com o modo com que sinto a análise, e então digo o seguinte: que o primeiro sonho parece fazer alusão a uma situação em que é necessário se defender, o segundo, a uma situação pouco clara, com escassos pontos de referência, mas, sobretudo, parece-me que falta um terceiro sonho: um sonho com um clima afetivo, de envolvimento não perigoso e não distanciado. Quem sabe, se uma amiga lhe perguntasse "O que é a análise?", ela responderia: "É um lugar no qual se defender, um lugar onde não há muita clareza, e onde alguém lhe retorna a imagem fracamente, mas com certeza não é um lugar afetivo nem caloroso".

"Que estranho" – responde –, "lembrei do meu pai, que frequentemente viajava para além da fronteira, e o que eu mais amava nele é que me fazia sempre ver que pensava em mim e me tinha na mente de um modo todo seu; nunca me comprava brinquedos na Itália, no fundo estavam ali, e podia tê-los, mas, cada vez que atravessava a fronteira, inesperadamente me trazia alguma coisa que ainda não tinha chegado à Itália, e assim me mostrava que pensava em mim também quando não estávamos juntos."

Transformações em O e Mudança Catastrófica

São as transformações que comportam um salto brusco no crescimento mental, passando por uma situação crítica que pode, às vezes, chegar a breves períodos de despersonalização. São características da mudança catastrófica: violência e subversão do sistema ou da estrutura existente, e invariância enquanto processo de transformação (Grinberg e cols., 1991), e para o analista a consciência da emoção de não poder evadir-se, nem poupar o próprio paciente de uma experiência de verdade "catastrófica". "As transformações em O se diferenciam das outras transformações pelo fato de as primeiras estarem ligadas ao desenvolvimento do vir a ser, e as segundas, ao desenvolvimento do ter conhecimento do desenvolvimento" (Bion, 1965). A resistência a uma interpretação é, pois, resistência à mudança de K para O. Essa mudança é de particular importância para o analista que tem a tarefa de favorecer a "maturação da personalidade de seus pacientes" (Bion, 1965).

O mundo de Daniela

Na análise de Carla, iniciada por causa de "ataques de pânico", depois de muito trabalho entra em cena, ao mesmo tempo que o namorado "Francesco", em quem confia e a quem quer muito bem, uma adolescente, Daniela, conhecida durante o tempo em que esteve internada, da qual se aproxima e de quem começa a cuidar, uma garota que se torna cada vez mais significativa.

Os ataques de pânico agora têm a característica de chegar de improviso e de perturbar as atividades normais de Carla, que, no entanto, retoma os estudos, se forma, fica noiva oficialmente de Francesco e faz planos para o casamento. Começa pequenos trabalhos. Os ataques de pânico chegam sempre de repente, caracterizados por terror, suor, vertigens, medo de desmaiar, taquicardia e extrassístole.

Começam também a entrar na sessão, e são cada vez em maior número, "ataques de pânico de coração", o que os relaciona ainda mais com emoções que se ativam improvisamente. Cada mudança de *setting*, mesmo pequena, desencadeia um ataque de pânico: um tapete novo na entrada, uma poltrona ou uma cadeira um pouco fora de lugar. Penso no núcleo aglutinado e, com Bleger (1967), no seu ativar-se a cada mínima infração do *setting*.

Em seguida, Carla encontra uma "chave" na velha propriedade de família, uma chave "*de ferro*"[4] que alguns antiquários datam de alguns séculos atrás, que deve abrir alguma porta de um subterrâneo inexplorado, situado sob uma parte da casa. Com o noivo, apaixona-se pela exploração.

O que me impressiona, inclusive, é que Carla, ao entrar na sessão, nota cada detalhe, cada cheiro, procura alguma coisa, algum vestígio. Consigo não interpretar, sentindo que há algo de importante que se forma. O foco da atenção se desloca para Daniela e a sua internação para uma operação no cérebro. Carla me descreve a patologia de Daniela: vive sempre tomada pelo pânico e pelo terror, precisa controlar tudo, tem condutas de evitação porque estímulos infinitesimais, mudanças ou emoções não esperadas desencadeiam nela terrores indescritíveis.

Neste ponto, sinto que posso chegar a alguma conclusão: agora que confia em mim como no seu noivo, pode de verdade, por meio da "chave de ferro", explorar os seus subterrâneos e ali entrar em contato com as suas angústias mais catastróficas: "Daniela" nada mais é que o *modo* com que conta, a mim e a si mesma, o seu pânico e o seu terror.

Há uma resposta muito intensa a essa minha interpretação: tem uma vivência de transformação corpórea, por alguns instantes se vê e se sente como Daniela, com o rosto de Daniela, encontra e reconhece todas as modalidades de Daniela como próprias.

Desenvolve-se, assim, um fértil período de trabalho durante o qual a vida externa de Carla se esvazia dos terrores e dos medos, e estes encontram cada vez mais lugar na análise.

---

4 Quero lembrar que Ferro é o meu sobrenome.

Quero ressaltar que entre a posição da interpretação ao longo do eixo PS-D e a sua posição no campo das transformações existe uma possibilidade de combinações absolutamente aberta.

A Grade aplicada às Interpretações permite numerosos exercícios para pensar em todas as outras interpretações que teriam sido possíveis, ou em todos os modos de categorizar a mesma interpretação; mas esse ponto já é conhecido (Bion, 1965).

Entre as várias modalidades interpretativas, não há um critério de escolha único; o que importa é o elemento que as compõe e o produto final que deriva de uma trama dialógico-emocional que, por sua vez, deriva do cruzamento de vários tipos de "pontos". Deve resultar daí uma harmonia narrativa (ou uma desarmonia) capaz de evoluir $\beta \to \alpha \to$ pensamentos oníricos $\to$ pensamentos. "Idealmente, o analista deveria encontrar-se no estado de ânimo indicado por $C_3\ C_4\ C_5$ e $D_3\ D_4\ D_5$ [...] além disso, o campo no qual ele deve observar a relação entre um fenômeno e um outro é de extensão ilimitada, no entanto, nenhum dos fenômenos 'dentro' daquele campo pode ser ignorado, já que todos interagem" (Bion, 1965).

O acidente de moto

Stefano conta um sonho já no final da sessão: utilizava uma moto de forma perigosa, fazendo-a empinar, e depois ficava muito assustado. Não tenho tempo de retomar o sonho... pergunto-me somente se existe uma referência ao modo como me usa, se há uma referência a pequenos mas repetidos incidentes de *setting*.

Depois, em concomitância com a aproximação das férias de verão, há uma sessão em que Stefano está muito angustiado, vítima novamente de ataques de pânico que havia muito tempo tinham saído de cena. No final da sessão, depois de ameaças de suicídio, pede uma sessão extra para o dia seguinte. Para mim é impossível marcá-la, mas também não acharia útil essa modificação de *setting*.

Na sessão seguinte Stefano chega transtornado, recusa-se a entrar na sala de análise, e na sala de espera me conta que o primo atropelou com o carro um jovem motociclista que está morrendo no hospital... Talvez lhe retirem os órgãos para transplantes. Seu primo tem uma fratura nas vértebras, podia ficar paralítico, mas por sorte isso não aconteceu. Ele não tem culpa, ia pela rua quando o motociclista, que guiava de modo muito perigoso, deu-lhe uma fechada.

Está visivelmente angustiado. Acusa-me por não ter concedido a sessão extra. Digo que é terrível o que está me contando e que compreendo que possa sentir as "regras" da análise como desumanas e ter medo de não significar nada para mim.

Aceita então entrar na sala de análise, e logo que me sento na minha poltrona tenho uma espécie de intuição que proponho ao paciente: o que ele me conta não é talvez – também – a continuação do sonho do motociclista, não se sentiu morrer, atropelado pelo meu "não" à sessão extra, não pensou em interromper a análise doando a outros as suas sessões (transplante de órgãos), e não acha que no fundo é ele mesmo a causa de acidentes com as frequentes tentativas de ruptura do *setting*?

Responde narrando ter tido um sonho no qual um menino lhe dizia que deveria ter percebido ter um mau caráter, sempre em pé de guerra, e acrescenta que não havia me contado que o neurocirurgião do hospital no qual estava internado o rapaz atropelado tinha convencido os familiares a deixá-lo operar, portanto, mesmo correndo grandes riscos, parecia que o jovem pudesse se salvar.

Como parece que pode se salvar a análise de Stefano, acrescida da possibilidade de refletir sobre os seus próprios modos, perigosos e rebeldes, de comportar-se comigo na sala de análise e em todos os relacionamentos fora da sala.

Um sonho

Um sonho é fundamental para metabolizar ulteriormente as angústias de Mara em seu terceiro ano de análise. Entra numa sala tranquila, de repente saem das *fendas* da parede monstros que, no entanto, são de espuma, embora sempre perigosos... que atiram... e se acertam em alguém, este é contagiado por um vírus... deve ficar isolado... Depois conta que acordou tomada pelo terror, mas que depois adormeceu esperando sair-se bem daquela situação... logo que adormece, o sonho continua. Enfrenta os monstros, não se lembra como, mas em companhia do noivo, e os monstros se dissolvem. Após um breve silêncio, estou para começar a falar quando vejo que Mara muda de expressão, o rosto se perturba; pergunto-lhe o que está acontecendo. "Nada... Nada". "Ou melhor, é isto... pensei que estava realmente contente por ter-lhe contado o sonho e por estar aqui, tão contente que teria desejado estar no seu colo... e, no entanto, não se pode, na análise... senti-me desiludida, ferida, diminuída, tive vontade de chorar."

Digo-lhe que nos é dada a possibilidade de viver o sonho de modo direto. Havia serenidade e contentamento... depois, ativou-se o "monstro": bastou a "fissura" do meu breve silêncio para que temesse que o seu arroubo comunicativo não fosse acolhido e que eu a mantivesse longe. O monstro é o temor de uma recusa de minha parte... é um monstro de "espuma" de quando era pequena...; mas esse terror de ser rejeitada, não querida, se o enfrentarmos juntos, podemos derrotá-lo e fazê-lo desaparecer.

Mara, então, se tranquiliza, e a sessão continua com a possibilidade de mostrar-lhe outros "monstros" que se tinham ativado... pudemos entender também como, para evitar o "contágio" dos monstros, tinha tido por muito tempo condutas de evitamento ou de anulamento mágico de pensamentos negativos sobre mim ou sobre a análise, que primeiro haviam entrado na análise como relato das condutas de evitamento, de um amigo seu, depois, entrando diretamente na sala de análise como espaços desta com os quais Mara devia evitar qualquer contato, dando estranhas voltas até chegar ao divã. Agora é possível enfrentar esses monstros e reencontrar as suas raízes infantis.

Começa assim um longo trabalho sobre os "monstros": sobre todas as emoções que cada fratura de comunicação ativa.

Se alguma coisa lhe soar como crítica, ou se pensar que me tenha feito uma crítica, tem medo que possamos nos odiar e nos dilacerar um ao outro, como no desenho que ela me traz no qual dois gatos se dilaceram... e fica só uma cauda e o *The end*. É preciso, então, engolir tudo.

É assim para cada ativação de emoções. Tanto o ciúme quanto o ódio, mas também o amor e a paixão: são todos monstros inicialmente perigosíssimos, temidos por serem sem "limite", a menos que se descubra, vez por vez, que podem ser enfrentados e metabolizados.

A simbiose – ou melhor, o velho desejo de simbiose – é sentida como alguma coisa que protegia contra esses terrores. Foi necessário – como aparece num sonho – *construir um estômago para digerir alimentos de fogo*, de modo que, a partir das fissuras, pudessem se ativar afetos e sentimentos, e não mais vertiginosas turbulências emocionais (Bezoari & Ferro, 1991b).

Claustro ou continente para Marcella

Marcella, já no início da sessão, começa dizendo que está furiosa com o marido, porque este, na noite anterior, havia-se comportado muito mal com duas amigas que ela havia convidado. Com a primeira, Maria, tinha feito uma piada sobre a sua baixa estatura; depois, sem considerar a outra amiga, Franca, que é do tipo "Lega

Lombarda", que gosta de "países frios", muito formal, que queria falar de modo comportado e sério e que provém de uma família muito religiosa, ele se permitiu um excesso de liberdade, até o ponto de segurar a mão de Maria enquanto estavam sentados no sofá. Ela se ofendeu e ficou mortificada ao ver o visível embaraço de Franca.

Não posso deixar de me lembrar da sessão anterior, em que a paciente tinha ficado mortificada porque eu tinha ido ao seu encontro, ao menos me dispondo a conversar em relação ao seu pedido de uma semana "curta" enquanto seu filho não crescesse mais, e depois quando insisti num clima afetivo e mais próximo, que me parecia que agora a paciente podia viver; mas evidentemente eu não tinha levado em conta a presença de "Franca", também ela no divã.

De fato, eu tinha feito interpretações afáveis, narrativas, tendo como ponto de partida programas de televisão e até mesmo fazendo alusão a uma piada para esclarecer um problema. Acrescenta ainda que estava muito zangada com o marido porque "o que é demais estraga", tinha sido como um jardineiro que adubara tanto uma plantinha que correra o risco de queimá-la. Naturalmente, apresentam-se problemas de técnica, como entender "Maria", "Franca": certamente como partes cindidas da paciente, certamente também como funcionamentos que o campo pode receber. Poder-se-ia fazer uma interpretação direta, ou jogar com os personagens, relacionar com o dia anterior ou não: sendo uma análise já adiantada, explicito tudo em termos de transferência, fazendo ligação com a sessão anterior, e com as diversas maneiras com que fui sentido ao me colocar de modo familiar, talvez demais.

Após um momento de silêncio a paciente responde: "Sabe que meu marido decidiu arruinar as nossas férias levando conosco os pais dele? Serão férias aborrecidíssimas".

A intervenção na transferência fez brotar esses dois personagens: "Mamãe e papai", tediosos e sérios.

Digo que não sei mais como me vestir, nunca está bom, se me solto se escandaliza, se fico sério se aborrece. Responde que devo me vestir de listrado e logo acrescenta: "Estou pensando que pode ser que os meus sogros não venham e a Sicília é linda, muito colorida, e certamente cheia de vida".

A sessão continua, mas o que eu queria era mostrar como brotam no campo aqueles personagens que falam dos problemas do próprio campo. Está em jogo aqui um problema entre afetividade, incontinência, continente rígido... e deveremos trabalhar nisso por meio das transformações que se ativarão no campo.

Transformações em alucinose

Já falei no Capítulo 2, e a ele remeto, sobre o risco contínuo que corre o analista de realizar, sem nenhuma consciência, transformações em alucinose do que o paciente tenta comunicar. "As realizações que formam o fundo no campo da alucinose são diferentes das que formam o fundo no campo da frustração aceita. [...] O conflito pode ser descrito como um desacordo sobre as respectivas virtudes de uma transformação em alucinose e de uma transformação em psicanálise" (Bion, 1965).

Transformações narrativas

Falei delas no Capítulo 3. Corrao (1991) as descreveu com muita precisão num seu ensaio fundamental em que considera o caráter mesmo da verdade "como intrínseco à construção narrada em vez de ser atribuído aos acontecimentos"; verdade como "estrutura da experiência subjetiva e não caráter dos registros objetivos". Corrao ressalta também que as epistemologias baseadas sobre o princípio da incerteza podem ser o resultado de "uma evolução ética do homem que entende renunciar cada vez mais à sua *hybris*, à sua arrogância cognitiva".

5. O impasse: Hänsel, Gretel[1] e a bruxa no forno

Em relação ao impasse, para ser breve, não vou considerar as concepções clássicas; remeto à ótima resenha de Etchegoyen (1986), na qual são discutidas também analogias e diferenças com as "reações terapêuticas negativas" e a "inversão de perspectiva", e passo diretamente a examinar as perspectivas mais próximas da minha forma de abordar o problema.

Na concepção dos Baranger (1961-1962), e dos Baranger com Mom (1983), um certo grau de impasse é considerado fisiológico: precisamente no conceito de "baluarte", entendido como uma zona cega da dupla que periodicamente se constitui, e em relação à qual é necessária uma tomada de distância por parte do analista, por meio daquele seu "segundo olhar", que lhe permite identificar, descrever e dissolver aquele fenômeno que ele mesmo contribuiu para determinar.

Define-se assim uma situação em contínua oscilação entre Desenvolvimentos permitidos ao caminho da dupla/Baluarte/

---

1 Em português, João e Maria. [N.T.]

174 E A BRUXA NO FORNO

Segundo Olhar/Novos Desenvolvimentos e assim por diante. Um baluarte não reconhecido por muito tempo acabaria determinando uma situação de impasse (Baranger & Baranger, 1964).

Um outro ponto de vista interessante em relação ao impasse que gostaria de lembrar é o de Steinert (1987), quanto à constituição de uma "organização" como lugar onde o paciente se coloca para fugir de angústias persecutórias ou depressivas muito intensas, de tal modo que, se não forem reconhecidas mesmo por meio de um longo trabalho de contratransferência, como bem descreve Steinert, levam a situações de bloqueio.

Mas a minha tendência é a de considerar a "organização" como um problema mais explicitamente da dupla, como testemunho da constituição de uma área compartilhada entre paciente e analista que os coloca ao abrigo de angústias persecutórias ou depressivas não toleráveis para o pensamento de ambos, pelo menos naquele momento.

A fábula de Hänsel e Gretel me parece muito apropriada para descrever o que acontece entre duas mentes bloqueadas no impasse, que no fundo se encontram protegidas contra o risco de enfrentar emoções por demais violentas.

Hänsel e Gretel, uma vez capturados, são alimentados numa jaula até que estejam gordos o bastante para serem devorados pela bruxa: é Hänsel que tem a ideia de dar um ossinho de frango para a bruxa apalpar, quando introduz periodicamente a mão na jaula para verificar se engordaram, para que ela pense sempre que estão magros demais e ainda não estão prontos para serem comidos. Aqui se descreve a esquiva de um perigo, a claustrofilia da jaula que salva de serem devorados por angústias que não podem ser contidas, cindidas fora da jaula (e colocadas assim fora de toda a possibilidade de serem pensadas e compartilhadas).

Mas na fábula há também o momento em que a "bruxa" poderá ser jogada dentro do forno e portanto, para o impasse, a possibilidade de que elementos β, temidos como não metabolizáveis, possam encontrar uma função α (forno) capaz de transformá-los em pensamentos.

Outro exemplo que remete às problemáticas do impasse (e das patomimias: aquelas situações nas quais a "doença" é assumida como garantia contra perseguições intensas demais, que é o que nos lembra Money-Kyrle (1977) ao afirmar que para alguns pacientes é preferível estacionar na doença em vez de enfrentar a "angústia depressiva" pela qual deveriam transitar para chegar à cura) nos é dado pelo relato do anúncio feito a Ulisses de que ele deve tomar armas e partir para a guerra de Troia. Ulisses faz com que os enviados de Menelau o encontrem arando a areia da praia, de modo que o julguem louco. Os mensageiros, então, para testar a sua loucura, colocam diante do arado o pequeno Telêmaco: só resta a Ulisses parar o arado, reencontrar a razão e partir para a guerra.

Finalmente, podemos encontrar a "guerra", como destino (e condição) para a saída da jaula de qualquer tipo de impasse, em *A montanha encantada* de Thomas Mann, em que é descrito também o progressivo envolvimento do prazer de estar doente, portanto cuidado e tratado, no inesquecível protagonista Hans Castorp, como recordava explicitamente Carlo.

É minha hipótese pensar que esse comportamento, entendido como funcionamento mental da dupla, é muito mais frequente nas análises do que se poderia pensar num primeiro momento, e que ele é, aliás, o ponto de "*stop*" (mas que poderia vir a ser também o ponto de recomeço) de muitas análises: estou convencido de que naquelas situações se constrói uma jaula claustrofílica (Fachinelli, 1983) que protege a dupla de enfrentar aspectos das mentes tão primitivos e cindidos que o impacto é tão temido quanto a "guerra" e o serem devorados por ela (isto é, subjugados), e que no fundo o *status quo* da jaula, do arar a areia infecunda, das curas idealizadas da montanha encantada, parecem preferíveis ao conflito, à desestruturação ou, pelo menos, ao encontro aterrorizador com conteúdos arcaicos das mentes (a bruxa).

O impasse poderia então ser considerado também como um tempo de espera, para que as condições da dupla se tornem aptas a enfrentar os riscos ligados à explícita retomada do trabalho.

É difícil, portanto, atribuir a um ou a outro membro da dupla a responsabilidade por tais eventos, tratando-se de uma situação em que ambas as mentes estão profundamente implicadas.

Parecem insatisfatórias, para resolver o impasse, todas aquelas interpretações que colocam no paciente, se não a culpa, ao menos a responsabilidade pelo que acontece (interpretação sobre o seu masoquismo, culpa, ataque ao crescimento, perversão, inveja etc.). "Nunca vi um estudo sobre o terror que pode agir dentro do analista", foi dito em uma das *Discussões* de Bion (1978), e é somente reconhecendo e transitando por esse erro (o da mente do analista: seu pelas suas próprias zonas arcaicas, e nele induzido pelo paciente) que podemos encontrar o modo para sair de tais situações; procurando, de nossa parte, não nos defendermos desse terror, pânico, perseguição com o uso de modelos rígidos demais.

Ao empreender uma análise, é nosso direito permanecermos vivos (como nos lembra Winnicott, 1965), portanto, não nos pode ser pedido que ultrapassemos certas linhas de desestruturação, de angústia, de risco, às vezes inclusive físico, mas também temos a responsabilidade de não mapear por "demais" com cartas falsas esses territórios ainda inexplorados.

A saída da jaula, a descida da montanha encantada, o parar o arado das pseudossessões nos expõem muitas vezes, junto com o nosso paciente, a sofrimentos, luto e dor, e se nós, ou o paciente e a análise, sobrevivermos, seremos expostos a todos os possíveis férteis desenvolvimentos.

Desse ponto de vista, também as situações de impasse são positivas se forem vividas como o "tempo" necessário para ter acesso a angústias e terrores subjacentes e poder, assim, transformar e tornar pensáveis as angústias cindidas que ficaram fora do campo, como no conto de Hänsel e Gretel, jogar a bruxa no forno, no sentido de poder "cozinhar", isto é, transformar e tornar pensáveis as angústias cindidas deixadas fora do campo, ou pelo menos achar a forma de contorná-las (Sarno, 1989), como nos lembra o próprio Ulisses com o "Ninguém" de Polifemo, ao encontrar o modo de deixar a gruta do ciclope sem ser devorado.

Frequentemente, é o próprio paciente que se encarrega de sinalizar a situação de impasse, como Renato, de 9 anos, que, ao contar que tinha visto um carro estacionado com faróis e motor acesos, fez-me refletir sobre uma análise aparentemente em movimento mas que na realidade não avançava.

Lembro-me ainda da imagem do *hamster* na gaiola que, com esforço, gira em torno de si mesmo, citada pelo paciente de Maldonado (1984) e novamente apresentada com as mesmas características por Stefania, num momento difícil, antes que um sonho nos abrisse uma abertura para um território primitivo aterrorizador representado pela "Mongólia".

Outras vezes, podem ser os sonhos de contratransferência que nos advertem de que algo não vai bem, apesar das aparências, na convicção justamente de que as situações mais graves de impasse são aquelas nas quais existe um aparente movimento e nas quais as interpretações de conteúdo contribuem para sugerir que se está fazendo alguma coisa, mas na realidade a dupla gira em torno do

178   E A BRUXA NO FORNO

vazio, como ressalta com muita precisão Maldonado nos seus recentes artigos (1984, 1987, 1989).

Agora, gostaria de descrever situações clínicas de diferentes graus de impasse, até situações em que, parafraseando um trabalho de Limentani (1981) a respeito das reações terapêuticas negativas, falaria de aspectos positivos do impasse.

O impasse como tempo necessário para metabolizar os "baluartes"

É necessário um tempo longo, às vezes muito longo, para que aconteçam as metabolizações de estados primitivos da mente, os quais deverão ser recebidos e subterraneamente transformados antes que possam chegar a serem pensados e ditos.

Fabrizio, um paciente de 30 anos, de aparência extremamente eficiente, causava-me, desde os primeiros tempos da análise, uma sonolência profunda, momentos quase de letargia durante a qual, confesso, eu adormecia profundamente, mesmo que por poucos segundos.

Mas essa reflexão é já um ponto de chegada. Foi preciso tempo antes que eu percebesse essa ligação causal e explícita: primeiro percebi que durante as sessões com Fabrizio eu tinha crises de sonolência que eu atribuía a "dificuldades de digestão", visto o horário das sessões ser logo após o almoço. Com o passar do tempo comecei a refletir sobre o que seria essa "dificuldade de digestão" e, em estado de torpor, comecei a pensar em trabalhos sobre o *"muerto--vivo"*, sobre os "objetos adormecidos", nos zumbis. Depois, comecei a chamar Fabrizio, dentro de mim, pelo apelido de "Vim" porque em casa limpava obsessivamente tudo utilizando esse detergente, assim como limpava qualquer emoção que pudesse desenvolver-se durante a sessão. Foi preciso ainda algum tempo antes que eu pudesse me dar conta de que o Vim usado na sessão era justamente a letargia à qual Fabrizio me induzia, assim como administrava, adormecendo-as, as emoções mais primitivas que tinha dentro de si, embora as desconhecesse completamente.

Aos poucos, alguns sonhos começaram a nos falar desse mundo jamais pensado, e das terríveis emoções, ou melhor, turbulências emocionais, que aí aconteciam: um sonho em particular propunha algumas cenas nas quais, como num vídeo de Michael Jackson, emergiam do asfalto mortos-vivos, zumbis, que pareciam acordar ao som de uma música e que o seguiam, isso em concomitância com fragmentos oníricos meus na sessão nos quais compareciam dinossauros, animais pré-históricos, zumbis.

Depois, apareceram emoções muito cindidas, o "gueto dos deficientes onde ia trabalhar, onde todos eram entupidos de neurolépticos e hipnóticos", as "tardes com as crianças psicóticas", os sentimentos violentos e irracionais de um amigo que se constitui como um verdadeiro duplo... até um sonho no qual a rede que havia na viela de comunicação entre duas casas, e que já tomara o lugar de um muro, era retirada e no seu lugar ficavam somente cercas-vivas, mas com alguns buracos pelos quais podiam passar de um lado para outro pequenos animais, cachorros...

A partir desse momento, tornam-se possíveis o trânsito e a verbalização de estados emocionais reconhecíveis e possíveis de serem descritos... Tínhamos acesso, além do Godzilla e do King Kong de alguns sonhos, a relatos de viajantes que foram parar em mundos pré-históricos...; já havíamos então construído, como em muitos relatos de ficção científica, aquela máquina do tempo que nos permitia nos deslocarmos do hoje racional e eficiente para o hoje dos estados emocionais mais profundos...

O impasse e a evitação do luto

Gostaria de falar aqui de um período de impasse que precedeu o final da análise da minha primeira paciente (Ferro, 1993e).

Tratava-se de uma paciente, Mariella, que tinha tido um grande surto psicótico quando tinha sido obrigada, na escola em que trabalhava, a cuidar de uma criança com graves sequelas de encefalite e, portanto, não pudera mais ficar com as outras crianças das quais gostava muito. Esse é o seu relato inicial. Com os anos, após ter atravessado delírios persecutórios, delírios erotizados, seguem-se *insights* muito dolorosos, mas férteis, que a fazem aproximar-se de sofrimentos em si mesma que até então sempre tratara "nos outros".

Depois de voltar ao trabalho, suspenso no início da análise, torna-se uma professora de "crianças normais" e não mais de classes especiais. A relação com o marido volta a ser satisfatória, alguns sonhos começam a sinalizar que Mariella estava alcançando os próprios objetivos existenciais. Mas, nos relatos, volta a aparecer o "menino deficiente" dos primeiros tempos da análise.

Eu que, como dizia, ainda não estava pronto para fazer o luto pelo que não era possível fazer (uma vez realizado o trabalho que permitira uma vida mental satisfatória para a paciente), desejava, embora inconscientemente, que o "menino deficiente" também pudesse ser transformado e, com ele, certas modalidades de gestão das paixões mais primitivas de Mariella (que diante delas parecia mostrar, por vezes, uma possibilidade de administrá-las por meio do "congelamento" como alternativa a ser inflamada por elas), e continuava a forçá-la a seguir adiante.

Neste ponto, aparece a "rejeição" ("sinto que o senhor me rejeita"; "meu marido me diz: 'você não deve ser como é, mas como eu quero que seja'"), seguida de uma menção de transferência erotizada. Continuamos por alguns meses em volta do tema da "rejeição", que eu procuro captar em todos os modos de que sou capaz, mas nada acontece. São sonhos de contratransferência que me ajudam a ver e a cozinhar aquela "rejeição" contra a qual batíamos, e a reconsiderar a situação inicial de Mariella: "o querer parar" diante da criança com graves sequelas de encefalite para "dar lugar a outras crianças".

Sou eu que, a esta altura, tenho que fazer o luto das minhas ambições terapêuticas e aceitar poder pensar em terminar a análise. O meu "regular" o impulso terapêutico é imediatamente premiado: a paciente, não se sentindo mais "prisioneira de um meu projeto", volta ao trabalho, sobretudo no que diz respeito aos afetos colocados em jogo na relação com o "marido" (eu na transferência), até que pede uma data para poder terminar a análise. Fim de análise que é precedida por alguns sonhos que sinalizam ter havido a introjeção da função analítica, com o aparecimento de "uma senhora" e de "uma amiga" que a ajudam, a aconselham, mostram-lhe o caminho quando não há a análise; esta introjeção aparece estabilizada num sonho em que há, numa ilha, um "pequeno templo de ferro" (!), firme, robusto, com alicerces muito profundos que resiste "às ondas, às vezes muito violentas".

Depois, o trabalho realizado parece ser resumido e sancionado por um relato em uma das últimas sessões: a história de um gato, Mamy: "Era o final da Segunda Guerra Mundial, e a estação de Milão havia sido invadida por um bando de ratos vorazes que tinham devorado até os cabos elétricos, causando curtos-circuitos e a paralização das estações; os ferroviários pensaram em pegar gatos para livrar a estação dos ratos; o trabalho foi grande, mas com sucesso; à medida que terminavam o trabalho, os gatos deixavam a estação; todos, menos o gato Mamy, que ficou parado na cabine C para vigiar se os ratos não voltavam; muitos anos depois,

182 E A BRUXA NO FORNO

quando todos os ferroviários já estavam muito afeiçoados a ele, o gato Mamy morreu, mas ainda hoje permanece a sua recordação, um diploma de benemerência agora pendurado na sala do chefe de estação".

Parece-me que o relato retoma a ruptura psicótica (curtos-circuitos) devida à irrupção das partes cindidas (ratos), o trabalho de saneamento e digestão exercido pela análise (gatos), sob a responsabilidade do analista (Ferro-viário), a introjeção da função analítica com o alerta necessário (gato Mamy)... o reconhecimento (diploma) e o luto.

Reflito sobre a minha dúvida em terminar a análise, e sobre como não percebi os muitos sinais que me chegavam por parte da paciente (o sonho em que estava cansada de ir à costureira, pois já tinha aprendido a costurar..., a necessidade de resignar-se com a morte da avó já velha e que tinha vivido e construído durante a vida..., o sonho da máquina de lavar que, deixada ligada além do tempo, corria o risco de queimar, embora desligá-la significasse uma necessária renúncia a ter toda a roupa perfeitamente limpa etc.). Mas creio que foi difícil terminar essa minha primeira análise também pelo desejo de uma "análise completa", no lugar de uma análise como "pode ser feita"; por outro lado, digo a mim mesmo que no "meu" trabalho desse final de análise é possível que tenha assumido as identificações projetivas da parte da paciente que tinha mais dificuldade em separar-se (como havia comparecido em um sonho sobre toxicômanos que queriam a todo custo o "diário").

A aproximação da data do final da análise provoca um luto profundo pela nossa separação, a valorização do trabalho feito e a alegria pela capacidade de viver os próprios sentimentos: na última sessão Mariella me dirá que antes vinha a Pavia sozinha, mas agora conhece quase todas as pessoas que esperam o trem sob a marquise na estação, e conhece também muitos dos passageiros do seu compartimento, com os quais fala livremente, comunicação que posso interpretar como a aquisição seja de conhecimentos a respeito de si mesma, seja de liberdade de trânsitos internos.

Naturalmente, é com os pacientes graves (e com as partes psicóticas de cada paciente) que continuamente nos expomos às maiores dificuldades. Mas isso não significa que seja sempre possível enfrentar o "terror" de certos trânsitos. Como alternativa, ou à espera de poder transitar por zonas ainda escuras e cegas da nossa mente e da relação com o paciente, podemos contar com a nossa capacidade de viver com paciência situações aparentemente estagnadas, sob as quais existe muitas vezes um trabalho contínuo das mentes para metabolizar angústias ainda intensas demais. O outro lado, em relação ao impasse, poderia ser o trânsito necessário por meio de *microspicoses de contratransferência*, como nos lembram os Baranger.

No fundo, a "organização", o "baluarte", a própria "contratransferência" não são assim tão inacessíveis. Existe uma função continuamente exercida pelo paciente, a de sinalizar-nos constantemente, a partir de vértices para nós desconhecidos, o que está acontecendo nas profundezas do funcionamento da dupla (Bion, 1983), por meio de todos os personagens e das narrações que poderá apresentar a cada vez, e que serão pensadas não a nível histórico ou como partes cindidas de um ou de outro, mas como modalidades resumidoras e explicativas do funcionamento que, *de um determinado vértice* (*do qual não somos conscientes*), a dupla e o campo adquiriram naquele momento (Bezoari & Ferro, 1991b; Ferro, 1992).

Portanto, não é somente a interpretação certa, mas o nosso trabalho interno transformador que nos permite metabolizar as identificações projetivas que nos paralisam; pode ser um trabalho lento, difícil, muitas vezes doloroso: o "betaloma", como escrevi

184 E A BRUXA NO FORNO

com Barale (Barale & Ferro, 1992), ou aqueles grumos de elementos β que contrastam com o pensamento, deve ser recebido, digerido, transformado e, possivelmente, dissolvido numa narração que pode ser recebida pelo paciente.

Geralmente não basta, para as partes primitivas da personalidade, sentir, interpretar as próprias necessidades, mas é preciso que estas encontrem uma "realização emocional" (♀ ♂) satisfatória: mostraremos assim ao paciente um modelo de funcionamento mental e de relação que ele poderá introjetar.

Então, é ao microprocesso na sessão (Nissim, 1984) que devemos dar o máximo de atenção; a micrometria da sessão é o lugar significativo de toda transformação. Neste modelo, as identificações projetivas, entendidas de modo forte e relacional (Bion, 1962; Ogden, 1979; Baranger & Baranger, 1961-1962), assumem a máxima importância: no seu jogo cruzado, elas possibilitam uma troca contínua de elementos emocionais que encontrarão, aos poucos, na possibilidade de acesso às palavras, uma modalidade privilegiada de transformação e de expressão. As identificações projetivas estabelecem o estatuto emocional forte e subterrâneo da dupla, que encontrará, então, a capacidade de narrar com sonhos, lembranças, casos aquilo que está acontecendo nas profundezas do intercâmbio relacional (Di Chiara, 1992).

Deve-se considerar, com Bion (1978), que "o pensar é uma função nova da matéria viva", e que nem todas as emoções mais primitivas das mentes podem ser transformadas em pensamento, e que, também, toda transformação nesse sentido tem um custo muito alto em termos de sofrimento psíquico (Lussana, 1992; Tagliacozzo, 1982). As partes primitivas precisam receber acesso à simbolização ali mesmo, na sala de análise, e às vezes esse trabalho pode superar as nossas possibilidades emocionais (Gesuè, 1995). O aspecto que talvez mais compartilhemos com os pacientes é o de *evitar* a dor mental além de um certo limite e de procurar defesas ou soluções aceitáveis; aliás, não existe nenhum estudo, como já disse, sobre o terror que o analista, às vezes, pode sentir quando exposto a solicitações muito intensas (Bion, 1978).

Outras reflexões seriam sobre os fenômenos de microimpasse na sessão e a maneira pela qual estes são superados ou como, às vezes, se agregam a verdadeiras situações de impasse. "Por que uma pessoa acorda de manhã, acende a luz, depois um fósforo, vai até a janela e se joga lá embaixo?", pergunta-me Laura na metade da sessão. Foi o irmão que lhe propôs essa adivinhação e depois partiu. Não vai sossegar enquanto não encontrar a resposta. Não conheço a adivinhação. Evito as perguntas com todas as interpretações e saídas de que sou capaz, mas Laura fica cada vez mais angustiada. Não sei o que responder, sinto-me no escuro, desesperado, não tenho respostas para dar. "Porque era cego – digo –, como você agora se sente privada da luz por eu não ter entendido como se sentia preocupada pela minha próxima ausência". Só então Laura me conta o projeto de suicídio que tinha elaborado nos mínimos detalhes, por estar convencida de que, de qualquer forma, eu não teria entendido a sua angústia. Só agora me conta os sonhos em que se via amarrada ao divã, com ratos que lhe roíam o cérebro, ou sonhos em que era esfolada e "perdia a pele", e nos quais um gatinho era desarticulado, sonhos que foram seguidos no dia seguinte por um sonho no qual um cachorrinho boxer encontrava lugar na barriga da mamãe boxer e ela "nunca tinha visto nada igual".

Acrescento alguns breves exemplos para esclarecer o que entendo por trabalhar na micrometria da sessão.

Uma paciente, jovem médica, após diversas interpretações minhas que haviam lhe custado muito emocionalmente, retrai-se e durante certo tempo não traz nem sonhos nem comunicações às quais eu pudesse dar algum significado. Insisto em retomar o fio, e a paciente me fala primeiro de um filme de faroeste, depois da "plumbemia" encontrada em uma mulher que apresentava taxas altas e, por último, dos absurdos dos governantes que pretendem estabelecer uma "taxa sobre os imóveis".

O fato de captar os excessivos "golpes" de interpretação que fazem subir a "plumbemia", e o significado da taxa sobre os imóveis, dá-lhe um certo alívio. Da mesma forma como doso, reduzindo a atividade interpretativa, quando uma paciente me fala da "aplasia retrolenticular" que dá nas crianças na incubadora se elas receberem oxigênio demais e ainda a mesma paciente, temendo que eu não tivesse entendido, acrescenta o relato da necrose intestinal de um prematuro que fora alimentado de modo precoce e excessivo. É a modulação interpretativa que pode nos tirar do impasse e, como já disse em outro texto (Barale & Ferro, 1992), das reações terapêuticas negativas, no seu gerar-se e constituir-se, por meio da descoberta dos seus possíveis precursores. Acredito que, tanto nas reações terapêuticas negativas quanto no impasse, possa existir um acúmulo de microfraturas da comunicação que, no caso das reações terapêuticas negativas, explodem, ao passo que, no impasse, bloqueiam o processo analítico enquanto não forem recuperados o lugar e a qualidade das fraturas de comunicação. As reações terapêuticas negativas podem ser também o sinal de que aconteceram colisões de transferência – contratransferência ("baluartes" no sentido dos Baranger e de Mom): isto é, podem sinalizar a existência de um impasse não reconhecido cujo ponto de crise elas representam; é verdade também que as reações terapêuticas negativas podem estabilizar-se em impasses inacessíveis. Deve-se notar ainda que as reações terapêuticas negativas tendem a se apresentar como um fenômeno agudo, explosivo, crítico, enquanto o impasse tende a ser crônico.

Como eu disse no início, esses aspectos são todos discutidos de maneira muito aprofundada por Etchegoyen (1986). No fundo, numa conceitualização de campo, basta efetuar uma mudança ou uma transformação em qualquer ponto do campo para que tudo encontre necessariamente uma nova reorganização: a mente do analista é o primeiro lugar de qualquer mudança possível. Este parágrafo pretende, junto com as mais compartilhadas conceitualizações sobre o impasse, tentar considerar este último sob o aspecto de uma "necessidade" da dupla analítica, à espera de que o *working through* do analista, a função analítica da sua mente, e o paciente, "melhor colega", saibam recolocar em movimento o trabalho analítico, contando que não faltem esperança e paciência, junto com a capacidade de saber assumir novos e originais pontos de vista, não culpabilizadores, sobre o próprio impasse, que poderia sinalizar, como já disse, também acúmulos de dor mental ou de terror que necessitam de muitas transformações lentas e subterrâneas antes de poderem ser enfrentados.

No trabalho com Barale (Barale & Ferro, 1992) eu propunha alguns exemplos clínicos de fenômenos que antecipavam reações terapêuticas negativas, exemplos que retomo rapidamente.

Problemas de estilo interpretativo

Às vezes é o "estilo interpretativo" que pode levar, pouco a pouco, a uma transferência negativa, e desta, como observa Etchegoyen (1986), a uma reação terapêutica negativa, se isso por sua vez não for percebido como indicação preciosa a respeito do funcionamento na sessão da dupla analista-paciente.

Laura é uma moça muito inteligente, uma psicóloga com muita experiência de trabalho com crianças... é uma análise que parece evoluir bem, ainda que por vezes a sensação que sinto com Laura é

188 E A BRUXA NO FORNO

mais a de fazer uma supervisão do que uma análise. Justamente na sessão que se seguiu ao surgir desse pensamento em mim, Laura conta que visitara um menino que tinha fobia da escola, que pensava em fazer as malas e fugir de casa ou, às vezes, em pegar uma faca por estar com muita raiva do irmão mais velho que o enchia de pancada, atacava-o, fazia-o sentir-se mal... Acrescenta que ela mesma tinha chegado com raiva à sessão por ter tido que deixar em casa sua filha de poucos meses para vir. Conta também um sonho no qual Licia, uma amiga que, quando pode, procura ir à casa da mãe para passar as férias, estava no elevador que a levava ao sexto andar; ela enxergava somente os seus pés: parecia um filme de Dario Argento. Associa o sonho à sensação de alguém pego pelos ombros e puxado para cima como um peso morto, como uma criança puxada bruscamente para fora de uma piscina...

Se o analista funcionar como um supervisor (irmão), dirigindo-se aos níveis mais adultos, acende raiva, rivalidade, ciúme, perseguição e, sobretudo, impede o acesso à parte criança da paciente, que deve ser "deixada em casa", no terror de que senão seria puxada para cima, como um peso morto, a um nível alto demais, em vez de encontrar uma mamãe no térreo autenticamente disponível, que *ainda não sabe* onde puxar, mas que é capaz de compartilhar a *piscina*. Não serve uma mãe preocupada em saber e em puxar para cima, e sim uma mãe que tenha gosto em compartilhar a descoberta e o crescimento, que podem ser realizados somente se se vive a imersão na fluidez dos significados junto com a paciente.

O respeito pelo texto do paciente

Estas observações estão ligadas a um tema de caráter mais geral, que concerne o respeito pelo "texto do paciente", ou seja, a necessidade do paciente de ter um interlocutor que divida com ele as suas narrações (inserindo-se nelas com uma contribuição própria e participando, assim, da sua evolução), em vez de um analista que extraia significados e substitua o texto do paciente com a "versão oficial da verdade psicanalítica" (Bollas, 1987). Como nos ensinou Winnicott, seria necessário conseguir "brincar com o paciente, apresentar-lhe uma ideia ou um pensamento como um objeto que existe no espaço potencial entre paciente e analista, um objeto que deve passar para a frente e para trás entre eles e, se for útil para o paciente, poderá ser conservado como aquele tipo de objeto afetivo que sofreu uma revisão" (Bollas, 1987).

Muitas microfraturas da comunicação analítica têm raízes nesse problema. Não é, evidentemente, uma pura questão de "forma" da interpretação ("fraca" ou "forte", assertiva ou aberta à dúvida...): a intervenção do analista pode ser também, é claro, decidida, facciosa e apaixonada (aliás, é justamente nisso que pode consistir a sua capacidade de continência), pode implicar a coragem de novos pontos de vista, *conter* (desejavelmente) *um elemento de surpresa fora o de contato e reconhecimento.* Mas o que está em questão é a relação que, autenticamente, o analista sente que tem com a verdade analítica, como algo que se constitui dentro da relação, não como algo preexistente a esta (inscrito no mundo interno ou na história) e do qual ele tem a posse. Aconteceu-me de uma menina, cuja análise tinha estacionado diante de interpretações unívocas, sinalizar-me diretamente esse problema por meio de um sonho em que não era recebida após "a própria intervenção". Intervenção referia-se tanto a uma intervenção cirúrgica que devia sofrer quanto às suas intervenções verbais, que ela temia que fossem seccionadas pela interpretação em vez de serem acolhidas na riqueza da sua textualidade.

Trata-se, portanto, de interagir com o texto do paciente, num encontro que respeite toda a sua riqueza semântica potencial, que coloque em movimento um processo de alfabetização dos elementos b, que permita a experiência comum de áreas emocionais antes subtraídas à pensabilidade, que organize pouco a pouco narrações compartilhadas e compartilháveis, sempre amplamente não saturadas, construídas a duas vozes e fruto da relação (Robutti, 1992a).

Reações terapêuticas negativas, "personagens" da sessão e agregados funcionais

Um sinal importante que os pacientes nos mandam em relação às microfraturas do diálogo analítico é constituído, como se sabe, pelos "personagens" que entram na sessão.

Marina, jovem advogada, antes das férias de Páscoa, fala longamente sobre as preocupações por causa da viagem que deverá enfrentar com a filha Carla, de poucos meses; para Carla será uma mudança, não encontrará os próprios travesseiros, o bercinho, os próprios lugares... Sigo-a no seu texto, até que não resisto ao impulso de interpretar de modo rígido na transferência. Após um momento de silêncio a paciente diz: "Carla gosta muito de ser pega no colo por todas as pessoas da família, mas desata a chorar se é carregada pela estagiária de meu tio ou por uma menina de 12 anos". As partes imaturas e incontinentes do analista, embora "ativadas" pelos aspectos narcisistas da paciente, se entram em cena, fazem chorar as crianças. Em seguida, Marina se pergunta se às vezes os analistas não têm falta de vontade de "trabalhar".

O analista que não "transforma" a incontida angústia da menina abandonada, mas a atua interpretando-a, não "trabalha", e a interpretação feita de forma evacuativa é, no fundo, operação "de estagiário" (Manfredi & Turillazzi, 1978).

Os personagens da sessão podem, portanto, ser pensados, gosto de repeti-lo, como as narrações sincréticas do modo pelo qual o paciente nos vê, no funcionamento com ele, a partir de vértices desconhecidos para nós, que devemos por um instante compartilhar para poder alcançá-lo.

Essa ótica permite um rápido ajuste dos fatos emocionais do campo, sem recorrer a interpretações que bloqueiem o sentido; pois o problema é construir junto com o paciente um sentido (Corrao, 1987; Morpurgo, 1988; Gaburri, 1987), "respondendo" – sem necessariamente interpretá-las – às suas necessidades e exigências nutritivas, modulando a nossa intervenção em função daquele "holograma" particular do funcionamento mental da dupla analítica constituído pelos personagens que comparecem na narração do paciente.

Após uma sessão em que eu tinha dado "significados" corretos, mas densos demais e prematuros, Luisa conta que tinha comido uma *"ciabatta"*[2] na saída da última sessão. Eu, que por minha vez tinha compartilhado essa vivência, respondo: "Como os soldados na retirada da Rússia" (pensando no clima frio e esclarecedor de algumas interpretações). Então, como que encorajada por uma reencontrada sintonia narrativa, Luisa conta um telefonema de uma amiga que lhe pedia notícias de uma menina que nascera prematura com uma hemorragia do epêndima que podia comportar um hidrocéfalo... filha de dois pais que tinham colocado muitas esperanças naquele nascimento... Intervenho para captar a "desilusão dos pais"... Depois, Luisa fala de um outro menino microcéfalo com macroglossia. Intervenho outra vez, dizendo que deve ser doloroso aceitar uma criança assim (renunciando a pensá-lo como parte da paciente ou como parte minha, considerando-o como um compartilhado "pensar pouco" – microcéfalo – e "falar muito" –

---

2 *"Ciabatta"* tem duplo sentido: chinelo e um tipo de pão italiano. [N.T.]

macroglossia – "prematuramente" – hidrocéfalo). Depois Luisa fala de pais Down...; há uma associação em Gênova que cobra muito dessas crianças, ensinando prematuramente coisas demais... no espaço de dez anos, porque, depois, começa a atrofia... em seguida a paciente se pergunta por que está falando de situações tão difíceis na análise; pergunta-se e diz que talvez seja por... e cita várias hipóteses que têm muito sabor de teoria. Renunciando à sugerida interpretação de transferência, respondo que talvez seja para ter ao seu lado alguém a quem possa contar tais coisas e com quem as compartilhar. "Ou também – diz a paciente – para entender como tenho sorte em ter uma filha como Paola e não assim" (as minhas intervenções narrativas transformam o Down/hidrocéfalo/microcéfalo/macroglossia em "Paola"). Após algumas intervenções narrativas, a respeito das mães – que, ao superestimularem as crianças, fazem com que estas se sintam como Down –, Luisa fala da afetividade do marido, que conta histórias para a filha, enquanto ela mesma as escuta. A mais bonita é a do lobinho branco... que ninguém queria... quando vem a neve os lobinhos negros não conseguem pegar nenhuma presa, visíveis como são... e os ursos os atacam... mas o lobo branco, mimetizando-se na paisagem, consegue pegar tantas presas que pode dividi-las com os outros... Comento dizendo que é uma *reviravolta da situação mais clássica*. Luisa: "É verdade. Geralmente há o patinho feio... (como frequentemente se sente o paciente justamente na situação mais 'clássica')"... meu marido é muito afetivo... Lê em casa *Orlando furioso*... a *Divina comédia*, também para Paola, que certamente não compreende as palavras, mas ouve o som, a musicalidade; já eu saboreio também o significado delas... Temos em casa uma *matrioska* feita com todas as bonequinhas que encontram lugar uma dentro da outra, mas que podem também manter a sua individualidade...". E, na saída: "Hoje certamente não terei que comer uma '*ciabatta*'...!".

As interpretações unívocas, saturadas demais – lobos negros –, terminam por gerar perseguição, fuga, agressividade; enquanto a narração, a utilização do texto do paciente, permitem ao lobo branco capturar presas úteis para o bando todo sem gerar fuga ou perseguição... Certas leituras devem ser contidas na mente do analista, outras podem ser explicitadas em todos os níveis, e os "halos semânticos" encontram um lugar e uma possibilidade de criar "novas" histórias, evitando as terríveis retiradas na gélida expedição da Rússia.

Mas a relação analítica não é uma relação simétrica. E é o analista que, junto com a "disponibilidade para a contratransferência", deve exercer um bom grau de vigilância e de atividade autoanalítica para que os aspectos antievolutivos e antiedipianos do campo (seus e do paciente) não prevaleçam e o compartilhar não degenere numa *folie à deux*; e também para que a temática da "realização", precondição para qualquer aspecto autenticamente evolutivo da análise, com a importante dimensão de "agir" nela contida, não se empobreça na simples ortopedia da experiência emocional corretiva e de um "agir" no sentido tradicional, com as suas conotações evacuativas. Cabe, pois, ao analista a responsabilidade de manter aberta a dialética, específica do encontro analítico, entre a polaridade valorizada da nossa fala e a polaridade representada por uma série de outros elementos que constituem a situação interna e o *b* formal: abstinência, separação, privacidade, tensão em direção à pensabilidade e também em direção ao *elemento fundamental da ética psicanalítica, que é o sentimento de responsabilidade pessoal e individual para com o próprio mundo interno.*

Polaridade que se torna parte constituinte do espaço analítico e do encontro que ali acontece, e que os mantém numa condição de não saturação e de não coincidência, de abertura e *oscilação* "entre O e K", com uma extensão dirigida ao mesmo tempo para a paixão e o sentido, mas também para o mito, para retomar a linguagem bioniana, e na qual *convivem e entram continuamente em tensão envolvimentos extraordinariamente intensos e separação, intercâmbios reais entre pessoas envolvidas em toda a sua humanidade e um aspecto inevitavelmente "funcional", compartilhamento e solidão.* É responsabilidade do analista, embora envolvido no campo, que essa dialética não se feche (Baraldi & Ferro, 1992).

6. Sexualidade e agressividade: vetores relacionais e narrações

Este capítulo constitui-se quase exclusivamente de reflexões à espera de uma organização "teórica".[1] Antes de tudo, gostaria de olhar a sexualidade e a agressividade (especialmente a primeira) não com referência ao que exprimem de forma manifesta, mas privilegiando o aspecto do relato, e considerando, portanto, o aspecto de "dialeto" particular por meio do qual se fala prevalentemente de vetores relacionais do campo, que remetem aos funcionamentos mentais de paciente e analista em sessão, e a todas as relativas configurações emocionais (cenas primárias potenciais do campo, Fornari, 1975) a que dão origem.

A literatura psicanalítica a respeito da sexualidade é muito vasta, conhecida e amplamente revisitada; gostaria somente de lembrar aqui que a sexualidade teve na psicanálise, desde o início, uma importância absolutamente central. De fato, a sexualidade ocupou uma larga faixa de seus interesses, sobretudo a feminina e a das

---

1 Essa organização se encontra em duas conferências, uma para o Simpósio Bion em São Paulo: Ressonâncias (Ferro 1996a) e outra para o III Encontro Bienal da SBPSP (Ferro, 1996b).

crianças, e todas as patologias e perversões sexuais possíveis. Por muito tempo as temáticas sexuais do paciente foram consideradas ao pé da letra, até chegar-se a análises muito sofisticadas delas. Em seguida, a atenção desviou-se da sexualidade para as fantasmatizações precoces anteriores a ela e, frequentemente, do conteúdo da comunicação para as modalidades desta Green, 1996).

No entanto, não podemos considerar o relato de fatos sexuais por parte do paciente (não importa em que forma aconteça esse relato: caso, lembrança, sonho, jogo, fantasia etc.) somente ao longo do eixo de fatos concretos dos quais nos fala, ou para contar-nos os próprios problemas relacionados com estes, ou ainda como resultado de fantasmatizações, e sim considerá-los mais simplesmente como o relato que o paciente nos faz do aqui e agora de fatos mentais.

Isto é, devemos poder ver o "personagem sexual" sob o aspecto da comunicação daquilo que, do ponto de vista do funcionamento mental, o campo emocional adquiriu na sala de análise: dentro desta, de fato, tratamos de fatos mentais, e sexualidade não pode estar ali – por um certo vértice – a não ser pelo seu aspecto *relacional*, e todo distúrbio sexual será a narração daquilo que o paciente ainda não sabe poder exprimir de modo menos mediato, em relação à análise, e com maior contato com as próprias verdades emocionais.

Digo, não no sentido óbvio, de que todo distúrbio sexual remete a um igual distúrbio emocional, mas, torno a repeti-lo, *no sentido* de que todo relato inerente à sexualidade já é, ele mesmo, um relato que pode ser escutado e entendido como relato do problema relacional e emocional como se realiza naquele momento na sala de análise, e explicitá-lo não é o fator terapêutico, mas sim o poder transformar tudo o que o origina.

A sexualidade é, portanto, um personagem, ou articulação entre personagens, que pode ser pensada como algo que concerne:

a) a um antes (sexualidade infantil) e um alhures (sexualidade real externa);

b) a um interno (sexualidade real interna/de objetos internos);

c) a uma narração *no* e *do* campo, num dos muitos "dialetos possíveis" dos derivados narrativos do elemento a: isto é, um gênero literário, não mais significativo, mas não menos significativo, que o gênero de ficção científica com que o paciente falaria de *Jornada nas estrelas*.

Bion (1975) nos lembra claramente que "A Mente é um peso grande demais para o animal sensual" (que é o homem).

A sexualidade, a digestão, a respiração etc. são consideradas sucessos filogenéticos fortemente estabilizados; o grande drama da espécie *Homo sapiens* é o peso da Mente e o fato de o "pensar" ser uma função nova (a mais recente, filogeneticamente) da matéria viva (Bion).

Na qualidade de analistas, somos chamados a nos ocuparmos justamente da "mente" ou do seu aspecto fundamental e fundador: a relação emocional-afetiva com o Outro (Faimberg, 1988; Ferruta, 1996); é ela que re-narramos continuamente. O vértice freudiano da sublimação é aqui completamente invertido: o mental "toma corpo" a partir do mental e a este continuamente remete.

Duas mentes próximas falam continuamente de si mesmas, do seu interagir, sinalizando continuamente os nós, as qualidades do recíproco funcionamento; isto por meio de todas as narrações possíveis, recorrendo a todos os dialetos e os gêneros literários possíveis, inclusive a todas as modalidades de expressão artística.

Portanto, para "mim, analista", a sexualidade é a "qualidade" e a "modalidade" de encontro do elemento β com a função α; a gestão dos pensamentos e a comunicação desses pensamentos por meio das funções PS-D e ♀ ♂.

E, sobretudo, a modalidade de desenvolvimento de ♀, de ♂, e de ♀ ♂ como foi admiravelmente descrita por Bion (1962) já em *Aprender com a experiência*.

Afirmo, portanto, que toda a sessão pode ser categorizada na fileira C da grade como um sonho que a mente do paciente tem sobre o funcionamento da mente do analista e do campo. Outras categorizações são naturalmente possíveis, mas creio que são muitas vezes menos úteis para possibilitar transformações em "O". Nesse sentido, a psicanálise tem um interesse específico pela "sexualidade" como vértice narrativo. Nesta minha firme convicção, sou confortado pelo que Bion (1965) afirma na conclusão do admirável quarto capítulo de *Transformações*, quando desenvolve o tema da "contraparte mental do sistema reprodutor".

A distância certa

Após uma sessão na qual eu havia explicitado sua necessidade de maior contato comigo, Marina conta o trabalho que teve com a filha, por demais levada, e depois um sonho no qual eu colocava a poltrona em frente ao divã e ela tinha medo de que este fosse um modo direto demais de fazer análise; depois eu ficava perto dela, nos abraçávamos, mas sem nada de sexual: havia, no entanto, um intenso prazer mental de proximidade.

Não creio que esteja em jogo nem a sexualidade, nem a erotização, mas a descrição de um fato puramente mental. Por um lado, a ativação de emoções intensas é perturbadora, por outro, dá uma sensação de intimidade e proximidade que proporciona um intenso prazer.

O dialeto de Sandra

Sandra conta um sonho no qual um homem em traje de banho mostra sinais evidentes de excitação, até que se lhe evidencia um grosso e comprido pênis.

Diz que está preocupada porque pensa que não sente nenhum prazer à ideia – que não corresponde à verdade – de que o marido tenha um pênis pequeno.

Digo-lhe que teme que eu não vá fundo o bastante, já que ela gostaria que eu tivesse uma maior capacidade de penetração.

Responde imediatamente que é isso mesmo, que ela não me conhece bem, não sabe o que pensar de mim... deseja uma relação mais profunda, na verdade não sabe se... ou se... Em último caso, pede para ser ajudada a atingir o prazer de um maior e profundo conhecimento de si mesma, por meio da percepção de um interesse ativo e acentuado de minha parte.

O pênis comprido está para a medida do meu interesse, que ela teme que seja pouco, e somente o meu interesse por ela é instrumento de conhecimento e de aprofundamento de si.

Para "distinguir" essa forma de olhar os relatos inerentes à sexualidade de outras maneiras é muito útil tentar ler (tendo bem claros os limites deste exercício que proponho, pois faltam os dois autores protagonistas) sessões ou trechos de sessões em que haja material clínico referente à sexualidade para ver como é considerado, por exemplo, no número já citado do *International Journal of Psycho-Analysis* (1991) que reúne vários casos clínicos tratados com diferentes modelos teóricos.

Mas vejamos agora alguns outros exemplos.

O sofrimento da "relação"

Após as férias de Natal, durante as quais houve um luto, Patrizia volta deprimida e traz este sonho: tinha uma relação sexual com dois homens, um vertical e outro transversal... como uma cruz num cemitério, acrescenta.

É a consciência de que um vínculo, uma relação, significa para ela também um luto... justamente como por ocasião das férias.

Antes disso, havia sonhado que tinha seis dedos com os quais se agarrava à mãe: quanto mais estreitamente se liga, mais sente o luto.

O gradiente de Giovanna

Giovanna, na primeira sessão de análise, fala dos próprios órgãos genitais enxutos, secos, de pré-menopausa, depois de como a mãe, quando ela era adolescente, tratava-a com muita cautela, com medo que ela explodisse...

É fácil colher, logo de início, as duas modalidades de relação de Giovanna, uma de adolescente explosiva, a outra seca, enxuta, como se relaciona com os outros para negar e pseudoconter a modalidade explosiva que lhe dá tanto medo... De fato, após a minha interpretação a esse respeito, lembra-se de todas as doenças exantemáticas da infância, tidas uma atrás da outra: rubéola, sarampo, escarlatina... realmente se inflama, fica toda vermelha...

O eunuco de Carla

Carla traz para a sessão o "eunuco", como chama um dos colegas de trabalho. Não tem sentido desmascarar o eunuco em todos os seus significados atuais dentro da relação: desde o analista das interpretações cautelosas... até uma parte da paciente que vive como castração a própria identidade feminina... mas também uma parte sua incapaz de penetração emocional, submissa e não sincera... e ainda um modo pelo qual sente o analista por ela reivindicativamente castrado na sua atividade de pensamento... e outras infinitas modulações do funcionamento das nossas duas mentes juntas que o "eunuco" sinaliza a cada vez... mas, ao lado, há o *"macho amigo de uma amiga"*... "que quebra as xicrinhas quando as lava"... e também esse "macho" está, por um lado, para uma atividade excessivamente penetradora do analista... mas também por uma parte intrusiva da paciente... e outras possíveis declinações do funcionamento das nossas duas mentes juntas na sessão: às vezes a máscara (ou o fantoche) é animada por aspectos da paciente, às vezes do analista, outras vezes por aspectos de difícil atribuição na velocidade mutante da relação... o mesmo vale para os outros personagens que entram na sessão, ou melhor, que se animam na sessão... o "diretor do instituto"... a "amiga Laura".. a "amiga pequeno-burguesa"... a "amiga feminista"... ou o "primo homossexual"... e assim se delineia todo um mundo de relações atuais entre "funcionamentos" da mente da paciente e do seu analista, quase como máscaras preenchidas, animadas, que ficariam mortificadas se não lhes fosse permitido um livre intercâmbio de partes, de papéis, de circulação de afetos, de transformações, por vezes fulminantes, por vezes fruto de trabalho, mas que uma rígida interpretação de transferência bloquearia no seu contínuo vir a ser, no seu narrar-se, no seu compor sempre novas situações emocionais... o analista certamente escuta com a certeza de que os "fatos" que chegam à sessão são também, e sobretudo para ele, "fatos da sala de análise", fruto do encontro e do relacionamento das duas vidas mentais e das recíprocas identificações projetivas, mas isso será uma escuta interna para o analista e constituirá o seu seguir o desenvolvimento interno: diálogo a várias vozes do seu grupo interno de supervisores... de experiências analíticas... mas enquanto o diálogo interno, continuamente ativado e desativado, constituirá a bússola para não se perder totalmente, e a bússola seguirá o norte das comunicações na relação, ao mesmo tempo o analista participará do jogo sem tirar a máscara, ou colocar barreiras para os personagens da cena... é claro que toda modulação, toda intervenção do analista, mesmo "fraca", influenciará o campo, determinará mudanças de cena e de personagens, porque o seu "dizer" presentificará uma ideia que naquele momento o paciente terá do seu analista "que diz alguma coisa", e lhe dará um nome... e o paciente, por sua vez, acrescentará alguma coisa... o jogo continua com transformações contínuas, com intervenções aparentemente pouco significativas do analista com relação à explicitação de um sentido de transferência, mas de maneira a produzir transformações no campo bipessoal e atividade no paciente... É claro que, num determinado momento, o analista poderá sentir a necessidade, por um instante, de congelar a situação com uma fotografia da atualidade da relação, para conservá-la em repertório... ou nascerá um *insight* do paciente... ou uma iluminação do analista que romperá a ordem que estava se formando, o campo se reestruturará, mas as transformações recomeçarão a partir daí... Repito tudo isso reafirmando que a bússola só poderá ser o sentido de relação do que é dito... justamente na ótica de que o que o paciente "diz" continuamente na sessão nada mais é do que a explicitação dos efeitos relativos ao seu e ao nosso funcionamento quando estamos juntos, e, para fazê-lo, ele se utiliza da sua história, da sua vida, dos seus sonhos... mas sempre para dizer o que acontece na interação atual, certamente conscientes de que história, infância, "papai", "mamãe" são temporalizações e espacializações necessárias daquilo que, de outro modo, permaneceria inefável no fogo emocional de duas mentes próximas e para as quais o pensar é uma função muito recente (Bion 1978).

Mas, desse ponto de vista, quando Carla animará o "primo homossexual", não só a atenção se focalizará no momento da sessão em que este comparece, mas se focalizará também no grupo interno do analista que é indagado sobre o que pode significar "homossexual" naquela sessão e que tipo de relação se atua naquele momento entre o funcionamento das duas mentes. Um tipo de acasalamento está acontecendo: improdutivo do tipo ♂ ♂, por exemplo, analista que força interpretações num "paciente" não pronto ou não disposto a ouvi-las, ou paciente que fala a um analista não receptivo; ou então de tipo ♀ ♀ fusional, rumo à não diferenciação, sem penetração das palavras (e das identificações projetivas dirigidas ao outro), sem que na relação se crie nada de novo, sem que nasçam pensamentos (ou crianças da cena primária), talvez porque o funcionamento das duas mentes (o analista receptivo que acolhe as palavras e as identificações projetivas da paciente, transforma-as, restituindo-as a uma "temperatura e forma" suportáveis para a paciente, que as toma para dentro de si, integra-as, por sua vez, com outras pré-concepções ou expectativas para dá-las novamente ao analista) implica uma modalidade mental de acasalamento, ou cena primária, em que nascem pensamentos novos sem que -K impeça o acasalamento recíproco... Tudo isso só poderá estar presente no diálogo interno, e no *working through* do analista fora da sessão, e ele, por enquanto, continuará a brincar com o pedacinho de "lego" "primo homossexual" em todas as possíveis agregações que se desenvolverão na sessão... (Bezoari & Ferro, 1989, 1991b, 1994a).

Sonho do barrigão mapa-múndi

Com Gabriella, jovem mulher muito apavorada diante da ideia de qualquer mudança, as sessões se tornam difíceis, diz sempre as mesmas coisas: "vou às lojas, mas não compro nada", e as poucas comunicações que faz, interpreto-as na transferência.

Gabriella se queixa frequentemente de querer ser consolada, mas depois de se sentir em culpa. Nesse ponto, tenho um sonho de contratransferência: na minha cama vem uma menina, desesperada por sofrer de ciúme, quero acalmá-la, a menina quer ser consolada, uma minha mão, no entanto, escorrega para acariciar-lhe as pernas...

Mas isso é o que acontece com Gabriella, o que a paciente recebe das contínuas interpretações de transferência próximas demais: não um consolo, mas uma excitação masturbatória que, depois, a faz se sentir em culpa. Dessa forma, entro em contato com as fantasias de sedução e poderei usar um *timing* que corresponda melhor às necessidades da paciente; esta poderá, por sua vez, entrar em contato com seus próprios medos e desejos de sedução e, em seguida, ter um sonho no qual finalmente uma menina se orienta pelo mapa-múndi depois de terem-lhe fornecido longitude e latitude, e uma mulher adulta recebe do homem que ama um mapa-múndi que coloca sob o seio... a relação volta a ser fecunda.

"O" pênis ou "as" penas de Marta

Lembro-me de outra situação em que fui ajudado por um outro sonho de contratransferência: Marta estava desesperada porque o noivo não queria fazer amor... e depois eu me via em um banheiro com Marta que tinha um pênis só um pouquinho menor do que o meu e nós comparávamos as dimensões destes.

Sonho que me fez refletir sobre o fato de que, para seguir uma minha ideologia interpretativa, eu não ouvia as necessidades da minha paciente, nem mesmo a de relacionar-me com ela como eu era capaz naquela época; sonho que me fez também perceber o risco de uma rivalidade fálico-narcísica com a paciente. Isso trouxe uma mudança ao meu sistema de interpretação que ao cabo de poucas sessões foi premiada: Marta teve um sonho no qual exprimia a renúncia à própria posição de reivindicação fálica, sendo doadora numa operação de transplante de "pênis", após a qual tornava-se possível para ela tomar conta de uma menina sofrida de quem nunca quisera cuidar.

Transplante de "pênis" sob um duplo aspecto: por um lado, o reconhecimento de "alguém" capaz de tolerar e transformar as suas penas e, por outro lado, a aceitação de "alguém" a quem reconhece a virilidade, no mesmo momento em que aceita a própria feminilidade. Esta também estivera, por muito tempo, camuflada e escondida: seja pela dolorosa renúncia a uma onipotência sexual, seja pelo temor de uma "bruxa-mãe de Branca de Neve" que teria enlouquecido de ciúme com o desabrochar da feminilidade da filha, assim como o analista teria ficado com ciúme do desenvolver-se das capacidades e da fertilidade de Marta.

Penetrável ou impenetrável?

Gianni sonha com uma relação homossexual com um amigo, do tipo "pênis" contra "pênis". Descarto a primeira interpretação que me vem à mente, temendo que seja ditada por aquilo em que estou trabalhando (focalizar o seu temor de que entre nós possa haver uma oposição recíproca, como o opor as próprias penas às do outro... penas relativas ao encaminhamento do projeto de fim de análise, isto é, uma falta recíproca de disponibilidade para a escuta). Descarto também as interpretações mais de escola sobre a homossexualidade e opto por uma linha evolutiva: isto é, que, no fundo, não pode mais encontrar na análise o que procura, que a análise torna-se estéril, improdutiva e existe um "lá fora" do qual pode esperar coisas novas...

Como resposta tem quase uma crise de pânico durante a sessão, ouve as minhas palavras como se eu quisesse lhe dizer "até aqui eu o acompanhei... de agora em diante você segue sozinho". Capto a angústia que sente e lhe digo que teme que eu troque algo de que falar por algo a ser feito: sente-se aliviado.

206 SEXUALIDADE E AGRESSIVIDADE

Começa a sessão seguinte com o relato de um sonho: três moças chegam no seu consultório, uma delas tem uma crise de angina, e o amigo Colombo[2] a socorre imediatamente... A moça se recupera..., o amigo Colombo tem que ir embora... ele tem que vencer uma resistência a ir ver o que acontecera e talvez cuidar disso... sente também um desejo sexual pelas moças... decide entrar na sala e cuida da moça doente... depois se aproxima das outras...

Parece-me que o sonho exprime a recuperação da relação ♀ ☿ que estava bloqueada desde o primeiro sonho com um funcionamento ☿ ☿, e na sua sucessiva interpretação: é somente a recuperação de uma minha disponibilidade (♀) para viver a sua angústia que permite ao paciente que ele seja, por sua vez, disponível para perceber o que o amigo Colombo fizera e, por sua vez, seja receptivo para com os seus afetos, com os quais é capaz de sintonizar-se, mesmo na minha ausência...

O "personagem homossexual"

Se unirmos o que foi dito antes (segundo capítulo) sobre os modos de entender os "personagens" da sessão com o que eu disse no início deste capítulo, encontramos uma peculiar possibilidade de escuta em relação à entrada na sessão do "personagem homossexual", como algo que nos narra as qualidades profundas do funcionamento mental do campo.

Por meio do trabalho de interpretação de dupla tende-se a reconhecer não tanto "objetos" ou "partes" da personalidade quanto "constelações dinâmicas" de potencialidades relacionais da mente

---

2 Naturalmente, são infinitas as alusões desse personagem: do "pombo" a "Cristóvão Colombo", ao "tenente Colombo" etc.

(Manfredi & Turillazzi, 1985), colhidas no contínuo vir a ser das relações intra e interpessoais.

O mesmo ponto de vista pode ser adotado em relação à homossexualidade, no sentido não tanto de dar importância ao aspecto metapsicológico ou genético (Bronstein, 1995; Doery, 1995; Henningsen, 1995) quanto de perceber quais os funcionamentos mentais inconscientes da dupla que estão sendo relatados por meio do nível manifesto da comunicação.

"A outra margem" de Luigi

Paciente: Tenho um problema sexual... não é que eu tenha ficado impotente, não sinto mais vontade como antes, não me atrai, falta-me o impulso... um certo desejo existe... não sei concluir... faço por hábito... mas o que estava me dizendo outro dia sobre o "dialeto sexual"?

Analista: Que você exprime em *dialeto* sexual sentimentos e pensamentos que teme não poder acolher dentro de si de modo mais inteligível.

Paciente: Quais?

Analista: Que coisas antigamente muito atraentes, como a ideia de "ser mantido e... cuidado", agora você continua a desejá-las, mas não mais como antes; que o faz por hábito, mas que no fundo não são mais tão atraentes; assim se diz em bom português.

Paciente: Não sei se devo acreditar nisso. Tive um sonho do qual não me lembro bem: *tinha uma metralhadora e disparava contra os muros*. Faz-me pensar no medo que tenho *dos maridos*... O tormento de que eu goste de homens.

Analista: O que eu digo num primeiro momento lhe dá raiva, teme que eu não acolha o seu ponto de vista, que me torne um "muro", e depois que eu seja ativo demais, um "marido" ao lhe propor significados diferentes do que você diz, e teme que no fundo isso não lhe desagrade.

Paciente: Não sei; mas tive uma oportunidade de trabalho, poderia trabalhar num posto de gasolina, iria ganhar... mas tenho medo.

Analista: Você sente que o que lhe digo lhe oferece uma oportunidade de trabalho, que poderia reabastecê-lo de combustível para prosseguir.

Paciente: Mas tenho medo de passar "para a outra margem", que eu goste de homens, e, aliás, tudo isso me acontece porque me envolvi com aquele rapaz.

Analista: E teme que, se se envolver mais ainda trabalhando comigo, possa querer passar para a outra margem: mas talvez não no sentido do homossexualidade, mas que você possa gostar da ideia de ser um homem, e um homem com a própria independência.

A dupla homossexual: afeto ou prevaricação?

Comunico a Carla a data das férias de Páscoa: a costumeira semana de duração, mas defasada de alguns dias em relação a como a paciente havia imaginado que seriam, baseando-se nas do ano anterior, e a como, consequentemente, havia se organizado.

Sentindo uma forte culpa (e não me dando conta de que essa "culpa" é o meu assumir os sentimentos de culpa da própria paciente pela raiva violenta que ela tinha sentido contra mim), sou eu que lhe proponho – fazendo uma atuação, no momento incompreensível aos meus próprios olhos – que, se quiser, poderemos recuperar, antecipando-a, uma das duas sessões que ela iria perder.

Após um instante de silêncio a paciente diz: "Há pouco vi no bar dois homossexuais; eram realmente gentis e afáveis entre eles, pareciam entender-se e vir um ao encontro dos sentimentos e necessidades do outro... mas se penso no aspecto sexual... tão cheio de violência... e penso que também meu marido gostaria de ter relação anal comigo".

Respondo-lhe que talvez tenha me sentido muito disponível e próximo ao propor-lhe recuperar a sessão... mas no fundo também era verdade que eu tinha feito algo que ela sentira como violência: ter decidido a data das férias de um modo que a colocava de lado. A paciente comenta: "Não tema, não tema, a raiva chegará". De fato, na sessão seguinte, a paciente falará do último encontro com a "mãe", cheia de raiva pela lembrança dos abusos que tinha sofrido quando menina, quando até o modo de vestir lhe era imposto.

Recuperada a plena transitabilidade das emoções, saem de cena os homossexuais, substituídos pela entrada de um relacionamento mais vivo e passional, como o de uma menina com a mãe.

O personagem assume a peculiaridade de *holograma afetivo de um funcionamento da dupla*, com a característica de uma extrema mobilidade. As emoções da dupla fornecem cores e tons, as palavras têm função de agregação e organização, até possibilitar que delas derivem formas e estruturas: essas figurações narrativo--afetivas que mudam com a variação da situação relacional são o único modo que as mentes têm de descrever para si mesmas o que está acontecendo entre elas.

As narrações da dupla por meio dos personagens servirão para transformar as emoções subjacentes e para permitir novas aberturas de sentido, em vez de decodificações de significado (Vallino,1994).

Defesa contra a agressividade, a agressividade como defesa

O tema da agressividade é, por sua natureza, um dos mais caros à psicanálise, por ser estreitamente ligado ao problema das pulsões, dos instintos e das defesas relativas.

Não pretendo aqui rever, mesmo que superficialmente, as bases do tema "agressividade", sobre as quais existe uma riquíssima literatura, à qual remeto (Gaddini, 1972; Giannotti, 1988; Kernberg, 1993; Limentani, 1988a; Masciangelo, 1988). Remeto também à ótima resenha de Borgogno e Viola (1994) sobre o instinto de morte. Quero somente me referir ao fato de que a agressividade é uma constituinte e uma dotação natural da nossa espécie, e, basta lembrar, a esse respeito, como Bion (1978) ressalta isso muito frequentemente, lembrando-nos de que, como espécie, nós submetemos toda outra forma de vida no planeta, menos os vírus, ou quando nos fala do paciente e do analista como dois animais "ferozes e perigosos".

Não há dúvida de que a agressividade seja uma mola de vital importância no desenvolvimento, na competição, na superação do conflito edípico e assim por diante. Acima de tudo isso (e da sua implicação em dar acesso e permitir superar os vários "estados da mente"), é o instrumento por meio do qual cada membro da família tende a afirmar-se como indivíduo, reativamente, para não ficar preso a um grupo aglutinado (Bleger, 1967). Seria interessante, além de rastrear o desenvolvimento psicanalítico de tal conceito (além de Freud, Klein em particular coloca a agressividade no cruzamento entre o nascimento da simbolização e a constituição do instinto de morte), fazer um estudo comparativo entre agressividade e defesas na espécie humana e agressividade e defesas em etologia. São surpreendentes os títulos dos capítulos de um volume de etologia sobre a agressividade, e como temos correspondências incríveis com o funcionamento da mente da espécie homem.[3]

A agressividade necessita, no entanto, como todas as protoemoções da criança, ser "tratada" por meio da *rêverie* e da função α da mãe,[4] para tornar-se compatível com o mundo em volta e com as necessidades deste. Uma agressividade que possa ser expressa e ser motor para o crescimento, sem tornar-se destrutiva para com os outros e para si mesmo.

Mas esse processo, às vezes, fracassa, e a criança encontra-se tendo que "administrar" quotas elevadíssimas e não trabalhadas de "agressividade crua", colocando em ato as mais variadas defesas que muitas vezes comportam a paralisação da própria agressividade e do desenvolvimento emocional inteiro; nesse caso, não quero considerar a agressividade como algo que concerne somente ao paciente, mas como algo que não é possível considerar separado das capacidades de transformação-*rêverie* do analista.

Defesas contra a agressividade

Essas defesas são numerosas e estudadas de modos diversos, basta pensar nos trabalhos de Anna Freud, mas eu desejo aqui referir-me somente à *cisão* e à *letargização*.

Naturalmente, gostaria de acrescentar que é difícil ver situações nas quais houve uma carência de função α materno-paterna

---

3 O livro ao qual me refiro é *A presa e a garra* (*La Zanna e l'artiglio*) (Cloudsley-Thompson, 1980), cujos capítulos têm os seguintes sugestivos títulos: "Vida escondida", "Mascaramento", "Camuflagem", "Couraça", "Mimetismo", "Interação predador-presa", e assim por diante.

4 "Da mãe" é um modo de dizer, está para uma função significativa dentro do campo relacional no qual a criança vive.

212 SEXUALIDADE E AGRESSIVIDADE

exclusivamente em relação à agressividade[5] e que, na maioria das vezes, a encontramos ligada à avidez, ao ciúme e à inveja, até com a possibilidade de provocar situações dramáticas como a "constelação de morte", sobre a qual escreve Williams (1983).

De qualquer forma, o problema é o do fracasso relacional pelas identificações projetivas que veiculam agressividade, que não foi possível receber e transformar, e que retornam "enriquecidas" de frustração e raiva.[6] Determina-se assim a impossibilidade de introjetar um continente transformador das quotas de agressividade que sempre são geradas e que, ao contrário, "se tratadas", tornam-se um motor precioso para o desenvolvimento e o crescimento mental.

Isso é o que se determina novamente na situação analítica e, por isso, o verdadeiro problema não é tanto o de interpretar a agressividade, mas de permitir a introjeção de um continente capaz de absorver e transformar a agressividade; e a única maneira é fazer com que o paciente aprenda com o analista que lhe mostra, ao vivo, que é capaz de conter e transformar as quotas de agressividade à medida que vão se liberando. Ou seja, mais uma vez é fundamental desenvolver sobremaneira o "aparelho para pensar os pensamentos" do paciente, de forma que lhe seja possível tratar

---

5 Mesmo que seja possível imaginar uma mãe com função α eficiente, mas com uma área cega de não receptividade, justamente em relação à agressividade.

6 Bion diz claramente em *Os elementos da psicanálise*: "Na situação em que a criança projeta o elemento β e o continente o recebe de modo tal que o 'desintoxica', isto é, modifica-o, já a criança pode recebê-lo de volta, dentro da sua personalidade, sob forma tolerável [...] o elemento β foi destituído do excesso de emoção que incitou o crescimento de seu componente restritivo e expulsivo". É o contrário o que se realiza na *hipérbole*. "A emoção que não pode tolerar ser deixada de lado aumenta de intensidade e exagera para certificar-se de que desperta interesse; e o recipiente reage com uma evacuação cada vez mais violenta" (Bion, 1965).

quotas mesmo elevadas de agressividade (ou, nos casos mais graves, restaurar a própria função a).

A cisão

Este é um tema tão conhecido, ricamente tratado até recentemente por numerosos autores italianos como De Simone e Fornari (1988), Gaburri e Ferro (1988), que não quero me estender de um ponto de vista teórico. Gostaria somente de lembrar, junto com Rosenfeld (1987), que abordar a cisão é uma operação a ser feita com extrema cautela e respeito quanto às possibilidades do paciente, aliás, penso que quase não se deva fazê-lo no sentido que tão logo o paciente disponha de um continente suficientemente robusto, e tão logo a agressividade tenha sido suficientemente "trabalhada" entre as mentes, tenho visto que é o próprio paciente que tornará a chamar à base o que tinha cindido: não deverá mais falar da agressividade, digamos, do "irmão pugilista" e do "irmão violento", ou do "colega de classe malvado", mas poderá reapropriar-se emocionalmente daqueles *seus* estados mentais e daquelas suas "cenas primárias" que implicam agressividade e violência.

Agressividade e violência, naturalmente, deverão entrar em sessão para serem tratadas e transformadas, para fornecer ao paciente um modelo mental no qual as suas identificações projetivas, mesmo evacuatórias, sejam acolhidas, contidas e transformadas (Esckelinen De Folch, 1983, 1988; Torras De Bea, 1989; Tuckett, 1989). É preciso acrescentar que um modelo de campo não permite uma fácil e imediata atribuição da agressividade ao paciente ou ao analista, pois mesmo interpretações cautelosas poderão quebrar ou pôr à prova, além da conta, frágeis funções α ou frágeis continentes, ativando muita violência no campo. Escrevi em outro texto, junto com Bezoari, como uma abordagem prematura da cisão pode levar a fenômenos de tipo alucinatório (Bezoari & Ferro, 1992).

O "ferro" de passar

Interpretei a uma paciente que o seu irmão muito perturbado, que ficara por muito tempo amarrado, era uma parte dela violenta e impossível de ser contida. Na sessão seguinte a paciente me conta um sonho em que, enquanto passava roupa, alguém lhe pegava na mão e a obrigava a entrar em contato com o "ferro escaldante" até se queimar. Neste ponto, interpretar a queimadura como derivada da interpretação anterior teria sido não captar a mensagem da paciente sobre o que ainda não pode tolerar "sentir", porque não dispõe ainda do lugar apropriado para guardar aquela parte de si.

O pugilista e a bailarina

Já mencionei que um paciente muito grave me contou um dia que a um pugilista muito violento mostravam, antes da luta, uma mocinha para que ela o seduzisse e ele fosse menos violento no ringue. Foi essa narração que me colocou em contato com o medo que eu tinha dele e com a sedução à qual eu recorria para não ser "destruído" demais no encontro-embate com ele.

O irmão pugilista

Lembro-me do esforço que fiz com um paciente, pela convicção de que eu tinha que interpretar tudo diretamente na transferência, em relação à sua violência e agressividade, que entravam em cena por meio dos terríveis delitos do seu "irmão pugilista". Durante muito tempo interpretei como uma parte dele, ou tomando para mim essa parte, sem entender que existia um modo radicalmente diferente de agir, tolerando a cisão dessa violência que, no entanto, poderia ter encontrado lugar no campo relacional, ter sido suficientemente transformada antes de poder ser recebida pelo próprio paciente. Precisei de muito tempo antes de recorrer à minha primeira interpretação narrativa: um dia em que havia uma tensão muito forte no ar, disse-lhe que me parecia estar com ele num daqueles *saloon* dos filmes de faroeste, pouco antes que caísse um copo e se desencadeasse o inferno. Começou a rir, a tensão diminuiu e fomos acompanhados por muito tempo pelas notas de *High noon*[7] (e que, por incrível que pareça, correspondia à hora da sua sessão de análise).

A *xícara* de A Bela e a Fera

Lembro-me ainda de uma menina tão aterrorizada pela agressividade que, brincando durante a sessão de *A Bela e a Fera*, não só não podia absolutamente ser a Fera, como nem mesmo a Bela: participava da brincadeira somente se pudesse ser a xícara da casa da Fera. É isto que devemos poder tolerar, isto é, que os pacientes possam dizer qual é o seu grau de tolerância da agressividade.

Os selvagens de Stefano

Stefano aparecia como um menino "perfeito de dia", mas que era tomado por terríveis pesadelos durante toda a noite. Na primeira entrevista desenha primeiramente um patinho muito estilizado e até afetado e, numa outra folha, "faces de medo" que me diz serem os pesadelos da noite. Parecem duas experiências muito distantes, pertencentes a dois mundos diversos. Depois, desenha uma ilha sobre a qual há um sol com os raios para cima saindo pela metade de uma nuvem, e a ilha tem também touceiras de capim em tufos muito vistosos. Imediatamente me vem a ideia de ligar as figuras da noite, que não têm a calota superior e são como que abertas,

---

7 *High noon*, filme de Zinnemann, que no Brasil recebeu o título de *Matar ou morrer* e, na Itália, de *Meio dia de fogo*. [N.T.]

com o sol e as touceiras de capim que são desenhados de modo a completar as faces com calotas superiores como se fossem emplumadas. Sobreponho os desenhos dizendo: "Mas até parece a parte que falta!". *"É, a ilha é habitada por selvagens, mas que estão muito escondidos"*, é a resposta de Stefano, e "atrás da nuvem está escondido justamente o totem da ilha"... Inútil dizer o quanto nos ocupamos desta ilha cheia de selvagens e por quanto tempo este foi o lugar predileto de narrações terríveis.

O tema do duplo

O problema do duplo pode ser seguido ao longo de dois eixos, mas remete sempre a um continente inadequado em relação à necessidade de dar lugar a emoções muito intensas.

Existem situações em que há uma *cisão* que permanece estável, por isso comparece em cena o outro, o duplo, o perseguidor como presença "perturbadora" pela qual nos sentimos perturbados, atacados, colocados em discussão. Geralmente se apresenta por meio de alguém que personifique essa parte numa gama que vai do "gêmeo imaginário" (quando a cisão é total) (Bion, 1950) ao "amigo secreto" (quando o duplo começa a poder ser incluído) (Gaburri, 1986).

Mas existe também outra situação: aquela na qual o duplo se configura não como um outro perseguidor (por exemplo, Williamson de Poe), mas como outra configuração possível, compositiva de si mesmo.

Um exemplo é o de Carlo, que descreveu longamente duas configurações emocionais de si mesmo em oscilação, ou melhor, em equilíbrio instável entre elas, que variavam a favor ou contra uma ou outra configuração de acordo com o clima emocional do campo, como se este constituísse uma espécie de pH.

Ivory e o espelho

Os primeiros tempos da análise de Lodovica são caracterizados pelo terror dos exames da universidade, mas especialmente pelo minucioso exame que ela teme que eu lhe faça continuamente na sessão, sobre o que ela diz ou esconde, e que ela, por sua vez, faz com tudo o que eu digo; exame que teme poder revelar "algo de feio e de monstruoso". Esta coisa monstruosa aparecerá num sonho, junto com a dor e o sofrimento ao perceber a sua destrutividade: "algo de terrível que se chamava Ivory... que é como um tumor... e as pessoas, quando ouvem o que fez, morrem de dor"; isto depois de outros sonhos em que comparece "Caterina", uma espécie de robô-androide de fúrias terríveis, derivada de um filme.

No início da análise, Lodovica não entra em contato com a própria raiva, parece especialmente preocupada com o temor da fragilidade dos próprios objetos, empenhada em uma onipotente atividade reparadora e absorvida na luta para parar a violência dos próprios sentimentos. Um sonho daquele tempo apresenta uma menina em cima de um rochedo que procura proteger os pais de ondas terríveis que terminam por arrastar tanto eles quanto ela mesma. Ao longo da análise esse sonho se repetirá com modificações que sinalizarão as transformações à medida que elas acontecem: seja o alargar-se do rochedo que se transformará numa ilha, seja o equipar-se de diques e estruturas de cimento armado que defenderão o porto das ondas menos violentas, e finalmente o aparecimento de uma "barreira de corais de segura proteção"; mostrando, assim, tanto o estruturar-se de um Ego sólido quanto a menor turbulência dos sentimentos, assim como a maior confiança nos objetos.

No início, Lodovica acredita que deve me defender da violência de seus próprios sentimentos que ela teme que eu não consiga aguentar; o primeiro destes que entra em cena é um terrível "ciúme", acompanhado de raiva homicida ativada também pelas minhas interpretações. Estas necessitam de uma progressiva calibragem de minha parte porque Lodovica não suporta ser tocada diretamente no aqui e agora da transferência e percebo o quanto necessita de uma lenta e progressiva aproximação das próprias emoções (que na realidade são ainda violentas e incontidas paixões).

Ao lado do problema do exame, segue o tema da "dismorfofobia", de como Lodovica se vê "feia e gorda" e quer sempre fazer regime (e portanto escuta pouco o que lhe digo!) para não engordar (não encher-se de raiva, de ciúme...) na lembrança de uma mãe que quando era menina lhe dizia: "Você é pesada demais para eu pegá-la no colo" (o medo da minha incapacidade de sustentá-la).

Percebo que, progressivamente, eu me torno o espelho que reflete a sua imagem feia e inaceitável, se concentro as minhas intervenções nos seus sentimentos negativos (particularmente ciúme e inveja) e que a "dismorfofobia" diminui se consigo fazê-la sentir-se "parte ativa" do processo psicanalítico, e não somente sob exame, dando-lhe também o tempo de descobrir as coisas por ela mesma, aceitando ser eu a seguir os seus percursos, sem antecipar-me demais.

Gostaria ainda de destacar como muitas vezes é a inadequação interpretativa que gera no paciente uma ferida do continente, uma sua ruptura para a qual (como veremos mais adiante) a agressividade funciona como tampão. Podem começar a partir daí reações terapêuticas negativas e transferências psicóticas, como vimos no capítulo anterior.

A letargização

O outro mecanismo de defesa muito primitivo é o de "adormecer" a agressividade e com ela zonas inteiras da mente e, muitas vezes, toda a potencialidade criativa. Trata-se de um mecanismo muito primitivo, por meio do qual o paciente consegue letargizar partes inteiras de si; é necessário que essa letargização entre no campo como adormecimento do próprio analista e, em seguida, começará o trabalho de receber as violentas identificações projetivas que começarão a girar no campo até a sua transformação e possibilidade, enfim, de acesso à pensabilidade (Tagliacozzo, 1982).

Da identificação projetiva à narração: o andar de baixo de Marcella

Com Marcella, a característica principal do encontro era a atmosfera de tédio que após algum tempo invadia toda a sala e a minha mente. Era uma moça graciosa, mas sem nenhum interesse, sem nada que a atraísse e a envolvesse, com comportamentos de tipo bulímico, vinda à análise pelas dificuldades de rendimento escolar, ligadas à apatia e à indolência.

As minhas emoções em relação a Marcella foram, a nível de contratransferência, de peso, de impossibilidade de fazer interpretações de transferência, de "não querer tocá-la", de evitar qualquer contato emocional e, após um tempo ouvindo-a, eu sentia que os meus pensamentos se "desconectavam" até que me perdia e não conseguia mais seguir nem mesmo o nível manifesto do seu relato. Tudo isso até que apareceu um sonho de Marcella: ela abria gavetas do criado-mudo junto da sua cama e lá havia uma infinidade de "carretéis"[8] de todas as cores, todos misturados uns com os outros, tornava a fechar a gaveta, cheia de medo, pensando em como seria

---

8 "*Spoletta*", em italiano, significa tanto carretel quanto espoleta. [N.T.]

difícil e quanta *paciência* seria necessária para desenredar aquele emaranhado de fios.

Lembra-se de que, quando pequena, ia brincar na casa da avó costureira, mas na minha mente *acende-se* imediatamente a outra acepção da palavra "carretel" (além daquela que a paciente manifestara, de cilindro com o fio de costura em volta), a de "objeto que produz explosão nos projéteis de artilharia" (espoleta), e me lembro imediatamente de um menino em análise que cobria, até escondê--los, com uma espessa camada de massinha, os animais ferozes dos quais tinha terror, e entendi também porque durante muito tempo não tinha podido "tocá-la", emocionalmente falando, com as minhas interpretações: justamente pelo temor de que "explodisse".

A partir desse momento será possível nos "transferirmos", junto com a paciente, para o ateliê da avó, mas também descobrir o seu medo e o seu terror das emoções confusas e explosivas, que conservava bem fechadas nas gavetas, com o tédio, e que procurava adormecer com a bulimia... a partir dos "carretéis-espoletas" surgirão muitas "histórias".

Pouco a pouco, vai-se tornando significativa a reforma do "*apartamento de baixo*" (por muito tempo o apartamento do andar de baixo do meu esteve em reforma) que ela começará a espreitar. Isto em correspondência da minha percepção de dois níveis da conversa, um superficial, terrivelmente sem peso, e o outro transmitido por identificações projetivas que têm a faculdade, na sessão, de desativar a capacidade de escuta do texto explícito, como eu disse a respeito de desconectar os meus pensamentos, e de colocar-me em contato com a existência de emoções (removidas? cindidas? impensáveis?) de um primitivismo absoluto que eram aprisionadas pelo tédio.

Esses relatos emergirão do "andar de baixo". A "massinha nas paredes" do nível explícito do relato, sobre como é chamado um tipo de pintura áspera que ela via os "operários que trabalhavam no andar de baixo" usarem, será possível relatá-la e reencontrá-la (após uma minha intervenção: "A massinha nas paredes me lembra um menino muito zangado") na lembrança das explosões de raiva que tinha quando era criança, se a temperatura justamente da massinha[9] não fosse a desejada, explosões durante as quais ela jogava o prato na parede, *virando o seu conteúdo* (e quanta continência é necessária ao analista para tolerar retrodatar o problema até a infância, renunciando a uma fácil explicitação relacional referente à fúria que a paciente experimenta a cada vez que a interpretação é quente demais ou fria demais, e como *vira ao contrário*, inverte os conteúdos da própria interpretação, recorrendo à inversão de perspectiva, Bion, 1962).

Renúncia feita porque, no hoje, uma tal verdade relacional ainda não é transitável: seria um estar em K (conhecer a respeito de alguma coisa) com a paciente, enquanto hoje está mais em O (compartilhar uma experiência emocional) "a massinha nas paredes de antes", que no fundo queima menos e, como tal, é mais tolerável.

Assim também a "turca" que tem na sala, que podemos entender como "o divã com cabeceira" que nos remete ao divã do analista, e não ainda como os aspectos de si cuja língua ignora, e que lhe são estranhos. E também pelos "centauros" que é possível transitar como mecanizados motociclistas da festa do povoado, mas não ainda como habitantes de um primitivo mundo mítico com o qual entra em contato.

Mas numa ótica de campo esses sentidos não se perdem. Estão presentes de todo modo na sala de análise, se estiverem presentes na mente do analista à espera de se tornarem possíveis tramas

---

9 Macarrãozinho. [N.T.]

222 SEXUALIDADE E AGRESSIVIDADE

compartilhadas ou, de qualquer forma, possibilidade de abrir novos espaços para a pensabilidade.

Não se trata de uma verdadeira letargização, mas de algo semelhante, algo que têm as crianças ao tornarem muda a agressividade, recorrendo a um claustro englobador.

A massa de modelar de Carlo

Carlo consegue englobar a sua raiva por meio de perguntas aborrecidíssimas e repetitivas e mostra o sentido desse seu modo de "fazer" quando pega os animais pré-históricos e os ferozes que tem na caixa e os enrola, um por um, com uma espessa camada de massa de modelar, "assim sufocam e não perturbam".

Prescindo, como disse no início, de outras possíveis defesas; entre estas, a constituição do claustro mereceria uma discussão, mas ela se encontra extraordinariamente bem expressa em Meltzer (1992).

A agressividade como defesa

Desejo agora efetuar uma inversão de vértice que ajude a considerar a agressividade, e especialmente certas formas de crueldade e de sadismo, como também de violência, na sua *qualidade* de proteger o paciente de incontidas angústias de fragmentação e, mais ainda, de angústias de dissolução. Refiro-me às graves situações em que o paciente não teve suficiente experiência de ver acolhidas as próprias identificações projetivas e de se permitir, portanto, um desenvolvimento tridimensional da mente; trata-se de pacientes que tiveram que recorrer à identificação adesiva (Bick, 1968), recorrendo à agressividade-crueldade como a uma segunda pele que possibilitasse um certo grau de continência.

Creio que muitas condutas de tipo narcisista têm uma função como esta.[10]

Serial killer, Raskólnikov ou pretor de Cuvio?

Com Carlo (Ferro, 1993e), após anos de trabalho que haviam tornado o clima mais tranquilo, entro em contato com uma minha vivência contratransferencial: a análise de Carlo foi uma análise cirúrgica, muito de cabeça, muito correta, mas sem "trânsito" de emoções, de medos... sempre falamos e interpretamos, mas nunca vivemos juntos, de perto, estados emocionais.

Mesmo nos tempos da maleta de *killer*, dos projetos de me matar, ou de se matar, falou-se de tudo, tudo se entendeu, como "anátomopatologistas" de um sonho. Tivemos que nos defender desse modo de insuportáveis envolvimentos. Logo caem em cima de mim ondas de terror, de pânico, há um recrudescimento dos sintomas, a fobia dos outros, dos contatos, dos encontros; mas um sonho o vê "grande queimado", depois que tinham sido retiradas as placas de ouro que o protegiam.

Percebo que agora cada palavra minha, cada minha tonalidade de voz produz uma tromba de ar emocional: é isso que agora o aterroriza na relação com os outros. Podemos nos contar de novo a sua história e a minha, de um vértice novo, não mais a do "grande criminoso", do "Drácula" de um sonho que não podia andar fora do próprio castelo (tal era o terror que incutia nos habitantes do seu povoado); é mais um sofrido personagem dostoievskiano, um Raskólnikov. Captamos a megalomania, o narcisismo,[11] a própria

---

10 Um discurso semelhante poderia ser feito com relação ao uso defensivo que o analista pode fazer da agressividade interpretativa em sessão.

11 A propósito do narcisismo, que mereceria um capítulo à parte, gostaria de ressaltar somente dois pontos: a enorme *fragilidade* do paciente narcisista – como já lembrei (Ferro, 1993f), um pequeno paciente, um menino com uma

224   SEXUALIDADE E AGRESSIVIDADE

grave patologia narcisista, dizia-me brincando que uma certa pedra parecia um diamante, a mais dura e preciosa das pedras, mas bastava colocá-la de molho numa bacia com um *líquido especial*, para descobrir que na realidade era um cristal muito frágil –, daí a necessidade de que o analista saiba constituir o seu olhar e a sua mente como aquele líquido especial. Fragilidade que, para não causar um despedaçamento, é endurecida, cimentada para permitir uma sobrevivência. O paciente narcisista *não pode*, não é capaz de suportar por muito tempo (sob pena de se despedaçar) estados emocionais como a angústia da separação, a necessidade, a dependência, o ciúme, a inveja, a exclusão etc. Foi uma criança com carência de "narrador adequado" (ver Capítulo 7), narrador que buscava na criança confirmações e não um narrador que fosse capaz de *rêverie* sobre os estados primitivos da mente do menino, razão pela qual este aprendeu a defender-se de estados mentais que não podia tolerar cindindo-os, e fazendo frequentemente com que sejam os outros a vivê-los. O paciente narcísico necessita constantemente de "bagageiros" que vivam por ele estados emocionais que lhe são intoleráveis. A idealização de si mesmo, a autossuficiência aparente, a superioridade (nos casos mais graves, o desprezo) são as faixas que o salvam do despedaçamento. Se o analista consegue utilizar *o líquido especial*, conseguem fazer um ótimo uso da análise, se esta for proporcional à capacidade deles de tolerá-la: se for muito e por muito tempo vivida por meio dos personagens que trazem, sem que seja explicitado o aspecto relacional da sua comunicação, sem enfatizar por muito tempo a inveja, o ciúme, que precisaram cindir. Um percurso possível é o de considerar a "raiva", as feridas das quais esta nasce, em seguida as angústias de separação e, aos poucos, outros sentimentos que nunca puderam experimentar, à medida, porém, que o "aparelho para pensar os pensamentos" vai se fortalecendo. Criam graves problemas de contratransferência, que podem ser resolvidos se forem olhados em termos de emoções que o paciente não pode viver, mas que deve determinar em quem está próximo dele: a *irritação* é um deles, o sentimento de *exclusão* e a sensação de *não ter nenhuma importância* são outros ainda. Inúteis, e até nocivas, são todas as interpretações voltadas para a negação da dependência, da necessidade. É preciso, simplesmente, viver aquelas emoções que o paciente sempre cindiu e projetou, metabolizá-las até fornecer-lhe elementos destas que podem ser recebidos, numa narração compartilhável. Uma outra dificuldade para o analista é a necessidade de *ser competente*; dificuldade que, se o analista for um bom receptor das identificações projetivas, logo a sentirá sobre suas costas, e esta também será uma necessidade que não deverá ser interpretada, mas "digerida" pelo analista. Determina-se uma situação um pouco particular em que as interpretações (pelo menos como são habitual-

"criminalidade" como defesas, como *barreiras narcisistas* e mais ainda *autistas* em relação a um contato emocional cuja turbulência o aterrorizava.

Carlo conta um sonho: via um supermercado com maravilhosos brinquedos: robôs, carros lindíssimos, mas agora absolutamente inúteis, que eram fabricados nas cortes reais do século XV para impressionar, e havia o tio, pessoa prática, com os pés no chão, que o impedia de brincar com eles, e ele tinha que renunciar a isso, mas tinha que aceitar na sala animais vivos, alguns dos quais lhe davam medo.

Não somente é necessário renunciar aos brinquedos masturbatórios da megalomania e da criminalidade, mas também às interpretações que se tornaram mecânicas, em relação a determinadas partes suas, já bem conhecidas, e trabalhar a dificuldade e o cansaço do nosso encontro emocional (Norsa-Zavattini, 1988).

Após uma sessão particularmente boa (e depois de ter entendido que me pede para ir ao banheiro quando lhe ativo emoções demais, ou que encontro o divã ensopado de suor se o faço trabalhar demais), conta-me que ouviu no bar em frente que Piero, um amigo de longa data, falava dele: dizia "Carlo" e contava um episódio dos tempos de escola com um tom de voz bom e afetivo. Seria possível que alguém gostasse dele?

Tem, então, uma fantasia, sem saber em que medida esta deriva de um sonho: há dois livros um ao lado do outro, um "personagem", o "pretor de Cuvio" de Piero Chiara, por exemplo, é como se tivesse ido parar por engano num livro de Dostoiévski, e quando

---

mente entendidas) perdem muito da sua importância; torna-se fundamental, no entanto, aceitar a ingrata tarefa que o paciente, não tendo equipamento para fazê-lo, dará ao analista por meio das próprias identificações projetivas; isto é, a tarefa de viver e aos poucos transformar, no seu lugar, determinadas emoções (Bion, 1987; Kancyper, 1989, 1990; Goijman, 1988b, 1990).

já se considerava quase morto, as páginas se abriam, os livros se tocavam e o "pretor de Cuvio", não mais contaminado, podia voltar à sua própria tranquila história no lago.

Um outro sonho o vê abrir os braços e tentar pegar as muitas coisas boas que existem em volta, não sente mais o "clima de Camboja" que sentia dentro de si...

Agora estamos trabalhando nesta etapa que espero seja a última: as defesas autistas, por muito tempo necessárias, em relação a turbulências emocionais muito primitivas,[12] e percebo plenamente que preciso mudar de técnica, não mais cirúrgica, mas de continência afetiva, plenamente consciente de quanto cada palavra minha turbina dentro dele, agora que não tem mais as "escamas de ouro" em volta de si.

---

12 Muitas vezes o problema das atuações agressivas em sessão corresponde e testemunha um defeito de capacidade de acolhimento e transformação por parte do analista: o paciente se encontra, assim, na necessidade de evacuar numa atuação a quota de elementos β que não foi recebida e digerida. Além disso, as crises pantoclásticas de pacientes graves são às vezes o único modo que eles têm para entrar em contato, fazer entrar em contato e representar "como despedaçam tudo porque estão (ou foram) despedaçados por dentro". Quero dizer que mesmo as atuações mais graves – na sessão – podem ser colhidas na sua qualidade comunicativa: é esta e somente esta a simbolização dentro do *setting*. Naturalmente, existem situações nas quais a análise não basta, e é necessário constituir redes de segurança para o paciente, como um colega que cuide da medicação, ou de eventuais internações, ou que sirva de apoio em períodos de crise ou de férias. Como disse no Capítulo 2, existe também um "limite de tolerância" do analista, ultrapassado o qual ele pode também decidir rescindir o contrato com o paciente, se este subverter as regras que tornam possível o "jogo analítico". Se o analista for capaz de funcionar como continente elástico, isso é sinalizado pelos sonhos.

O sonho como "lugar" para a agressividade

O sonho do paciente pode testemunhar como elementos β podem ser transformados e protoemoções podem tornar-se pensamento compartilhado em relação aos acúmulos que antes eram evacuados em comportamentos violentos ou de caráter, e que um narrador interno foi ativado em relação ao que antes não sabia lidar.

O abscesso de Stefano

Stefano, um paciente que por muito tempo havia tido comportamentos gravemente caracteriais, após uma situação frustrante que compreendera uma separação não prevista, tem os seguintes sonhos: a) vê na sua coxa uma zona como se estivesse queimada, com duas partes ainda mais laceradas, "como as crianças que ao ficarem sós se unham"; b) um episódio doloroso com a mulher que parecia querer deixá-lo, ele a amava intensamente e não entendia as intenções da mulher, ela parecia amá-lo também, mas parecia também ter necessidade de autonomia para ter um caminho próprio; c) num carro, contava para uma senhora idosa e acolhedora os seus sofrimentos quando uma mulher, que ficara viúva, após o funeral do marido, pedia acolhida no carro e a obtinha; d) era perseguido por uma pantera negra, não muito perigosa, procurava fechar a porta de casa, mas sabia que a pantera, não terrificante, teria conseguido com toda probabilidade encontrar um acesso para a casa: um acesso de raiva?

Bion frequentemente nos recorda que o pensar é uma função nova da matéria viva, e que se encontra no ápice de complexas operações que implicam um grande trabalho das mentes. O que é elemento β pode tornar-se protoemoção, turbulência emocional compartilhada, afeto e, por último, "pensamento". Por um lado, devemos olhar o contínuo milagre da formação do pensamento, e, ao

228 SEXUALIDADE E AGRESSIVIDADE

mesmo tempo, por outro lado, como este constitui uma fina película (Hautmann) em contínuo risco de dissolução ou de falsificação.

Os sonhos de contratransferência testemunham o esforço, a maneira e o meio com que a mente do analista começa a transformar a agressividade dos pacientes. Trata-se muitas vezes de sonhos que são tentativas (nem sempre bem-sucedidas), em situações de emergência, de evitar um "entupimento" da mente do analista, sonhos que aliviam o sofrimento mental por meio da reconstrução de sentido e espaços simbólicos, alfabetizando elementos β em dispersão.

Muitas vezes fiquei impressionado com a sensação de bem--estar que se seguia a esses sonhos, até o ponto de aguardá-los e desejar a sua chegada quando sentia a minha mente invadida por identificações projetivas muito violentas de algum paciente.

Retomo alguns exemplos de um trabalho meu e de Barale (1987).

As enxadas e o interfone

Para mim é um momento de intenso cansaço, tanto por compromissos de trabalho quanto pelo ativar-se de uma maciça transferência psicótica por parte de um paciente muito grave.

Sonho que estou sendo esquartejado com enxadas pelos pacientes; depois, que numa cidade muito violenta batem à porta da minha casa. Deveria ser um amigo, o filho de Gaspare, o porteiro, mas meu pai abre pelo interfone sem ter verificado quem é, e escancara temerariamente a porta, pondo-se à espera, enquanto eu, preocupado, me pergunto: "E se for alguém perigoso e meu pai abrir a porta, como vou fazer, como me defender?".

O sonho me avisa sobre o meu cansaço mental, a função parental está pronta para retomar o seu lugar em relação aos pacientes, mas estes, naquele momento, são sentidos pela parte mais cansada de mim, exposta e indefesa, como perigosos. Entrando assim em contato com esse momento de dificuldade, poderei me colocar o problema do meu cansaço e, especialmente, de como bonificar não o que os pacientes temem me fazer, mas o que na realidade me fazem com suas violentas identificações projetivas (as enxadas que esquartejam). Talvez a disponibilidade com que abro a porta (do consultório e da mente) aos pacientes seja uma função dessa operação de transformação que eu deveria ter sido capaz de efetuar, entre um dia e outro, entre uma sessão e outra, uma semana e outra.

Penso que esses sonhos tornam-se sonhos de autoanálise que permitem, após o mapeamento de zonas escuras ou de velhas cicatrizes, a retomada de um trabalho profícuo.

As flechas e os painéis

Nesse mesmo período, sonho que estou na África e, prevendo um ataque de selvagens, mando construir painéis de madeira que servem para proteger-me das flechas. Os painéis não parecem muito fortes, mas dão a impressão de serem suficientes para a sua finalidade. São pregados um no outro. Mas temo que sejam muito frágeis e me parece mais seguro que cada painel seja reforçado por uma viga que o sustente. Estou em contato com as dificuldades do meu trabalho, há uma barreira de proteção que pode absorver, há também a diferenciação do paciente, mas é necessário que se recorra a uma função paterna ou a um objeto combinado que garanta a minha estabilidade mental.

O deslocamento para aspectos autoanalíticos está ainda mais evidente numa sequência de sonhos que remetem justamente a Giulio, o paciente com uma grave transferência psicótica.

Os telefonemas de Giulio

Durante um certo período, Giulio foi vivido por mim como um "duplo persecutório" (Gaburri, 1986), até que um meu sonho faz com que eu "desvencilhe" o meu duplo dele, distinguindo-me progressivamente.

Eu tinha dado ao meu duplo, no sonho, um nome e um sobrenome e tinha reconhecido nele algumas características peculiares.

Restava um grande problema na análise de Giulio: os seus contínuos telefonemas que não paravam e a angústia que eles determinavam em mim. No mesmo período percebi que estava tentado a estabelecer conivências também com outros pacientes e a tolerar um certo "deixar correr", até que, após a leitura de um belo trabalho de uma colega sobre a situação edípica, tenho um outro sonho: uma voz quase ininteligível me faz um telefonema de ameaça, dizendo-se aliada de um general, e eu me sinto precipitar no pânico; no telefonema estão presentes os meus objetos bons e sinto que tenho que protegê-los. Sinto-me, porém, sozinho, desisto de achar ajuda na polícia, quando a mão de um amigo muito querido é pousada afetuosamente no meu ombro.

Tratava-se então do telefonema de uma parte primitiva cindida, que tinha sido muito temida, uma parte que retalhava as minhas partes maduras (e na análise de Giulio, a manutenção do *setting*) por meio das conivências do general-pai que se deixa corromper pelo menino tirânico. Para mim, torna-se assim possível reencontrar o contato com o meu Eu, só e aterrorizado, por ter que se dobrar a essa voz arcaica; temo não poder encontrar ajuda na investigação do paciente, mas encontro na minha análise, e na atual capacidade de autoanálise, um amigo firme e seguro.

7. O "narrador" e o medo: reflexões a partir do *perturbador* de Freud

Neste capítulo gostaria de distinguir dois modelos de abordagem do tema do medo. O primeiro remete à *one person psychology*, que encontra uma clara vinculação na teoria de Freud. O segundo remete à *two persons psychology* e encontra o máximo de sua expressão no modelo de Bion e dos Baranger. O título do capítulo, "bifocal", dá igual atenção ao narrador e ao medo, veremos por quê.

Mas vamos por ordem e vejamos como, buscando referência em Freud, poderemos estabelecer um percurso sobre o medo, considerando o seu célebre artigo sobre o perturbador, de 1919.

Após um exame muito cuidadoso dos possíveis significados do termo *heimlich*, Freud destaca dois "grupos de representações" do mesmo: "o da familiaridade, do estar à vontade, e o do ocultar do recalcado". "No uso corrente, *un-heimlich* é o contrário do primeiro significado e não do segundo... *Unheimlich* é tudo o que deveria ter permanecido em segredo, escondido e que, em vez disso, aflorou".

Freud procede como num teorema para demonstrar o seu ponto de vista original: ele o faz gradualmente, por extensão de conceitos, por acréscimo de anotações, em particular por meio dos contos de Hoffmann "O homem da areia" e "O elixir do diabo", do tema do "Sósia", da "repetição involuntária", da "onipotência dos pensamentos". E chega à seguinte conceitualização: é o retorno, o afloramento inesperado de algo recalcado, frequentemente por um estímulo externo, o que gera o sentido de "perturbador".

Trata-se de algo ligado a constelações emocionais e afetivas, que havia sido recalcado e que irrompe repentinamente na consciência: por isso existe o sentimento de algo "familiar", porque se trata de alguma coisa que nos pertenceu e que nos pertence (e que deveria ter ficado escondida).

A esse respeito, não devemos esquecer a importância que Freud dava às pulsões, as mais instintivas, e às constelações defensivas ligadas a elas. Na conferência *Nós e a morte*, pronunciada em 1915 para os membros da Associação Israelita Austríaca de Viena, Freud diz que "o homem primitivo era um ser muito passional, mais cruel e malvado que todas as outras feras, e não era detido por nenhum instinto ao matar e devorar seres da sua própria espécie [...] matava com prazer e o matar, para ele, era óbvio"; são justamente esses valores instintivos e os complexos relativos a eles que são recalcados. Muitos poderiam ser os exemplos, na literatura e no cinema, de situações culturalmente mais próximas de nós que as citadas por Freud. *Os pássaros*, de Hitchcock (1963), poderia ser um ótimo exemplo: algo de familiar em Bodega Bay transforma-se num pesadelo após a chegada da protagonista, possível *partner* do filho de uma viúva. Esta última teme que o filho, com o qual tem uma ligação fusional, possa abandoná-la, e, assim, ódio, raiva e ciúme se desencadeiam de forma persecutória e inundam a cena. Em *Vampiros de almas*, de Don Siegel (1956), todo ser vivo, ao adormecer, permite a substituição de si mesmo por um sósia, desenvolvido anteriormente numa grande fava: o que pode haver de mais familiar do que as próprias emoções, ou partes de si, que tinham sido removidas ou cindidas e que agora se apresentam *statu nascenti* ao nosso lado? Em *Planeta proibido*, de McLeod Wilcox (1956), uma astronave pousa num planeta onde encontra os sobreviventes de uma missão anterior, o doutor Morbius e sua filha de 20 anos. O doutor tinha sido capaz de *ler* as extraordinárias invenções da civilização que habitara anteriormente o planeta, muito evoluída, de enorme inteligência, mas que desaparecera misteriosamente. Os companheiros do doutor e a sua astronave tinham sido destruídos por monstros terríveis. Quando a filha do doutor decide deixar o planeta para seguir o capitão da nova missão, pelo qual se apaixonara, os monstros tornam a ativar-se. Após muitas peripécias, irá se descobrir que se trata de "monstros do Id" do doutor Morbius, que se materializam graças às máquinas inventadas pela civilização desaparecida, que, por sua vez, fora destruída pelos monstros recalcados do seu inconsciente, que ganham vida entrando nas máquinas produtoras de energia.

Naturalmente, os exemplos poderiam multiplicar-se ao infinito; basta pensar em Kafka, nos contos de Buzzati, ou em todos aqueles sobre o vastíssimo tema do duplo.

Mas eu gostaria de inverter o vértice e considerar não tanto como o narrador (o diretor, o romancista) pode evocar o perturbador, ou o medo, mas como para o narrador o *medo* é, sobretudo, o promotor, o ativador de histórias. É para dar uma resposta a medos e angústias próprias que estas são transformadas narrativamente e, em vez de tornarem-se sintoma ou comportamento, tornam-se "histórias" (filmes, contos, pintura etc.). A *necessidade de narrar* (ou de criar) torna-se fator terapêutico em relação a angústias, ânsias, medos. Gostaria de ir além da gênese dos processos criativos e encontrar *a matriz mais profunda de tal necessidade* e, ainda mais, entender se a "narração" não corresponde a uma necessidade

234   O "NARRADOR" E O MEDO

basilar da espécie humana, como resposta ao medo, ao terror de alguma coisa mais primitiva, anterior ao que foi recalcado.

Aqui vem nos ajudar o modelo sobre a gênese do pensamento, descrito por Bion: o pensamento se origina do encontro das urgentes necessidades, chamadas de "terror sem nome", com a capacidade de *rêverie* da mãe. Ou seja, o que provém da criança em termos de fantasmas muito primitivos, de protoemoções, de sensações corpóreas indiferenciadas e confusas (que Bion chama elementos β), é evacuado na mente da mãe, na qual, se encontrar acolhimento, é transformado em algo pensável, tolerável.

Esse processo passa pelo que Bion chama de capacidade de *rêverie* da mãe, graças à qual esses elementos β, brutos, são transformados em elementos α, que são como pictogramas emocionais, imagens visuais que constituem os tijolinhos-base do pensamento.

Ou seja, tudo o que for medo, terror... e assim por diante, é transformado pela mente da mãe receptiva em "unidades de 'lego'" (elementos α), que depois poderão ainda ser organizados em pensamentos oníricos e em pensamentos. Mas nessa relação emocional precoce não só acontece a alfabetização dos elementos β como, da mesma forma, a mãe, progressivamente, transmite essa capacidade de transformar β em α (ver os Capítulos 1 e 4).

Inútil dizer que muitas das patologias mais sérias têm a ver com disfunções dessas operações basilares. A função α, uma vez introjetada, permanece em nós como um "moedor de medos, terrores" e transformador destes em sonhos, fantasias, narrações.

Creio que os contos de fadas nos mostram bem essa interação entre o narrador do conto – que deve ser justamente contado e não lido ou visto no vídeo – e a criança, por meio desse colocar em história, e em história na maioria das vezes de final feliz, os medos mais profundos das crianças (Ferro, 1985; Ferro & Meregnani, 1995).

Sob esse ponto de vista, poderíamos reformular a gênese do medo: temos medo quando estamos sós e não suficientemente preparados diante de protoexperiências emocionais intensas demais. Vemos isso habitualmente nas crianças: medo do escuro (ou seja, do pré-requisito para que apareçam no quarto as fantasias mais escondidas da luz), medo de adormecer (e de entrar no bosque dos sonhos e do próprio mundo interno), medo dos pesadelos noturnos (a indigestão quando o "sonho" não consegue digerir excessos de estímulos internos e externos).

Fica clara, assim, a importância do "narrador", o narrador dos contos de fadas, Virgílio que acompanha Dante nos círculos infernais, e o especial "acompanhante narrador" que é o analista.

O medo nasce toda vez que o nosso "narrador interno" é colocado à prova além da conta. Essa figura do "narrador interno" foi descrita por Bion quando fala da função α e do "aparelho para pensar os pensamentos", mas Robert Louis Stevenson já a tinha descrito melhor em "*Sobre os sonhos*", quando escreveu que toda a sua produção nascia dos "homenzinhos que trabalhavam dentro dele", trabalhando até quando ele dormia, e que eram os verdadeiros artífices dos seus contos (Stevenson, 1888).

Em relação ao tema do medo, merecem uma breve menção as *fobias*. Podemos imaginá-las como consequência do fato de que o narrador não tenha sido habilitado a transitar por zonas emocionais por demais perigosas e aterrorizadoras. Ou melhor, que o narrador externo não tenha sido capaz de transitar por elas e não tenha, assim, permitido a introjeção do narrador adequado. Naturalmente, devemos distinguir as verdadeiras fobias tanto daquelas *socialmente compartilhadas* (em que existe uma sobrecarga coletiva, sem particulares significados individuais) quanto dos medos infantis (que em certos momentos do crescimento todas as crianças podem atravessar).

Por fobia verdadeira devemos entender um medo infundado e irracional de alguma coisa que não cede a nenhuma argumentação. Não há um campo que não possa ser investido e que não se torne objeto de medo. Conduta clássica em relação à fobia é a *fuga* da situação fóbica.

As fobias representam sempre alguma dificuldade, ou trânsito proibido, do mundo interno, que é deslocado e projetado para o externo, assim não somente se libera o mundo interno como se consegue "controlar" o problema no externo.

O fracasso da narração

Podemos, portanto, pensar as fobias como um fracasso "circunscrito" das capacidades da mente para operar narrações transformadoras sobre os próprios protofantasmas. No entanto, existem situações ainda mais graves, aquelas em que o fracasso da possibilidade de mentalizar os fantasmas é ainda maior. Um conto de Bradbury, "O veldt", parece-me fornecer um bom exemplo disso.

"O veldt"

Numa casa do futuro há um quarto particular, a *nursery*, com paredes e teto bidimensionais, mas que podem tridimensionalizar-se e adquirir profundidade de acordo com os conteúdos mentais das crianças. Surgirão assim a história e os personagens de Aladim, de Alice, ou de qualquer outra realidade emocional.

Um dia, porém, os pais das duas crianças protagonistas da história começam a se preocupar com a insistência de imagens de leões ferozes sobre as paredes do quarto, a ponto de decidir fechá-lo, justamente pelo temor que essas imagens tão vivas suscitam neles. As crianças ficam claramente tristes... obtêm por uma última vez a permissão de brincar no quarto..., atraem os pais para lá e... "George Hadley olhou para sua mulher... as feras se aproximam devagar... atocaiadas no mato... as caudas eretas. O senhor e a senhora Hadley gritaram... Agora os leões tinham terminado a refeição... Os urubus desciam um por um do céu ofuscante".

Essa me pareceu uma extraordinária descrição do virtual que se concretiza, ou o que acontece quando é o campo que entra em colapso e as comunicações do paciente perdem o seu estatuto de virtualidade e são "tomadas" como se fizessem parte da realidade externa e não da realidade funcional do campo.

Deve-se notar que o episódio narrado no conto se passa numa casa completamente automatizada, na qual somente as paredes da *nursery* constituem um espaço do "primitivo"; deve-se acrescentar, também, que os pais, apavorados pelos fantasmas da realidade virtual, apesar de terem prometido às crianças que estavam "livres para brincar" como quisessem na *nursery*, tinham ido ao quadro de comando e tinham abaixado a alavanca que matava a *nursery*.

Ou seja, quando o automatismo da relação e das interpretações ou das teorias na sessão acende imagens muito primitivas ou evacuações de telas β, aquele é o momento perigoso em que pode haver o colapso do campo; enquanto o analista perde a capacidade de virtualizar a comunicação do paciente, é capturado num jogo real; perdem-se assim as características que constituem o jogo analítico, no qual tudo é permitido *em termos de jogo*, sob pena de perder a *nursery* e a própria situação analítica.

Mas, deslocando-nos para a clínica, o que acontece quando a função da mente de pictografar narrativamente as protoemoções fracassa? *Hic sunt leones*, utilizando as palavras de Bradbury.

Mas esses leões, esses acúmulos de impensabilidade, que destino têm? A evacuação, que poderá ser maior ou menor e se deslocar ao longo de um gradiente que irá desde as evacuações mais maciças e destrutivas, as alucinações, até as doenças psicossomáticas e os comportamentos sem espessura de pensamento, como os das atuações caracteropáticas, delinquenciais ou toxicômanas.

Todas essas são situações nas quais a possibilidade de terapia passa por meio de uma tecedura narrativa de tudo o que não tinha sido possível "digerir"; não importa em qual dos dialetos da dupla analítica se dará tal transformação, se no dialeto histórico-reconstrutivo, se no fantasmático do mundo interno, ou... mas esses são somente possíveis "tipos de cozinha".

Bion sustenta que em cada indivíduo existe uma "função psicanalítica da personalidade" (1962), e que o analista, quando interpreta, faz o mesmo que o pai e a mãe quando, por meio da *rêverie*, compreendem o seu filho. Aliás, também Kennedy (1978) afirma que os pais influenciam a capacidade de auto-observação e de *insight* pela maneira como lhe ensinam a se comportar com os próprios impulsos e os próprios sentimentos.

Fonagy e Moran (1991), referindo-se à "teoria da mente" na acepção que lhe dão Premack e Woodruff (1978), os quais indicam os processos psíquicos subjacentes ao progressivo emergir de teorias sobre "o estado da própria mente assim como o estado das mentes dos outros", afirmam que, em circunstâncias que induzem a antecipação de uma intolerável dor mental, alguns pacientes *borderline* limitam fortemente a própria capacidade de formar uma opinião sobre o seu estado mental ou o de outros. Essa observação me leva a considerar o tema do *insight*, na formulação que Bion faz a propósito deste em *A atenção e interpretação*, cujo subtítulo, convém lembrar, é justamente "*A scientific approach to insight in psycho-analysis and groups*.[1] Bion afirma que para alguns pacientes "o contato com a realidade apresenta maiores dificuldades quando essa realidade é justamente o próprio estado mental". Existem também pessoas que não têm nenhuma tolerância quanto à dor e à frustração e "sentem a dor sem serem capazes de sofrê-la". Afirma também que o processo rumo ao amadurecimento mental é doloroso e, após o famoso exemplo da "fábula dos mentirosos", afirma que "os pensamentos, se pensados, conduzem à saúde mental, se não pensados, dão origem ao distúrbio".

Bion afirma também que "o analista deve resistir a qualquer tentativa de agarrar-se ao que sabe, a fim de realizar um estado mental análogo ao da posição esquizoparanoide"; tal estado mental é o que remete às "capacidades negativas", à paciência, à tolerância pela frustração de não saber, embora consciente de que "o animal homem nunca parou de ser perseguido pela própria mente e pelos pensamentos geralmente ligados a ela, qualquer que seja a sua origem".

---

1 Na edição brasileira, o subtítulo é "O acesso científico à intuição em psicanálise e grupos" (Rio de Janeiro: Imago, 1991). [N.T.]

Apêndice. Os quadrantes do *setting*

O *setting* constitui as regras do jogo que devem ser respeitadas para que seja possível jogar o jogo e para que seja aquele jogo (análise!), e não um outro. A esse respeito, mereceria um aprofundamento o conceito de Bion (1963) de "inversão da perspectiva", em cuja eventualidade não há correspondência entre o jogo que o analista pensa que está jogando e o que o paciente joga mesmo inconscientemente. Até certo ponto, creio ser legítimo que o paciente tente jogar um jogo próprio; cabe ao analista sinalizar o fato e restabelecer as regras de um jogo que possa ser compartilhado.

De qualquer forma, para poder permitir operações transformadoras, o *setting* só pode ser um continente capaz de elasticidade e capacidade de absorver (Fiorentini et al., 1993, 1995; Giuffrida, 1995; Quinodoz, 1992; Robutti, 1993; Bonasia, 1994a).

Bion (1965) assinala como a "situação analítica" pode somente se aproximar do desejável e como é necessário um maior estudo do "terreno" onde acontecem as transformações.

242   APÊNDICE. OS QUADRANTES DO *SETTING*

Gostaria de propor as considerações relativas ao *setting* analisando quatro aspectos prevalentes nos quais se faz referência a ele e os quais gostaria de chamar de os quatro quadrantes do *setting*, justamente porque se trata de acentuações de significado prevalentes dentro de cada quadrante, mas que formam todas juntas o tema no seu todo.

O setting *como conjunto de regras formais*

Constitui o primeiro quadrante. É o conjunto de regras ou condutas que, postas em ato, prefiguram a situação psicanalítica. Regras e condutas que, de um certo ponto de vista, podem ser consideradas como in-variantes que permitem o desenvolvimento de um processo (Meltzer, 1967).

O *setting* é o resultado de um conjunto de experiências que foi se configurando e se estabilizando a partir das modalidades de trabalho, e também das exigências pessoais que Freud havia, passo a passo, estruturado como as mais adequadas para o acontecer da terapia psicanalítica.[1]

Esta primeira acepção à qual me refiro compreende a arrumação da sala, as modalidades do encontro, a regularidade das sessões, sua duração etc.; portanto, tem uma sua *fisiologia* que se refere ao contrato, aos hábitos subjetivos, aos honorários, às férias, aos cancelamentos de sessões e à regulamentação de tudo o que *acontece ou pode acontecer* entre analista e paciente. Para esses aspectos remeto ao que foi exaustivamente descrito e especificado por Etchegoyen (1986).

---

1   É interessante e muito vivo o relato que Nissim nos faz a esse respeito (1987), revisitando tudo o que fora documentado pelos testemunhos dos próprios pacientes de Freud.

Um aspecto formal do *setting*, que desejo ressaltar, é como este, além de ser uma proteção para o analista, garantindo-o contra interferências por parte do paciente, se invertermos o ponto de vista, torna-se também uma proteção para o próprio paciente (e para os outros pacientes). Permite ao analista uma exposição limitada às identificações projetivas do paciente no eixo do tempo, protege a sua existência fora da análise. Esse problema torna-se de vital importância com os pacientes graves, que de outro modo tenderiam a invadir a própria vida do analista, pacientes para os quais muitas vezes são necessários outros meios de contenção, fora das horas de análise, que vão desde a presença de um psiquiatra que prescreva medicamentos até eventuais necessidades de internação.

Naturalmente, estou falando das limitações formais em relação à intrusividade dos pacientes; bem diferente é o problema da invasão mental daqueles pacientes que, como lembra Bion, "permanecem na mente", testemunhando a sua avidez e a quantidade de identificações projetivas que realizam e que necessitam de um tempo maior por parte do analista para que sejam metabolizadas (Barale & Ferro, 1993).

O setting *como "condição mental do analista"*

Creio que é necessário não criar ilusões de que este segundo quadrante pode ser considerado como uma invariante. A vida mental do analista tem oscilações próprias que derivam do jogo das suas fantasmatizações e das oscilações PS-D e ♀ ♁ da sua mente; a própria criatividade do analista é uma função dessa oscilação. Aliás, não é raro que a condição mental do analista – se ele for, como é necessário que seja, permeável aos estados emocionais do seu paciente – varie em função das identificações projetivas que ele deve acolher e transformar (Di Chiara, 1983; Brenman-Pick, 1985).

Inútil ressaltar como uma ótica de campo permite considerar essas variáveis como necessárias, sem que se culpabilize o analista que contribui, de qualquer forma, para estruturar o campo emocional do qual é parte viva (Baranger & Baranger, 1961-1962; Bion, 1962; Corrao, 1986).

O paciente se coloca como guardião do *setting* (entendido no primeiro e no segundo modo) (Preve, 1988), sinalizando continuamente tanto as desordens formais quanto as variações de condição mental, de receptividade, de disponibilidade do analista, chegando a indicar os seus momentos de má forma ou até mesmo momentos em que há inversão do fluxo das identificações projetivas (Ferro, 1987).

A situação mental do analista, se considerada como uma variável do campo para cuja formação ele contribui, será (para um analista permeável e receptivo) *continuamente perturbada e continuamente restabelecida*, pelo menos se houver disponibilidade para se ocupar dos estados mais primitivos da mente do paciente e das suas protoemoções.

O setting *como objetivo: rupturas de* setting *por parte do paciente e atividades moduladoras e transformadoras do analista*

Os acontecimentos da sala de análise não são tão simples como poderiam parecer conforme o que foi dito até agora.

O paciente muitas vezes não aceita o jogo e faz as suas "rupturas de *setting*", as quais por muito tempo foram interpretadas como "ataque ao *setting*" e que seguramente o são. De fato, não há nada que mais coloque o analista em crise que sentir que são colocadas em discussão as suas próprias certezas, as próprias garantias "constitucionais", muitas das quais se baseiam justamente no preciso respeito ao *setting*. No entanto, essa forma de pensar fez com que, muitas vezes, se perdesse de vista o fato de que as rupturas de *setting* por parte do paciente têm uma extraordinária riqueza comunicativa, contanto que haja a disponibilidade para considerá--las assim. No fundo, como para qualquer tipo de *acting*, podemos captar nele a perturbação, a interferência, o perigo ou o aspecto comunicativo, de acordo com o nosso grau de tolerância e capacidade de dar significado (ou às vezes suspender o significado), como de resto acontece para as identificações projetivas. Creio que todo analista deveria ter claro para si qual é o seu grau de tolerância às rupturas de *setting*, porque este se torna *um dos seus critérios de analisabilidade*.

O *setting* pode ser considerado como claustro (Meltzer, 1992) ou como continente com qualidades de elasticidade e robustez (Bion, 1962); é claro que, de qualquer forma, *o ponto de chegada* ao qual se deve aspirar só poderá ser, na minha opinião, um *setting* absolutamente rigoroso.

Para quem queira tomar em análise pacientes graves, repito, será somente um ponto de chegada que será alcançado após tumultos de toda espécie, em relação ao *setting* formal e ao *setting* interno.

As rupturas de *setting* têm a ver com o *setting* formal e com a condição mental do analista, que poderá até ser tumultuada pelas identificações projetivas do paciente, e esse mesmo *aspecto de "quantidade de desordem" interna tolerável para o analista* se torna um dos próprios critérios de analisabilidade do qual se deve ter consciência.

O uso do divã

Anna é uma paciente da qual voltarei a falar, por isso agora menciono somente que no início da análise era intolerante a qualquer tipo de relação que não fosse simbiótica, fusional. Não conseguia deitar no divã, mas sentava-se nele (na verdade, nos primeiros tempos não ousava nem sentar-se, mas com muita circunspecção explorava toda a sala, como para demarcar o seu território e descobrir eventuais fontes de perigo). Eis alguns sonhos da paciente no momento em que, após alguns anos de análise, consegue deitar-se no divã (são naturalmente sonhos que se seguiram às primeiras vezes em que se deitou): a) um gatinho tinha as *costas* machucadas; ela o acariciava e se empesteava toda...; b) Carla, uma amiga, *se separava* do marido e ia viver na Islândia...; c) o que se fazia numa escola? Alguém fazia crianças morrerem?; d) estava num quarto com uma freira com a qual tinha um péssimo relacionamento... era assim porque a filha dela tinha morrido... em seguida, encontrava uma amiga com um casaco anos 1930...

Sonhos que focalizavam e permitiam metabolizar o que se ativara na paciente após as mudanças graças às quais assumira uma nova "posição" espacial na sala de análise, nova posição que é antes de tudo uma posição mental. O sofrimento das costas do gatinho, que se machuca em contato com o divã analítico, os sentimentos *empesteadores* pelos quais é invadida ao entrar em contato com o próprio sofrimento; o luto ao tomar uma maior distância, que a faz sentir-se numa ilha distante e fria; o início de pensamentos de uma possível dependência na análise, e a aceitação de uma assimetria (escola: lugar para aprender); dar-se conta da pena pelo fim de uma primeira parte infantil da análise e o pensar na possibilidade de se reconhecer numa pessoa adulta que já caminha para os 30 anos, e não numa criança de 3 anos que tivera a ilusão de ser e de dever ser considerada; a projeção do luto na freira, triste por perder uma filha porque esta cresce e se afasta. Isso somente para mencionar alguns dos percursos possíveis sobre esses sonhos.

Naturalmente, durante muito tempo, houve com Anna um funcionamento de idas e vindas em relação ao "frustrante uso do divã", e outros sonhos sinalizaram passo a passo movimentos emocionais ligados à possibilidade de aceitar uma distância maior, e uma progressiva renúncia ao controle de cada postura minha, ou cada minha emoção. Vejamos alguns outros exemplos.

No início da sessão, Anna se deita imediatamente e começa a falar (Anna tem 26 anos!) da mãe que é muito frustrante; decidiu tirar-lhe cigarros e chocolate... Depois conta sonhos: monta um cavalo que corre à beira de uma ribanceira... correndo... cai... existe uma campina verde... mas não se machuca, não fica muito zangada... em seguida... num aquário há peixinhos vermelhos (não mais as piranhas dos sonhos anteriores) que se aproximam do depurador de água do qual saem grandes bolhinhas... segura-os por algum tempo na mão... no aquário há um pouco de algas e de alimento para os peixinhos...

São postas em evidência a frustração e a renúncia que o ato de deitar-se comporta, os sentimentos que se ativam a galope, que a derrubam, mas não é assim tão doloroso! Sentimentos que agora podem até ser considerados ("tocados"), e a conclusão de que a nova situação não é tão terrível assim... há quem cuide dos peixinhos que encontram alimento e função α.

Numa sessão sucessiva, Anna fala (após ter-se deitado) sobre as dificuldades de estudar espanhol (em frente ao divã há um quadro que é uma litogravura de Barcelona); lembra-se de uma viagem à Espanha, durante a qual tinha sentido repulsa por um hotel onde tinha encontrado dois jovens recém-casados; lembra-se também da primeira menstruação, ainda por ocasião dessa viagem, que tinha marcado a passagem de menina para moça; faz depois

248 APÊNDICE. OS QUADRANTES DO *SETTING*

um comentário sobre o noivo que agora está orgulhoso por ter um escritório só seu no departamento de negócios com o exterior de uma multinacional.

Vejamos o conjunto de movimentos progressivos e regressivos que se colocam em movimento: a nova língua que deve aprender, a repulsa pela nova situação e ao mesmo tempo a ideia dos dois recém-casados e da viagem analítica em movimento, o crescimento e o sinalizar desse crescimento (a menstruação) de menina a mocinha, até o orgulho pela nova posição (física e mental alcançada), o escritório de negócios com o exterior e os vários aspectos de si mesma que começam a coabitar.

Gostaria de destacar que para Anna foi possível chegar ao uso do divã sem nenhuma imposição de minha parte. No início da análise, uma vez em que lhe tinha sugerido que talvez pudesse deitar-se, na vez seguinte sonhara que estava num escorregador muito comprido, de cujo fundo brotavam lâminas; via-se então escorregar em cima dessas lâminas e ficava toda ensanguentada e dilacerada, com o terror de ir bater contra uma parede em que se "esmagaria"; inútil dizer que o custo dessa "dilaceração" emocional me parecia alto demais, por isso pude dar tempo a Anna de... "nadar até o divã".

Existem *outros lugares possíveis* para o paciente dentro da sala: cada um pode ser pensado como relacionado com uma comunicação em particular que deve ser acolhida e compreendida com base em todos os outros elementos que constituem o campo (numa outra linguagem que não a das vicissitudes do eixo transferência-contratransferência). A familiaridade com o trabalho com crianças pequenas e com pacientes graves ajuda muito a considerar, mais do que o aspecto transgressivo ou até mesmo de ataque, o aspecto comunicativo (aliás, como para cada *acting-in*) do posicionamento diferente do paciente no espaço da sala (Bonasia, 1994a; Conrotto, 1995).

Lembro-me de uma paciente que, após entrar na sala, foi logo acomodar-se à minha escrivaninha e não se moveu de lá enquanto eu não lhe disse que ela me lembrava o Barão Rampante do livro de Calvino, tão ofendido com os seus semelhantes que não queria mais saber de partilhar a terra com os outros seres humanos, a ponto de decidir refugiar-se em cima das árvores; pude então ligar essa reação indignada da paciente com o que acontecera na sessão anterior.

Mas o posicionamento mais estranho que um paciente já assumiu foi o de Laura, que, logo ao entrar, sentou-se justamente na minha poltrona. Não me lembro de maior assombro de minha parte, era algo "que não podia acontecer", disse para mim mesmo indignado, não estava previsto nem era previsível; foram, no entanto, estas minhas vivências de contratransferência que me fizeram formular a interpretação adequada: a minha comunicação do cancelamento imprevisto (e não previsível) de duas sessões tinha feito com que se sentisse tão deslocada e expropriada do seu território que precisou me fazer experimentar o mesmo. Laura se levantou e foi para o seu divã...

Naturalmente, não existe um código para interpretar as posições (físicas e emocionais) que o paciente pode assumir na sala de análise, e muito menos o uso do divã é impedido somente por angústias de separação.

Marco, no início da análise e durante um longo período, acomodou-se numa poltroninha no outro canto da sala: parecíamos dois pugilistas nos cantos do ringue. O "irmão" pugilista foi assunto das primeiras comunicações do paciente que precisava manter sob cuidadoso controle uma situação emocional explosiva. Foram necessários anos de trabalho antes que esse clima pudesse ir se transformando aos poucos e tornasse possível a mudança de Marco, no início "sentado" no divã, e depois finalmente deitado; inútil dizer que essas posições diferentes no espaço físico da sessão correspondiam a posições emocionais muito diferentes (Ferro, 1991a).

Gostaria somente de ressaltar que, nas mais variadas rupturas de *setting* que tive que elaborar a até às vezes enfrentar, não me mexi da "minha poltrona de analista", entendida tanto em sentido físico quanto como lugar mental de onde poder olhar todos os fatos emocionais e não emocionais da sala de análise. De fato, acho que "a condição mental analítica" e a posição emocional (e física) do analista na sala constituem uma espécie de "Norte", de ponto fixo que oriente o paciente e as emoções da sala.

Falta às sessões e atrasos

São acontecimentos certamente significativos que, por sua vez, podem ser entendidos como ataques ao *setting*, e o são, porque de todo modo "perturbam" o trabalho em andamento, mas podem ser entendidos como preciosas comunicações que ajudam a reencontrar uma sintonia com o paciente, a ajustar o *timing*, ou o vértice interpretativo, e, no mais das vezes, se considerados sob esse ponto de vista, são sinalizadores muito precoces de indícios de reações terapêuticas negativas (Barale & Ferro, 1992). O primeiro a vivê--los como perigosos e a se culpar pela sua ocorrência é, frequentemente, o próprio paciente (antes que seja ajudado a captar o registro comunicativo e a não julgar o que acontece, mas a entender por que acontece). Eis como o mesmo paciente vive um seu cancelamento de sessão com uma distância de tempo: "Uma vez meu irmão tinha me culpado muito porque, em Herculano, eu tinha tirado uma pedrinha de um monte delas; disse-me que fazendo assim eu corria o risco de que não pudessem mais reconstruir um mosaico inteiro, porque teria faltado aquele pedacinho..."; tempos depois, numa situação análoga: "Fui visitar os restos de uma velha cidade, coloquei minha sobrinha para brincar numa das tumbas, e ela se divertia subindo e descendo... o zelador me repreendeu porque a menina podia estragar os relevos, mas pensei que ele estava exagerando... não havia nenhum risco, e além da diversão, para minha sobrinha era também um exercício de liberdade ao correr, trepar e descer...".

No primeiro exemplo, prevalece a culpa e o temor de que faltar a uma sessão do conjunto todo poderia arruinar a análise; no segundo exemplo, há a desaprovação do zelador, mas há também a capacidade de redimensionamento superegoico, a capacidade de administrar o luto, e colocar no lugar da perda algo vivo... fazer exercício de criatividade...

Vejamos outras situações clínicas que nos colocam diante de problemas análogos.

As mordidas de Zanna Bianca[2]

Sandra chega com quinze minutos de atraso e começa contando que o marido tinha levado o filho e ela para ver *Zanna Bianca*, filme lindo, de aventura, mas difícil de acompanhar para o menino que tem 3 anos (a idade da análise!) e, sobretudo, com cenas violentas, nas quais Zanna Bianca morde e é mordido... Depois fala sobre a dificuldade para conciliar os *agnolotti* da mãe com as horas de trabalho no hospital... e de como o filho gritou no cinema: "Vovô, vovô!" várias vezes... *passou a ficar menos tempo no hospital porque havia se sobrecarregado de consultas e assim diminuíra um pouco o tempo de presença.*

---

2 *Zanna Bianca* significa *Presa Branca* e é o nome dado a um lobo, protagonista do filme. [N.T.]

252 APÊNDICE. OS QUADRANTES DO *SETTING*

Essa sessão veio logo após uma outra na qual eu havia feito muitas interpretações com explicitações relacionais, porque justamente tinha entrado na cena da sessão um supervisor que dizia ser importante esclarecer para um menino o que acontecia em uma terapia em termos de relacionamento; e me parecera então oportuno, por minha vez, explicitar na transferência o significado de algumas comunicações de Sandra: mas, evidentemente, eu havia exagerado, e muitas comunicações tinham sido sentidas como as mordidas de Zanna Bianca que tinham aterrorizado a parte infantil da paciente, a qual não conseguia conciliar os "*agnolotti*" com o "trabalho", e que, cansada, reduz em quinze minutos o tempo de frequência à sessão.

Aqui se abre uma importante reflexão sobre a necessidade de constituir um continente (♀)[3] bastante robusto e amplo, antes que se possam dar interpretações até corretas e verdadeiras, mas que poderiam gerar perseguição e angústia excessivas, se forçadas num continente ainda não firme e sobretudo disponível; mas este é um tema que já foi tratado no segundo e terceiro capítulos.

O dentinho quebrado de Mariella

Na primeira sessão da semana (depois que na última da semana anterior eu fizera uma interpretação em que, utilizando dois sonhos da paciente, aproximara dois modos de ver a mim, à análise e à realidade: um como mafioso, tipo *O poderoso chefão*, de Coppola, e o outro afetivo, como *A família*, de Scola; um baseado no interesse-narcisismo econômico, o outro nos afetos), Mariella chega atrasada meia hora. Conta que um dentinho da chave tinha se quebrado na fechadura e, sobretudo, tinha tido uma terrível briga com o marido, que a acusava de excessiva dependência, de falta

---

3 Ou melhor, deveríamos dizer um aparelho para pensar os pensamentos constituídos por PS-D e por ♀ ♂ .

de autonomia ao aceitar a proposta do pai, rico proprietário de terras, de fazer-lhe doações apenas formais, somente da propriedade, sem o usufruto; doações feitas somente para livrar-se delas, por interesse próprio, não por interesse pela filha, visto que por ora não poderia utilizá-las...

Portanto, a minha interpretação fora sentida como evacuativa, como se correspondesse mais a uma necessidade minha de livrar-me dela que a uma efetiva "doação"; nascera demais "de mim" e fora muito pouco construída a duas vozes, gerando "no marido" (parte da paciente ainda intolerante à dependência) muita perseguição, raiva, inveja.

Naturalmente, existe um modo de pensar segundo o qual é preciso explicar e interpretar tudo o que ataca a dependência. Não é essa a minha forma de proceder; em vez disso, creio que se deva construir as coisas juntos ao longo do tempo, fazendo com que o paciente se sinta parte ativa, que desenvolva a própria criatividade, e que não sinta que "*os seus dentinhos são quebrados*" pelas interpretações do analista, as quais obrigam o paciente a construir para si, por seus próprios meios, a casa onde colocar as interpretações já saturadas do analista (Winnicott, 1971).

Acting in

Também para esses, como já disse, existem duas modalidades: a de captar o elemento evacuativo, ou de ataque, e a de captar o aspecto de comunicação.

"Tem banheiro?", é a solicitação que faz Carlo depois de um sonho em que Ancelotti[4] o ajudava a arrumar um canteiro do jardim ensinando-lhe como fazer, sonho que se sobrepunha àqueles

---

4 Famoso jogador do time de futebol Milan.

em que enfrentava uma comissão de exames escolares severíssima. Ao voltar do banheiro: "Você foi muito gentil e disponível em colocar à minha disposição o seu banheiro".

É a descoberta de que a mente do analista está disponível para funcionar como lugar no qual pode evacuar e descarregar angústias e tensões: seria insensato, nesse nível, captar o aspecto narcisista, o de prevaricação.

Lembro-me de que, para um menino autista, foi um momento de grande descoberta fazer experiência de uma mente disponível na qual pudesse evacuar angústias, descobrindo a possibilidade da tridimensionalidade da mente humana, ele que sempre experimentara mentes bidimensionais, que nunca tinham permitido a possibilidade de fazer identificações projetivas, de modo que sempre funcionara com identificações adesivas (Bick, 1968; Meltzer et al., 1975; Gaburri & Ferro, 1988).

O computador e o ventre materno

Laura ficou grávida para fugir às excessivas solicitações de trabalho do médico chefe e foi obrigada a faltar a várias sessões. Isso pode ser pensado como ataque ao *setting* ou como fuga do trabalho da análise, mas é possível também "pensá-lo" como uma modalidade expressiva das próprias necessidades femininas (♀) de receptividade, de tempo que encontra somente essa possibilidade de rebelião para fugir ao funcionamento automático do médico chefe – parte de si –, que trabalhava no computador. Rebelião que, uma vez acolhida e pensada, permite o nascimento de um novo modo de pensar a análise, além do segundo filho de Laura.

O fósforo de Mariella

É um momento difícil na análise de Mariella: está passando da modalidade de relacionamento do tipo "de serviço", "de uso" com o analista dentro da análise, com o noivo fora, para modalidades que comportam o reconhecimento e a apreciação da ligação e da dependência afetiva. Essa transformação acontece com bruscos e repentinos passos atrás que põem fortemente à prova a relação. Mariella continua a pedir-me mudanças de horário e dá como certo que eu me sujeite a elas. Após o meu "não" a uma sua enésima tentativa de subverter o *setting*, Mariella tem um sonho: o noivo era malvado com ela, então a avó organizava um bando que matava o noivo, ela ficava com remorso e depois achava na cama uma cabeça de cavalo cortada.

Durante essa sessão me sinto obstruído e tenho dificuldade para acompanhar os relatos da paciente, que acho confusos e embaralhados. (Mas é também um momento difícil para mim, ocupado com um luto e com um projeto de desenvolvimento.)

Na sessão seguinte, a paciente começa pedindo-me um fósforo, e como não é habitual do meu *setting* responder a esse tipo de pedido, digo-lhe não, procurando depois trabalhar o sentido do pedido: prestação de serviço ou necessidade de uma chaminha de luz? Enquanto isso a paciente fala do papai que não a acompanha na direção dos negócios, que "está com meningite", de modo que não consegue acompanhar coisas habituais. Interpreto com uma interpretação "de movimento rígido" na transferência.

A paciente parece não escutar e continua a falar da "meningite do pai" de modo cada vez mais zombeteiro; nesse momento pede de novo um fósforo, dizendo: "Ou me dá um fósforo ou lhe quebro a cara", e se dirige para a minha escrivaninha, como já ameaçara fazer, para abrir as gavetas e procurar os fósforos. Levanto-me e digo, por minha vez, de modo decidido: "Não!". A paciente grita: "Você é louco, louco, é você que acaba comigo" e foge para fora gritando.

O que aconteceu? Com certeza, a paciente está passando por um período difícil, causado pelo reconhecimento das exigências do seu Ego dependente e necessitado, que são contratacadas pelo Ego narcisista, mas eu *também* estou num momento de dificuldade quando não percebo as comunicações da paciente e privilegio a interpretação da tentativa de atuar um relacionamento de serviço, em vez de um pedido de luz, isto é, de clareza. Além disso, a paciente está cheia de culpa pela falta de funcionamento do analista, achando que é ela o vírus que provoca a meningite do papai (o que é verdade, mas só em parte); aproxima-se da verdade ao dizer que é um momento difícil *também* para mim, obstruído pelo luto e pelo projeto de desenvolvimento; irrito-me por este olhar para dentro de mim por parte da paciente (não), a qual, abrindo as "suas" gavetas, vê nessa resposta "em espelho" tanto a própria doença quanto o temor de ter estragado o próprio analista, e foge horrorizada.

O cigarro e a aids

Luigi está vivendo pela primeira vez uma experiência que nunca tinha podido recuperar: a agonia da separação; após anos de análise, em que as separações tinham sido enfrentadas com crises de fúria, de raiva, que tinham até colocado em perigo a minha integridade física, ou com atuações de todos os tipos, agora está enfrentando a nunca vivida "agonia da separação" (Winnicott, 1974).

Reconhece também o quanto gosta de mim, e quanto o ódio de antigamente, sobre o qual trabalhamos durante anos, mascarava a necessidade que sentia... Esteve também internado por breve tempo, justamente para representar a si mesmo e se reapropriar de sentimentos relacionados com a separação, nunca antes vividos. Num determinado momento me diz que está fumando muito, que tem medo que isso lhe faça muito mal, e isso após ter-me mostrado um corte profundo num dedo; naturalmente, falo a respeito da dor pelo nosso corte-separação, e ele me pede para fumar com ele ao menos um cigarro. Fico bastante embaraçado e perplexo com esse pedido e penso que posso responder com uma interpretação que, se for certa, resolverá o meu problema: sela a paz entre nós... a superação do ódio, é o cachimbo da paz (é um grande apaixonado por filmes de faroeste, que nos acompanharam muitas vezes).

Concorda, mas insiste no pedido; pego o cigarro e, aproveitando de um momento seu de distração, jogo um pouco de cinzas no meu cinzeiro... ele comenta: *"Os médicos querem ficar sadios, não fumam, eu é que tenho que fumar tanto".*

Embora preocupado por medos de atuar desdobramentos homossexuais, prevaricações, sinto, na ausência de uma interpretação válida e transformadora, que não me ocorre, que tenho que correr o risco e estou quase dando uma baforada. De repente, sou tomado pelo pânico: "Meu Deus, não, a aids, o contágio", mas agora, sob a angústia homossexual, posso pensar, após ter estado em "O" com o paciente, no que está me pedindo: assistir, atrás do vidro, à sua dolorosíssima experiência ou, pelo menos numa ínfima parte, ter a coragem e a disponibilidade de me deixar contagiar por ela, correr o risco, mesmo que em escala menor (*uma baforada contra quarenta cigarros do paciente!*), e participar ao vivo da sua terrível e agonizante experiência. Interpreto nesse sentido, diz: "É o que me perguntei durante anos" (Bezoari & Ferro, 1991b).

Nadar até o pensamento: o cavalo de Eleonora

Na situação clínica que procurarei descrever, a melancolia se coloca como polo instável em relação ao seu oposto, a mania.

Trata-se de uma paciente na qual não havia suspeitado da existência desse aspecto, mas que se apresenta com outros problemas relacionados com o "medo de perder os sentidos", de enlouquecer, de desmaiar na rua, além de ataques de angústia e de grave agorafobia.

258 APÊNDICE. OS QUADRANTES DO *SETTING*

O núcleo bipolar bem organizado entra em análise por meio do relato, por parte de Eleonora, de uma anedota que para nós permanecerá como central: a do cavalo que se desespera.

Um proprietário de cavalos não sabe como fazer com um seu animal que, no estábulo, chora, chora, é um soluço só, e se desespera de manhã à noite. Institui um concurso com prêmio para quem conseguir curar o seu cavalo. Ninguém consegue, até que um desconhecido pede para tentar, mas com a condição de ficar sozinho com o cavalo. De repente, ouve-se o cavalo gargalhar. Feliz, o proprietário dá o prêmio ao desconhecido, mas após algum tempo tornam-se igualmente intoleráveis, aliás mais ainda, as contínuas risadas do cavalo. O proprietário chama de novo o desconhecido, pedindo-lhe que restabeleça a situação anterior. Este se isola, e pouco depois o cavalo volta a chorar desesperado. A essa altura o proprietário do animal está disposto a pagar qualquer quantia para saber como isso pôde acontecer, e o homem lhe responde telegraficamente: "Na primeira vez lhe disse 'o meu é maior do que o seu', e o cavalo começou a rir, na segunda eu o mostrei para ele e assim ele ficou de novo desesperado".

Desde logo a administração do poder em relação ao outro parece ser o problema com Eleonora, que responde aos meus "não" desesperando-se, e aos meus "sim" exaltando-se. O *setting* torna-se objeto de pedidos, de modificações, de ajustes como se sutilmente fosse colocado em crise algo de estrutural. Parece uma situação sem saída, como no desenho que um dia Eleonora me traz, no qual entre duas pessoas amarradas pelo pescoço não existe alternativa possível: fica enforcada ou uma ou outra.

Tudo o que Eleonora sente como minha recusa ou indisponibilidade a lança no desespero mais negro e a leva a formular sombrios projetos de suicídio: em volta – assim como num sonho que se segue ao meu não poder dar-lhe a tão desejada quinta sessão

– somente víboras e cobras, junto com o terror de ser picada por elas. A manutenção do *setting* de minha parte, tentando inclusive não responder toda vez aos seus pedidos diretos, procurando, em vez disso, interpretar o sentido destes, faz com que imediatamente se sinta, em diversos sonhos, "a empregada da casa, aquela que ocupa o último lugar, aquela que não tem importância para ninguém", nova Gata Borralheira.

Mas se às vezes obtém um sim a pedidos sensatos, imediatamente é "uma festa na qual tocam violinos e estouram champanhe para ela", verdadeira Cinderela no baile.

Consigo logo aproximar essas duas modalidades de resposta, dizendo-lhe que o difícil parece (jogo também com o meu sobrenome) uma "dimensão Ferrarelle",[5] natural ou com gás, referindo-me à publicidade da marca de mesmo nome.

Este sonho de Eleonora reúne a idealização e o desprezo: há um professor universitário de quem tem muito receio, tendo ele muito mais poder do que ela, mas também há o filho deste, que é somente um ferreiro de pouco valor. A interpretação do sonho sob os dois aspectos mencionados, e em particular o desprezo por mim – ferreiro –, que faço um trabalho a seu serviço, é a ocasião para lembrar que quando era pequena o papai a chamava "princesa sobre a ervilha", embora dizendo que sempre ignorara tanto o porquê de tal apelido quanto o conteúdo da história, que lhe conto rapidamente.

Tudo isso acende sonhos: uma janela estava aberta, entrava um frio, perguntava a si mesma que posição deveria assumir para não ficar "descoberta", e também um gigante que corre, intuitivo demais, mas de quem ela gosta.

---

5   Ferrarelle é a marca de uma água. [N.T.]

260   APÊNDICE. OS QUADRANTES DO *SETTING*

Aprecia, até mesmo idealizando-as, as minhas capacidades de intuição, mas se com a interpretação abro uma janela, as minhas palavras lhe soam frias, quase uma repreensão, e então o que fazer para não se deixar descobrir no próprio aspecto de triunfo, de "princesa sobre a ervilha"?

Seus pedidos em relação à data de início e fim da análise para as férias de verão me colocam um novo problema; se insisto na decisão de manter o *setting*, voltam os sonhos de víboras perigosas, de suicídio, de catástrofe, ao passo que se menciono possíveis modificações dos acordos a favor de alguma sessão a mais, aparece no sonho um homossexual assustado que traz flores.

Compreendo que preciso sair dessa lógica das "respostas de computador", do "sim" ou "não" a todos os pedidos e também às perguntas de todos os tipos que me faz; compreendo que preciso achar a forma de escapar do fascínio dos "sim" e "não" obrigados, cada um dos quais faz a balança pender vertiginosamente para um lado ou para o outro, para dizer-lhe que não posso responder-lhe "sim" ou "não": podemos somente pensar nisso juntos.

Na sessão seguinte sonha que tinha ido à festa da *Unità* ou da Amizade e que tinha caminhado muito, e, de fato, encontro-me diante de uma paciente radicalmente mudada: antes dava a impressão de ser uma menininha de 5 ou 6 anos, com os seus macacões cor pastel, agora me encontro diante de uma graciosa moça de 25 anos.

Voltamos, após umas poucas sessões, a "desequilibrar-nos" para um lado ou para outro, mas já dispomos de pontos de referência com que contarmos para reequilibrar os "pratos emocionais" da balança que comparece num desenho que ela me traz.

Já não estão mais em jogo os pedidos de mudança do *setting* ou perguntas diretas, mas acontece, sessão por sessão, uma espécie de *avaliação* da minha disponibilidade emocional e da minha tranquilidade em relação às suas turbulências emocionais. Cada disponibilidade a mais ou a menos volta a fazer sobressaltar a "balança" que se movimenta imperceptivelmente sobre uma questão de dosagem da *temperatura* relacional e da *distância*: "No meu quarto há uma pia com uma torneira de água fria da qual a água sai gelada, e uma outra de água quente e a água sai pelando. Mas no banheiro dos meus pais há um misturador".

E se é fácil modular a distância, cujas variações são imediatamente sinalizadas por meio de sonhos com geleiras nas quais é impossível subir, ou por carne tão assada que gruda na grelha (de Ferro, obviamente!), é mais difícil regular a *disponibilidade* emocional profunda, pois esta é influenciada continuamente tanto pela variação do meu sistema defensivo interno quanto, e sobretudo, por assumir as identificações projetivas da paciente, que posso perceber somente num segundo momento.

Neste ponto, gostaria de fazer duas considerações:

a) o quanto, por muito tempo, assumi e fiz meu o modo de funcionamento bipolar sim/não sem espessura de pensamento da paciente, fazendo com que tal bipolaridade entrasse na sessão (provavelmente por meio de identificações projetivas que me faziam assumir "um papel dentro do campo", Sandler, 1976);

b) um sonho que me pareceu significativo, pois em dois de seus quadros se resumiam as duas situações emocionais, derivadas do sim e do não, que se sucederam na sessão: no primeiro quadro há o desespero por encontrar-se de novo com compridas cobras e víboras numa situação de extremo perigo; no segundo quadro, cobras e víboras *tornam-se* os raios das rodas de uma bicicleta enorme que a paciente mal consegue segurar de tão alta.

262 APÊNDICE. OS QUADRANTES DO *SETTING*

Chamou a minha atenção a ausência de Transformação, como se o momento de desespero e o maniacal não fossem nada mais do que duas diferentes modalidades de compor os mesmos elementos, sem nenhuma transformação.

Quando houver mais pensamento, pela minha conscientização de ter assumido o funcionamento sem espessura sim/não, e quando a paciente sentir que, em alternativa ao computador, as cobras e as víboras podem ser pensadas e transformadas, estas se tornarão um fio (com referência a um certo calor afetivo: "fazer o fio",[6] mas não mais numa situação erotizada que queima: carne/cozida/que (se) queima) que uma bruxa – e também fada boa – tece para fazer-lhe roupas *elásticas* (característica do pensamento em comparação com a rigidez do sim/não).

O humor torna-se, aos poucos, o elemento de ligação entre situações opostas mantidas juntas; após o pedido de dar-me um beijo, sonha que está beijando um cano (o "beijo do cano" se tornará o emblema de pedidos que ela mesma sabe que não serão atendidos), uma poça de água árida e assim por diante... até o sonho do gatinho que consegue manter-se de pé apesar de haver *ondas* que tenderiam a fazê-lo cair da areia na qual está brincando.

Uma outra característica do pensamento bipolar não elástico parece ser a falta de comunicação entre positivo e negativo, como resume bem o desenho da balança, em que é a haste central que impede a comunicação. Isso se verá num sonho em que a haste, entendida naturalmente também no sentido de uma rígida defesa fálica que impede o acesso recíproco, é assimilada a um muro entre nós que torna impossível a nossa comunicação; aberto um vão, também a balança não existirá mais.

---

6   No original, "*fare il filo*": "paquerar". [N.T.]

Depois de um certo tempo, quando me parece que a "posição Ferrarelle" está estabilizada, aceito o pedido de reposição de uma sessão que eu tinha cancelado por necessidade.

Na sessão que precede a mudança, ela traz este sonho: estava num elevador que, em vez de subir e descer nos seus trilhos verticais, corria sobre uma base horizontal como um carro envenenadíssimo... enquanto o elevador recomeçava a andar no sentido vertical, ela apertava o botão do último andar e aparecia a mãe, que, tratando-se de um elevador programável, apertava o botão de dois andares no subsolo: o elevador então começava a subir, depois se transformava num saco, ela mesma se tornava pesadíssima, o saco se dilacerava junto com uma tela que encontrava e caía ainda mais abaixo que a mãe.

No dia da reposição, começa dizendo que tinha tido que procurar muito o padre-médico, porque tinha morrido um rapaz, que fora assassinado com um tiro logo ao abrir a porta, e havia uma moça à espera do transplante de órgão.

Em seguida fala sobre os costumes de certas tribos nas quais, após o parto, o homem é quem sofre de modo desumano, outras em que homens são presos com ganchos de metal, e de uma terceira tribo em que os filhos não são reconhecidos como nascidos de relações sexuais, mas "mandados pelos deuses se formos bons".

O fato de "*mexer*" no *setting* ativa novamente ânsias catastróficas, a mudança da sessão para um dia diferente tem o efeito maniacalizador que parece já conter o seu oposto na mãe que morre se a filha "subir", e a própria filha pesada (pela culpa?) cai ainda mais abaixo, eu morro, sou pego por um golpe ao abrir-lhe a porta... há um transplante de órgão, "vida sua *mors mea*". Aparecem as tribos com os seus terríveis funcionamentos em assuntos de base.

Uma vez recuperado o ritmo normal das sessões, há uma nova acomodação, até que, por ocasião da aproximação de umas férias, voltam novos sonhos com aspecto de desafio, de competição, de "quem tem o mais comprido", de "um órgão não mostrado por inteiro", e penso na história familiar de Eleonora, única mulher entre cinco irmãos, respectivamente três maiores do que ela e dois menores, de um ano só, e me digo que uma menina, para não sucumbir, devia por sua vez "mostrá-lo comprido". Esse pensamento me dispõe mentalmente a ser mais acolhedor para com os "desafios" de Eleonora.

Na sessão, a resposta à mudança da minha condição mental é imediata, com um sonho: estava numa sala onde afetuosamente um rapaz (♂ ?), que talvez fosse uma moça (♀ ?), *se aproximava* dela e ela sentia que lhe queria bem; queria ir para casa com ele, os seus irmãos (♂) também queriam ir; ela diz a eles que por ora não; leva o rapaz para casa, e nesse meio tempo ele se transformara numa moça, aliás, uma menina, justamente *a menina que mora no andar de baixo*, que pega orégano e manjericão e traz para ela; pode dizer a esta amiga que precisa ir embora, depois que tinham comido juntas, que lhe quer muito bem, que a esperará e que tem muito carinho por ela...

Creio que esse breve relato possa nos indicar muitos percursos em relação às transformações e às vicissitudes do desenvolvimento de ♀, de ♂ e de ♀ ♂, como Bion nos lembra desde *O aprender com a experiência*.

A *ruptura de* setting *do analista: o* setting *como lugar para as partes mais primitivas e institucionais da personalidade*

Este parágrafo tem como ponto de partida o fundamental artigo de Bleger (1967) no qual se afirma que a parte mais primitiva da personalidade, a que se origina em PS, e que Bleger considera coincidente com o núcleo aglutinado, estratifica-se e retorna violentamente quando, por parte do analista, existe um distúrbio qualquer do *setting*, formal ou substancial.

Bleger refere-se ao *setting* que o analista deve ativamente garantir. Mas deve o analista, visto que é este o único modo de mobilizar o núcleo aglutinado, fazer rupturas voluntárias de *setting*? Certamente que não, é a resposta de Bleger e também a de Etchegoyen (1986): seria como ativar uma doença para curá-la melhor; mas não faltarão, durante a análise, situações nas quais o analista será obrigado a fazer rupturas ou modificações de *b*, pelos motivos mais variados: necessidades existenciais, profissionais, doenças etc.

No entanto, é fundamental que se preste a máxima atenção ao que se ativa na sala de análise nesses casos, porque se tem a possibilidade de entrar em contato mais profundamente com o núcleo aglutinado e com o sistema de angústias e defesas que comporta.

Além das rupturas formais, aparecem também as substanciais, todas aquelas situações em que a condição mental do analista é perturbada e gera distorções no campo que contribui para criar.

Devemos considerar também que rupturas de *setting* por parte do analista são *absolutamente a evitar*, mas *igualmente inevitáveis*, ao longo da análise. A mente do analista não pode ser por anos invariável; eventos fantasmáticos e existenciais modificarão a condição mental, a disponibilidade do analista mudará não pouco em ocasiões de lutos, preocupações, doenças, crises, depressões ou frustrações.

O analista *deveria* ser capaz de criar cisões suficientes para evitar ao máximo que esses fatos entrem na sala de análise; mas se o analista não é um "decodificador de fantasmas", certamente a qualidade do seu funcionamento mental "daquele dia" entrará na sessão como um constituinte do campo. Isso não deveria acontecer nunca, contudo, visto que é inevitável que aconteça, deve-se dizer também que é uma preciosa ocasião para metabolizar o que se ativa no paciente. Mas vejamos ambas as situações.

Rupturas formais de *setting*

Relato alguns exemplos de fatos emocionais que se ativaram por ocasião dos meus cancelamentos de sessão, geralmente por ocasião de doenças breves ou de algum impedimento repentino.

O mal-estar da "irmã" e o duplo coice do cavalo

Após a comunicação do cancelamento de duas sessões, Mariella conta que a "irmã" esteve muito mal, que esperava trabalhar num "escritório de advocacia", quando lhe disseram que a frequência fora adiada... depois, por sorte, o marido lhe oferecera ele mesmo, para dentro em breve, a possibilidade de trabalhar e fazer estágio no seu próprio escritório... A mãe era frágil e, quando a irmã lhe contara isso, havia chorado.

Depois, acrescenta um sonho em que crianças deviam sofrer difíceis operações cirúrgicas por causa de dois terríveis coices que um cavalo lhes tinha dado, fraturando-lhes as pernas.

A xícara não própria

Carla aceita sem dificuldade a mudança de uma sessão, depois fala do terror repentino que a invade quando, às vezes, acontece de ter que beber algo numa xícara que não seja a sua própria... ou tocar a terra sem luvas...

A tese rasgada de Giuliana

Telefono a uma paciente para desmarcar a sessão de sexta-feira. Segunda-feira a paciente começa falando das profundas angústias que teve por causa da mãe, temendo que ela estivesse doente porque não estava trabalhando como de costume...

Decido, também com base no que conheço da paciente, seguir o seu texto, pensando que uma interpretação de transferência em movimento rígido, puramente transpositiva, não traria nada de novo, e que seria mais útil captar os sentimentos que vivera junto com a sua preocupação... (assim fazendo, as angústias podem ser metabolizadas, ficando no texto da paciente).

Mas, de repente, Giuliana fala de uma amiga em análise com o doutor X, para a qual ela faz o papel de mãe, que se lamentara de certos silêncios, especialmente concernentes à relação.

Sinto-me obrigado, após pensar que me parecia trair um código devido, a perguntar se por acaso entre nós também alguma coisa estava sendo calada quanto ao significado para nós das angústias pela mãe, em relação ao meu telefonema para desmarcar a sessão. A paciente diz: "Não me parece o mesmo.... porque... por isto... por isto... etc.", dando uma série de motivos que para ela são válidos para orientar a preocupação "para a mãe".

Na sessão seguinte traz um sonho: tinha ido encontrar o professor Y com sua tese, esperando que esta fosse recebida, e assim parecia; no entanto, quando ela afasta quase acidentalmente umas cortinas, colocadas numa casa em construção, e que serviam para delimitar oportunamente espaços diferentes, chega o professor que, mudado, recusa a tese, rasga-a e diz: "Leia e aprenda este meu livro".

Creio que não são necessários comentários, a não ser sobre o sentimento de desprezo, de profunda ferida (e muitas vezes de ativação de inveja) que pode causar o ferir a retina do paciente com uma luz inoportuna.

O luto que não pode ser levado a termo

Após o cancelamento de uma sessão, Claudio sonha que lhe anunciavam uma perda, o desaparecimento de uma pessoa querida, e ele aceitava dolorosamente essa perda; a irmã não estava convencida, investigava, pensando que se tratasse de homicídio. Havia também o sonho de um caixão que não podia ser fechado e de um luto que não podia ser levado a termo.

A ruptura do tímpano

Houve uma minha breve doença num momento evolutivo particular da análise de Carla.

Ao retomarmos as sessões, a paciente conta os seguintes sonhos: está à beira de uma piscina... mergulha para alcançar-me... rompe um tímpano... sempre debaixo d'água, joga para fora o ar que respira; uma moça com uma mala para a qual não encontra lugar no seu carro... procura fazê-la caber de todo jeito...

A "substituição" de Carlo

É um momento fértil da análise de Carlo; fez o primeiro trabalho de "substituição" durante as férias de Natal, quando entrou em contato com uma inesperada tranquila realidade externa.

Telefono domingo cancelando a sessão de segunda-feira. Terça-feira conta os seguintes sonhos: está num barco que corre vertiginosamente sobre um rio cheio de peixes enormes que o aterrorizam; deve subir escadas ao final das quais há uma cozinha, dentro dela encontra um nobre morto, já em estado de decomposição, tem medo, terror, pensa que ele deve ser sepultado, e no necrológio a ser feito; está numa casa da qual está partindo para umas curtas férias, diz não ao menino pequeno e ao cachorrinho afetuoso que não quer para si e consigo, depois muda de ideia e sai para as férias com o cachorrinho e o menininho.

Sonhos que podem ser lidos como testemunhos de movimentos afetivos, que dizem respeito à reorganização da sua situação profunda, como ele mesmo os vê ao revisitá-los: ter ido ao rio buscar os peixes-sentimentos, já não mais segregados na "cabana dos afetos" (de um outro sonho); o luto pela sua velha identidade-nobre, o entrar em contato com a ideia da morte ou do fim da análise (ter-me substituído e ter trabalhado); o modo doméstico de viver sentimentos de ternura e afeto com um clima de casa do "Alfaiate" de Manzoni.

Outro vértice é o de ligar esses fatos emocionais com o meu telefonema e com os sentimentos que ativa, e que ele não nega.

Ainda outro vértice: a transformação de estados emocionais, do contato com eles à perseguição-terror que ativam, à elaboração até que se tornem "domésticos" e possam assim ser frequentados por ele, que antes tinha fobia da própria cidade e das ruas do mundo interno.

Naturalmente, as angústias que se moverão dependerão da quantidade e qualidade de angústias que terão se estratificado no próprio *setting*, e se o *salto de sessão* ou a mudança de horário carregam consigo também aspectos relativos ao luto e à perda, prestam-se muito mais a observar o retorno na sessão das angústias postas

270 APÊNDICE. OS QUADRANTES DO *SETTING*

em movimento pela ruptura do *setting* do analista, as pequenas violações como os pequenos *atrasos* ao concluir uma sessão.

O aneurisma de Carlo

Após uma sessão que eu estendera em alguns minutos, Carlo traz um sonho em que uma pessoa tinha as paredes da aorta não lisas e retas como deveriam ser para garantir boa saúde, mas havia uma espécie de inchaço, um verdadeiro aneurisma na parede, que tornava a situação muito perigosa.

O distúrbio causado por mim, com o prosseguimento da sessão além do limite, me foi repetidamente sinalizado por um paciente com o qual era sempre difícil terminar, e que fazia de tudo, muitas vezes conseguindo, para continuar a sessão até por vários minutos, a ponto de algumas vezes ter sido possível terminar somente porque eu saía da sala.

Após essas situações em que *era ele* quem prolongava os nossos encontros, o problema voltava sempre na sessão sob forma de aquecedores que vazavam, motores com óleo queimado porque tinham ficado acesos por muito tempo, mas sem notas particularmente carregadas; ele, porém, sempre sinalizava com tonalidades dramáticas nos sonhos as poucas vezes em que eu havia sido tão invadido pelo seu problema a ponto de não sinalizar no tempo certo o final sessão: eram sonhos de pais bêbados, não confiáveis, fracos, de crianças sem ninguém com quem contar...

Lembro-me ainda de uma paciente que eu detivera por alguns minutos para permitir-lhe terminar um sonho que, na vez seguinte, angustiada, tinha-me dito que temera que seu próprio médico desejasse impor-lhe um "tratamento sanitário obrigatório".[7]

---

7 Tanto são sinalizadas pelo paciente as microfraturas por parte do analista quanto, pelo menos na minha experiência, são toleradas facilmente por par-

Rupturas substanciais

Por rupturas substanciais entendo aqueles casos em que o analista não faz nenhuma mudança formal do *setting*, mas modifica o campo emocional ao trazer uma *condição mental diferente* da habitual. É preciso distinguir situações em que existe uma *diminuição da receptividade*, o que faz com que as identificações projetivas do paciente encontrem menor acolhida e transformação, de situações extremas nas quais pode haver até mesmo uma *inversão do fluxo das identificações projetivas*, situação que não deveria jamais se verificar, mas que pode de fato acontecer. Tratei exaustivamente esse tema em escritos anteriores (Ferro, 1987, 1993f); gostaria agora de propor novamente somente como essas situações podem verificar-se em conexão com momentos particulares da vida mental do analista, ou por situações angustiantes e penosas que está vivendo, ou pela perturbação exercida por um paciente particularmente grave na hora ou nas horas precedentes.

Os pacientes captam imediatamente esse diferente funcionamento mental, sinalizam-no e, às vezes, o assumem.

Não podemos deixar de lembrar uma passagem dos *Seminários italianos* na qual Bion (1983) afirma explicitamente que o paciente sempre sabe o que acontece na mente do analista, e que reconhecer isso é o preço que pagamos ao sermos autenticamente analistas.

O paciente é capaz de "sonhar" o que acontece na mente do analista frequentemente em tempo real, elaborando o clima emocional

---

te do paciente, mesmo por parte dos mais graves, rupturas que eu chamaria de necessidade: como a mudança de consultório; a interrupção da sessão por ocasião de alguma calamidade (no meu caso o desabamento da torre Cívica de Pavia a poucas dezenas de metros do meu consultório); a passagem para o divã; a passagem da sala dos brinquedos para a sala dos adultos em análise, na fase entre infância e adolescência. Todas situações que voltavam naturalmente nas sessões seguintes, mas sem distúrbios particulares.

da sessão por meio da própria função α, e comunicando-o através dos derivados narrativos dos pictogramas da barreira de contato (Bion, 1962; Bezoari & Ferro, 1994b).

Eis algumas modalidades com as quais alguns pacientes responderam a um meu momento de dificuldade em que eu me encontrava profundamente invadido por um paciente psicótico grave.

Marcella

Parece colher imediatamente uma presença estranha na minha mente; de fato, sonha que chega à escola, à sala de aula onde está escrito o seu nome, e a encontra ocupada por uma outra professora com outras crianças. Tem muita dificuldade para liberar a sala.

Naquele momento não me encontro em condições de perceber o significado evidente desse sonho e, ainda ocupado mentalmente pela presença perturbadora do paciente da hora precedente (que, como disse, tem uma severa transferência psicótica), dou uma crível interpretação sem *rêverie*.

Marcella responde "condensando" ali um sonho: "Eu achava a bolsa de uma colega minha, abria-a e dentro havia uma carteira muito bonita, abria-a mas dentro dela não havia nem uma moedinha". Interpreto esse sonho como um comentário à minha interpretação de antes, sentida por Marcella como formalmente perfeita, mas vazia.

Podemos então voltar ao primeiro sonho e captamos nele a preocupação por eu me encontrar indisponível para ela na sua hora, com a mente ocupada por outras presenças.

No dia seguinte Marcella dirá que tinha sido muito difícil para ela vir, "fora havia frio e chuva e tinha medo de enfrentá-los", e traz um sonho: "havia um passarinho, um dos meus, que estava doente, eu o reanimava, mas bastava que me afastasse para que ele ficasse doente de novo; isso me lembra um outro sonho em que o mesmo passarinho estava com uma patinha machucada e não podia apoiá--la, na realidade eu é que o tinha machucado, enquanto procurava dar-lhe de comer".

Penso que seja o temor de danos causados pela paciente ao analista, que na história é a mãe, muito deprimida, na qual a paciente menina temia não poder apoiar-se, ao contrário, tinha que cuidar dela; mas me pergunto se é por acaso que essas vivências emocionais aparecem num momento de uma menor presença mental de minha parte, "por dano" causado por um outro paciente, que faz com que Marcella tema não encontrar uma mente-casa que possa abrigá-la das próprias tempestades e faz com que ela tema ser a responsável pelo meu "dano mental" (na história, os danos infligidos à mãe pelo irmão da paciente – parte da paciente –, psicótico grave?), e a faz pensar que deve ser ela mesma, invertendo a relação, que deve tomar conta do analista, das interpretações claudicantes como o passarinho do sonho.

Mas aqui também não terá havido uma inversão do fluxo, para que a paciente pudesse, uma vez mais, sonhar por mim? Talvez nessa sequência esteja todo o espectro do problema: das identificações projetivas invertidas, problema, pois, do analista, até a possibilidade de *rêverie* do analista, que toma para si o problema da paciente e o retransmite elaborado.

Marta

Começa a sessão com um sonho no qual bichinhos escuros, lagartas processionárias,[8] devoravam uma casa, depois fala de sexo de forma muito sensual, depois de pornografia. Eu não entendo. Até que me ponho a refletir sobre a sequência das últimas sessões; na

---

8 Processionárias são lepdópteros noturnos que, ao se deslocar, organizam-se em uma fila contínua; são muito vorazes e produzem graves danos aos bosques.

antepenúltima, na metade da sessão, eu tinha desaparecido do horizonte emocional da paciente, porque alguma coisa que me dissera ativara uma minha violenta emoção em relação a um paciente psicótico pelo qual eu me sentia muito "parasitado" naquele período.

Em seguida, a paciente me falava de uma sala de reanimação, e a sensualidade antes e a pornografia depois, creio que fossem meios drásticos para recuperar o meu contato com ela, como manobras "heroicas" quando se teme que tudo esteja perdido; o sonho era a chave para compreender o temor de que a minha mente não estivesse mais disponível, porque "devorada" por outros pensamentos que a desorganizavam como continente para a paciente (o paciente mencionado, nesse meio-tempo, representava num sonho esse ataque e desorganização do continente; o irmão – parte psicótica – atacava e destruía um recipiente com água misturada com antiparasitário que os camponeses usavam para defender as vinhas). Assim, o "parasita" pode me invadir e impedir que eu esteja disponível para a paciente, invadida, por sua vez, pelas "processionárias".

Mas, uma vez que tomo consciência de tudo isso, é retomada a relação com a paciente; e esse material, estritamente de transferência, encontrará também organização na história de Marta, na qual esse sonho será revisitado à luz do seguinte (no qual teme que a mãe, que trabalha em residências de particulares, possa, em encontros, gerar muitos filhos) e na qual se esclarecerá também o ciúme pelas processionárias: os irmãos nascidos em fila, um depois do outro, que lhe roubavam o continente materno.

Mas o parasita tinha feito essa longa viagem do paciente até mim; de mim a Marta e desta, por meio do sonho, a mim, à nossa relação, mas também à sua história e ao seu mundo interno, sendo o "parasita", naturalmente, também uma parte cindida de Marta.

Interpretações evacuativas

Este tema é bem discutido por Manfredi Turillazzi (1994a), a qual ressalta como a interpretação pode ser uma atuação. Gostaria aqui de fornecer um breve exemplo clínico em vez de discutir o tema, já conhecido.

Marcella é uma paciente muito atenta; estamos num período em que também as suas partes mais sofredoras e primitivas estão entrando em análise, as cisões estão sendo recuperadas, o irmão psicótico e o terapeuta do irmão, verdadeiros duplos da paciente e do analista, já vivem na sessão. A um sonho, que talvez também toque algo de meu do qual não quero saber naquele momento, dou uma interpretação superficial, "conhecida" demais, que teria funcionado anos antes, sem captar o quanto de vivo e de novo havia, depois procuro remediar...

Na sessão seguinte, a paciente me conta, com muito sofrimento, um episódio ocorrido na escola: a colega que trabalha com ela precisou se ausentar repentinamente porque o menino que estava segurando de repente havia feito cocô nas calças. A paciente ficou sozinha e, sem que ela percebesse, uma menina muito pequena e perturbada começou a bagunçar e a comer no seu prato, fazendo com que ela, por causa da sua aversão, ficasse impossibilitada de comer.

No dia seguinte, na escola, bastou ver as duas crianças para sentir aversão de novo, a mesma que experimentara ao vir à sessão. Não posso interpretar de outro modo, senão que sentira a interpretação do sonho como uma minha incapacidade de pensar suficientemente no que me dissera e como um não saber me conter; é lógico que eu percebera depois, mas enquanto procurava remediar, como fizera a colega com o menino incontinente, ela se encontrara

276 APÊNDICE. OS QUADRANTES DO *SETTING*

sozinha e, assim, perto demais, não suficientemente distinta da própria parte mais necessitada e perturbada.

Naturalmente, se olharmos numa ótica de campo, existem muitos pontos em comum entre rupturas formais e rupturas substanciais: a impregnação e o mau funcionamento mental do analista, além de uma certa medida (por qualquer motivação determinada), não podem deixar de causar também uma ruptura formal do *setting*, com todas as suas consequências. O importante é ter a capacidade e a paciência de recuperar o que foi perturbador, indigerível, daninho, para chegar a novas possibilidades de transformação e de pensabilidade.

Imagens fornecidas pelo analista

Segundo alguns modelos (os pré-campo), a introdução de imagens por parte do analista na tecedura da sessão constituiria uma infração de *setting* por parte deste e uma falta de neutralidade. Com Bion, esse ponto de vista cai pelo menos por duas razões: a primeira é que, não importa como o analista se coloque (Alvarez, 1985; Saraval, 1985; Renik, 1993; Berti & Ceroni, 1993) – mesmo do modo mais neutro –, ele entrará de qualquer maneira no campo, e a sua entrada "em cinza" não é menos significativa do que uma sua entrada em outras cores. Em segundo lugar, porque a imagem visual que o analista usa – sempre, naturalmente, que seja fruto de *rêverie* em sessão – é a contribuição mais significativa e mais transformadora que possa dar à construção da sessão, operando na fileira "C" da grade, realizando plenamente, junto com a extensão no terreno do sentido e da paixão, aquela extensão no terreno do mito de que nos fala Bion em *Os elementos da psicanálise* (1963).[9]

---

9 Bion diz literalmente: "Quando o analista interpreta, é possível, para o analista e para o analisando, perceberem que ele fala de algo audível, visível, palpável

Haveria também um terceiro motivo: já não é possível pensar o analista como alguém que decodifica o texto do paciente, fornecendo às escondidas uma conta paralela sobre os significados, mas como um coautor do tecido narrativo que é construído em sessão com a contribuição criativa de ambos.

A imagem – falo somente e sempre de imagem fruto de *rêverie* em sessão – torna-se o fato por excelência, o organizador que permite definir uma nova *Gestalt*, delinear uma nova configuração do campo rumo a uma "extensão" deste, com uma contínua possibilidade de ressignificação.

---

ou cheiroso no momento. [...] Suponhamos que o paciente esteja irritado. Mais sentido se empresta a uma formulação com este fim acrescentando-se que a sua irritação se assemelha à do 'menino que quer bater na babá porque o chamaram de desobediente' [...] [isto é] asseveração do mito pessoal [...] a paixão evidencia que duas mentes se ligaram e que, para haver paixão, não se poderá talvez contar com menos que duas mentes".

Posfácio

Dina Vallino Macciò

Tentar explicar este livro de Antonino Ferro não é nada fácil: é um livro que produz um certo sofrimento, e somente mais tarde se entenderá que é o sofrimento do compreender passando através de si mesmo.

Ninguém pode esperar compreender o outro, que seja um livro, um amigo, o próprio *partner*, o próprio paciente, sem antes passar por si mesmo e pelos próprios enredos interiores.

Esta é a filosofia da *sala de análise*, lugar onde se encontram analista e paciente e falam da vida do paciente, das suas lembranças, de imagens, memórias, afetos, dos seus sonhos e de outras coisas... de histórias. E o analista? O que faz o analista na sala de análise? O livro nos leva para dentro dessa sala e nos mostra o analista trabalhando. Os vértices de observação por meio dos quais olha, ouve e responde aos seus pacientes são muitos, por isso passam diante de nós uma multidão de pacientes. Antonino Ferro tem uma vasta experiência clínica com adultos e também com crianças, e a transmite no seu livro, mas, sobretudo, transmite no seu livro a vitalidade dos problemas que são os problemas das emoções da vida quotidiana. Os seus pacientes são pessoas comuns, mas ele não exclui da descrição comportamentos que colocam uma série de questões ao analista.

Cem anos de psicanálise produziram uma mudança na sala de análise; Ferro a descreve e nos faz ver o analista que ele sente ser, mostra-nos o analista não como este se apresenta publicamente, mas como realmente se movimenta com os seus pacientes.

Ninguém pode passar pela compreensão do outro se não passar através de si mesmo; não há observação possível do objeto que o salve da observação de si mesmo. Se você não passar por você mesmo, não poderá compreender nem o outro. Isso quer dizer passar pela própria turbulência emocional, o próprio tédio, raiva, desgosto; passar pelas próprias debilidades, pelas ideias hilariantes. E se se aceita tudo isso, têm-se sinalizações sobre o outro, espécies de sensores se acendem e recebem a comunicação do outro na sua integridade; pode-se restituir ao outro algo de significativo, e o outro pode compreender a si mesmo porque você lhe passou uma experiência viva, que é mentalmente real.

Modelo de campo psicanalítico

Na área psicanalítica italiana, e me refiro em particular ao Centro Milanês de Psicanálise, que conheço bem, percebeu-se há anos que o compartilhar da experiência do paciente como centro organizador da vida mental, e, portanto, a atenção ao paciente e às suas comunicações, muda radicalmente o modo de intervir dos analistas, induzindo-os a interessar-se também pela própria contratransferência.

Muitos de nós, quando o trabalho analítico começou a colocar no centro da atenção dos analistas o desenvolvimento do pensamento (muito importante na análise das crianças e dos adolescentes), sentiram a urgência da abertura de novas estradas. Trabalhos como *A fábula da mão verde* (Di Chiara, 1983), *Duas pessoas falam numa sala* (Nissim, 1984), *Do gêmeo imaginário ao amigo secreto* (Gaburri, 1986), *O mundo pelo avesso* (Ferro, 1985) já nos tinham permitido entrever, simultaneamente, o lado do paciente e o do analista, que nos modelos anteriores permanecia sempre obscuro ou na sombra.

Com a ajuda do modelo de campo analítico dos Baranger e das teorias de Bion sobre o pensamento, este livro de Antonino Ferro constitui uma evolução da pesquisa italiana sobre o campo emocional. E veremos por quê. É retomada, em vários pontos, a ideia de Bion de que o pensar é uma função nova da matéria viva, no ápice de complexas interações que implicam um trabalho das mentes. Trata-se de transformar em pensamentos elementos concretos pouco representáveis (de β a α), mas, sobretudo, de desenvolver um aparelho para pensar os pensamentos do qual o paciente não dispõe, e não somente nos casos de pacientes em muito sofrimento ou confusos ou de crianças. Pode-se intuir que os psicanalistas estão empenhados não só com a elaboração do recalcamento, como o primeiro Freud, ou com a superação da fragmentação dos núcleos psicóticos, como para Klein, mas também com os pacientes que não toleram sentir porque não dispõem de um lugar aparelhado para conter emoções sem significado para eles. Alguns pacientes não sabem o que sentem. Isso é inconsciente, mas nunca foi recalcado.

É o modelo de campo emocional que permite focalizar a atenção sobre dois sujeitos inconscientes: a dupla analista-paciente. Ferro coloca o modelo de campo dos Baranger e de Mom como inspirador da sua pesquisa. A partir do trabalho de Klein a respeito de identificação projetiva-introjetiva, e com a definição de Winnicott de identificação cruzada, nenhum analista pode mais deixar de ocupar-se do jogo cruzado das identificações. As fantasias de dupla estão presentes desde a primeira entrevista do paciente com aquele analista e passo a passo predispõem o húmus mental que permitirá que os dois se entendam; quando o pensamento do paciente estiver pouco presente, caberá ao analista prover com a sua permeabilidade as identificações projetivas do paciente.

A rica produção de exemplos deste livro, que nos introduz à intensa prática clínica do autor, permite um estudo cuidadoso da identificação cruzada e, portanto, adentrar-se ao vivo na interação analítica antes que um pensamento verbal da dupla seja desenvolvido e apresentado.

A situação clínica como campo analítico é há muito tempo frequentada pelos psicanalistas italianos: foi dedicado ao campo analítico o Congresso Nacional da Sociedade Psicanalítica Italiana (SPI) de 1994. Antonino Ferro, que levou ao exame crítico dos colegas os seus trabalhos, alguns dos quais desenvolvidos em colaboração com Bezoari e Barale, encontrou um grupo de interlocutores interessado na discussão das suas inovações técnicas.

Em numerosos exemplos o livro nos mostra a realidade do analista enquanto trabalha, mas também as "regras" que ele, por assim dizer, declina a fim de oferecer aos outros analistas, no trabalho deles com os pacientes, uma situação útil para conter ambas as mentes.

A novidade no trabalho de Ferro consiste em ter enfatizado com força que uma compreensão do paciente pode produzir-se se o analista não somente estiver profundamente interessado na pessoa do analisando, mas se também for envolvido, turbado pelas emoções que circulam na sessão.

O leitor é tomado pela pergunta: mas como um analista pode ter distúrbios de pensamento?

Penso que esse paradigma introduz na história da psicanálise um percurso absolutamente inovador, porque o analista toma para si aquela patologia que deve curar e que começa a circular na sua mente.

Contratransferência

Essa coragem do analista de vir ao encontro da própria patologia não é a problemática da contratransferência? Mas não é a técnica do uso da contratransferência enormemente ampliada, dilatada e aprofundada? Por que Ferro não cita praticamente nunca a contratransferência, mas fala do campo? O modelo da contratransferência não é uma novidade no movimento psicanalítico: Racker, teórico da contratransferência, foi também o precursor do modelo de campo, mas nunca se tinha entrado numa descrição tão aprofundada de como essa patologia se espelha no analista e como é importante a responsabilidade do analista ao mudar as condições de impedimento do pensamento de dupla e ao desencalhar, antes mesmo do paciente, a si mesmo.

Por que então Ferro fala do campo e não usa a palavra contratransferência, que contém todos os elementos de vivência do analista? Creio que a preferência concedida ao modelo de campo esteja ligada ao conceito de identificações cruzadas. Talvez a contratransferência nos faça pensar somente na personalidade do analista que reage com todo o seu mundo interno, e não no fato de que isso se produz na atualidade da sessão.

Provavelmente a contratransferência está estreitamente ligada a uma psicologia unipessoal: há a transferência do paciente para o analista e a contratransferência do analista para o paciente, mas são relações que se referem a cada um por si.

Naturalmente, o livro de Ferro nos mostra o autor trabalhando sobretudo durante as fases da turbulência emocional, mas são mostradas também todas as regras que é necessário introduzir durante esse esforço para transformar, junto com o paciente, o envolvimento turbulento num processo psicanalítico que seja construtivo e possivelmente criativo. Por isso, é indicado um grande número de transformações psicanalíticas necessárias para obter desses distúrbios e dessas turbulências, dessa ausência de pensamento, um percurso que vá em direção à compreensão mútua na experiência analítica.

Se os sonhos estão ausentes, se a dramatização é impossível para o paciente em função da fragmentação do seu pensamento, ele poderia não estar em contato nem com o que sente nem com o que pensa. O que faz o analista? E se o analista, numa primeira fase, é invadido pela emotividade da situação, o que faz?

Eis um exemplo emblemático e divertido: um paciente que aos olhos do analista parece por vezes tedioso e conformista, por vezes um selvagem, coloca-se na situação analítica com longos silêncios que produzem no analista tédio e sonolência. Numa noite de inverno, durante uma sessão, um temporal provoca um improviso blecaute e o consultório fica no escuro; produz-se no analista um terror indizível, como se o paciente pudesse de repente saltar em cima dele, matá-lo e esquartejá-lo. O paciente não revela nenhuma mudança. Mais tarde, o analista nota que o paciente usa um boné basco, completamente inadequado ao seu modo de se vestir, e um dia que o boné cai, o analista acaba recolhendo-o do chão. Naquele momento, o analista pensa que é justamente o basco que é necessário colher. Sobre esse tema entra em cena um personagem, Basco, a independência dos bascos, o terrorismo basco e um conjunto de identificações projetivas que tinham ficado enterradas por muito tempo na mente do analista, até que a permeabilidade a essas protoemoções lhe permitiu que, antes de pensá-las, as vivesse ele mesmo, numa interação profunda com o paciente que reativa a possibilidade de uma narração.

O que aconteceu? O caminho para atingir o paciente é a tomada direta com as próprias emoções e distúrbios também do pensamento, o que Ferro chama as micropsicoses de contratransferência, que estranhamente são reabilitadas na fase de precursores do pensar.

É uma forma de o analista entrar em contato mais rapidamente? Encontra assim uma chave para estabelecer um contato com as partes cindidas, e a chave frequentemente é uma palavra ou um gesto, um sonho que é sinalizado ao paciente, o qual, olhando-o de novo por meio da sinalização do analista, reencontra a emoção que depositara no personagem e é capaz então de reconhecer as suas partes cindidas. O paciente pode não saber de sentir ou de ter provocado no analista os aspectos que agora descobre com prazer e que não sabia que tinha. O que não se sabia que se tinha nunca havia sido pensado.

Personagens

Peça central do modelo de campo de Ferro é a teoria do personagem: o paciente se cinde, separa-se das suas emoções que não sabe reconhecer como tais e as faz representar por um embaixador que é um personagem. Obviamente, Klein já tinha encontrado nas personificações do jogo infantil a base desses aspectos; a teorização de Ferro vai adiante não só porque levou até as últimas consequências o conceito de personificação de Klein, mas porque extrai não só da

286 POSFÁCIO

psicanálise, mas também da literatura, da cinematografia, da narratologia, a ideia de que o analisando que usou o personagem porque não tinha nomes para as próprias emoções a um certo ponto acha o modo de vir a ser o protagonista das suas ideias e emoções.

Em cada exemplo clínico pode ser encontrada a trama da narração e dos personagens, que são a peça central e original da teoria da técnica de Ferro; teoria que reflete a sua experiência de analista de crianças e de adultos graves. Os pacientes colocam em cena, no campo analítico, as próprias vivências e estados de ânimo antes que possam reconhecê-los e acolhê-los como vivências e sentimentos próprios; o analista, por meio do seu trabalho contratransferencial, acompanha delicadamente as personificações do paciente até que ele possa superar as suas cisões e anestesias mentais e recuperar as partes de si emocionais abandonadas na história.

Uma "Senhora", que entra continuamente nas associações do paciente, é identificada pelo analista como um "*S'ignora*", ou seja, um contínuo ignorar por parte do paciente dos sentimentos que as comunicações do analista ativam nele.

Mas há uma operação mais difícil que precede esta de reencontrar as coisas, as memórias, as emoções que se ignorava ter: há também as emoções novas. A análise de Ferro força o surgimento de algo novo que não existia antes e que começa a existir.

Assim como para Freud o caminho por excelência para o inconsciente é o sonho, as associações livres, o lapso, os atos falhos, e para Klein é o jogo, Ferro elaborou um novo caminho, um percurso adequado sobretudo a certos pacientes aos quais não se consegue chegar de outro modo, e a certas fases impercorríveis da análise.

O analista deve passar por si mesmo e pelos próprios sonhos de contratransferência, pelos próprios medos, pelo sentimento de impotência, pelos ataques de cólera, pelo sentir-se conturbado ou sonolento; essa passagem é o caminho que Ferro destaca, que significa que enquanto o paciente está na sala de análise, e vive ou não vive determinadas coisas, o analista as vive também. Nessa primeira fase da elaboração mental, o analista é propriamente e profundamente vítima das identificações projetivas do paciente: esse é o aspecto que mais dá sofrimento ao analista e exprime o alto risco do trabalho analítico, que pode incidir também sobre a saúde física e mental do analista. Muitos analistas o dizem e o sabem, mas não se descreveu a fundo até que ponto a compreensão do paciente requer, em muitas situações, pagar um preço tão elevado.

Portanto, o analista é vítima? O analista não pode se permitir permanecer vítima da identificação projetiva do paciente, mas algumas vezes não pode entender se não estiver dentro das projeções, até que consiga desvencilhar-se delas, e somente então poderá desencalhar também o paciente. O caminho através de si mesmo é o que se toma quando falta a elaboração mínima das emoções, faltando então os sonhos, quando há o silêncio na comunicação e se pede ao analista que faça um trabalho quase em suplência do paciente até que consiga passar-lhe tal trabalho. O paciente sinaliza constantemente ao analista a oscilação das emoções de dupla e das fantasias inconscientes.

O outro aspecto da teoria dos personagens é o holograma afetivo: deste pode-se dizer que é para o paciente como a narração sincrética do modo como o paciente vê o analista de um ponto de vista desconhecido. Não posso entrar nos detalhes da complexidade desse trabalho mental que corresponde à técnica de Ferro, que deve ser meditada junto com os exemplos clínicos. Posso dizer somente que é evidente que o analista, aproveitando de vários modos e até o fundo as características do deslocamento, da condensação, da substituição da realidade externa pela interna, que – como se sabe – fazem parte da lógica do inconsciente, permite-se restituir ao paciente um significado possível tanto da sua história quanto da posição afetiva da dupla analítica. Com a escuta de todas as comunicações do campo, o analista encontra aquelas que permitem organizar novos percursos de pensamento: uma possibilidade da análise dada ao paciente para que possa se "desencalhar" de impedimentos comunicativos. Ferro demonstra extensamente que um dos núcleos fundamentais da psicanálise, desde o Freud dos sonhos e dos lapsos, e que foi o principal objeto de reflexão de Matte Blanco, é que na prática psicanalítica se entrelaçam duas lógicas, a lógica do inconsciente (lógica simétrica) e a logica aristotélica (lógica assimétrica).

Lógica do inconsciente

Comecemos com um exemplo: por meio de Daniela, uma mocinha conhecida durante uma internação hospitalar, Carla, que sofria de ataques de pânico, conta ao analista a forma como ela mesma entrava em contato com o seu pânico e o terror. E esse "modo simétrico" de se exprimir permite à paciente sentir-se realmente como Daniela, mas essa modalidade não poderia ajudá-la a sair do pânico se não tivesse encontrado uma "chave de Ferro" para explorar os seus subterrâneos. A verdade catastrófica sobre si é aliviada, na paciente, pela posição de decodificação que o analista faz do objeto mental "chave de Ferro", de modo a oferecer à paciente um significado novo da sua transformação em Daniela-subterrâneo.

Enquanto no caso "Senhora-S'ignora" o analista trabalha prevalentemente sobre o deslocamento e sobre a condensação, no caso "Carla-Daniela-chave de Ferro" o analista identifica com o personagem Daniela a angústia catastrófica da sua paciente e, com a chave da interpretação, ajuda-a a decodificar e retornar a uma lógica que abandona as equivalências de identidade e respeita o princípio de não contradição: Carla não é Daniela.

Não se trata de aplicar regras lógicas: fazem parte consistente desse modo de enfrentar a experiência analítica um profundo contato do analista consigo mesmo e uma intimidade afetiva com o paciente.

O trabalho mental não diz respeito somente ao paciente, mas também ao analista que se ocupa dele, e não é só porque o paciente necessita ser ajudado a entender e transformar as suas angústias, mas também porque o analista necessita ser ajudado pelo paciente ao ativar as transformações.

O analista, em vez de estar alerta para entender e interpretar, espera que aconteça alguma coisa que lhe torne possível, por meio de um fragmento, de um gesto, de uma palavra, de um *acting*, enfim, de um fato aparentemente sem influência mas que adquire uma improvisa importância, iluminar a situação emocional do paciente e a sua própria.

Impasse

Na nova versão de campo, Ferro se ocupa detalhadamente da identificação cruzada e de como ela pode ser elaborada.

São estudados os confins da compatibilidade das identificações cruzadas, ou seja, "identificações projetivas, entendidas de modo forte e relacional, que permitam no seu jogo cruzado uma troca contínua de elementos emocionais". As microrrupturas da comunicação em análise e o impasse que bloqueia o processo analítico são experiências nas quais as identificações projetivas do paciente e do analista, em vez de constituir uma troca de elementos emocionais que torne possível a compreensão, definem os limites da incompatibilidade e o criar-se de baluartes: por exemplo, a identificação introjetiva com o analista pode subtrair experiência emocional em vez de acrescentá-la; as interpretações do analista podem causar no paciente, jovem médico, um elevado custo emocional, ele se retira e durante certo tempo não traz sonhos, o analista não consegue encontrar significado na comunicação. Por meio do material da "plumbemia" de um paciente do analisando, o analista capta o excesso dos seus "golpes interpretativos" e ambos conseguem sair da microfratura da comunicação.

O trânsito das protoemoções do paciente na mente do analista é sinalizado continuamente pelo paciente se o analista não penetra na intimidade do encontro e não exprime uma profunda disponibilidade para as suas angústias.

Uma paciente pode sonhar com um lugar com pouco espaço onde "privadas estavam todas em fila, mas sem divisões, e numa salinha separada faltava o próprio vaso, e se puxasse a descarga, o chão se alagaria". Mas aqui se trata de um sonho, isto é, de uma posição já elaboradora do paciente, enquanto pode existir por parte do paciente uma sinalização sobre como o analista se afasta e não se torna disponível com uma comunicação que usa a mesma organização do sonho: ou então o paciente pode falar de "apartamentos", e o analista entende que se está falando de um "apartamento" do analista, ou seja, de um seu distanciamento.

A indeterminação do campo (ou não saturação) que Ferro rigorosamente requer é a paciência do analista para não forçar as suas intervenções com decodificações apressadas, antes de ter compreendido qual é o significado preestabelecido pelo paciente e, portanto, de ter respeitado o texto da sua comunicação. Somente então o analista aprende a transitar sobre zonas ainda escuras e cegas da sua mente e da relação com o paciente e pode também deixar de lado o sentido manifesto da comunicação para reencontrar um novo sentido válido para dois, algo que tenha saído da dupla. Podemos contar, insiste Ferro, com a capacidade de viver com paciência situações aparentemente bloqueadas, reconhecendo que sob elas existe um esforço das duas mentes para metabolizar angústias intensas demais.

Não simetria

O trabalho da dupla envolve bastante sofrimento mental para o analista: pela renúncia a decodificações rápidas, por trabalhar no escuro, na capacidade negativa, sem no entanto renunciar às regras que evitem que a relação analítica se torne uma relação simétrica.

O campo analítico, em sentido integralmente psicanalítico, é também uma sucessão de encontros entre inconsciente do analisando e inconsciente do analista. Ferro nos faz ver a identificação entre o analista e o analisando enquanto esta se realiza, como o Paciente se torna o analista e o Analista se torna o paciente. Mas a relação analítica não é uma relação simétrica, não pode ser confusional se deve curar. Quando há "simétrica identificação" (eu sou você), desaparece a distância e a diferenciação. Na relação analítica, a simetria deve ser superada por meio da transformação narrativa, na qual o estatuto emocional profundo da dupla pede para ser narrado mediante os personagens e para ser compartilhado mediante uma história. A audácia das inovações de Ferro está primeiro em postular a simetria da situação como o fundamento dos fatos mentais do campo analítico (o que acontece ao paciente, cedo ou tarde acontecerá ao analista), depois em indicar vários caminhos para a transformação de tudo isso em emoções, afetos e pensamentos da dupla enquanto trabalha.

A função decodificadora da interpretação atribui à lógica clássica um lugar relevante dentro de uma construção mental em que o todo e as partes se misturam e se confundem segundo uma simetrização.

No sonho de Carla, no qual das fendas de uma sala saem monstros, o analista percebe o temor de que "uma fenda de silêncio" do analista tenha feito com que a paciente se sentisse não acolhida, rejeitada. Naturalmente, é importante a elaboração mental que o analista faz da sua vivência, mas também a restituição em termos de decodificação interpretativa que insere a simetria silêncio-fenda-monstro numa sequência lógica nova, que elimina pânico e reativa os afetos infantis.

O que o paciente não pode fazer, por exemplo dar nome às suas emoções, o analista tenta fazer, revelando com isso o quanto as operações cognitivas passam por uma disponibilidade afetiva: trata-se de encontrar no diálogo uma oscilação contínua entre dois modos de comunicar que à primeira vista parecem incompatíveis, mas que coexistem e se manifestam na dupla analítica.

Naturalmente, existe sempre o risco de uma incompatibilidade na comunicação que obstrui o jogo cruzado das emoções: quando Mariella fala do dentinho quebrado da chave e da terrível briga com o marido a respeito do pai dela, proprietário de terras que fez uma doação, o analista compreende que o seu "dom" foi vivido pela paciente como algo que o analista fez sobretudo para si, e não para ela. Por intermédio do "sentir romperem-se-lhe os dentinhos", a paciente percebeu um ataque à própria criatividade por parte das interpretações do analista.

O campo analítico, como Ferro o concebe, tem como potencialidade restabelecer seja um contato emocional com o paciente, seja distâncias quando a experiência for de aglutinação e fusão. Perguntamo-nos de onde provém a capacidade do autor de introduzir ao mesmo tempo movimento e mudança. Uma lei de economia interna do analista domina a sua pesquisa dos dois níveis de comunicação, um superficial, terrivelmente sem espessura, e outro, veiculado por identificações projetivas que têm a faculdade de desconectar os pensamentos e de colocá-los em contato com a existência de emoções recalcadas, cindidas, impensáveis, e, de qualquer forma, de um primitivismo absoluto, que "são amordaçadas pelo tédio". Esses níveis avisam o analista do que acontece ao paciente por meio de sinalizações daquilo que acontece dentro de si.

A ideia central de todo o livro é que não somente devemos entrar na sala de análise, mas devemos permanecer vinculados à ideia de que os psicanalistas se ocupam somente de fatos mentais e das narrações que o paciente pode dar a respeito destes em contato com a sua verdade emocional, e que a mente do analista se empenha em captar todo esse esforço emocional para permitir ao seu paciente as transformações que ele não é capaz de tolerar.

A lição deste texto é que um operar integralmente psicanalítico explora a fundo as potencialidades do inconsciente com uma linguagem que permita entrelaçar emoções e interações lógicas. Numa cultura científica que coloca facilmente as imagens de lado para aprofundar questões de método, podemos avaliar e apreciar como as imagens psicanalíticas nascidas no pleno contexto da sessão analítica de Ferro assumem para ele e para nós, leitores, um valor ordenador.

Seria mais representativo definir as experiências que Ferro descreve como orientadas numa linha vetorial dirigida para o não definido e cujo desenvolvimento não se pode prever a todo momento, contrariamente ao que o paradigma explicativo sustentado pela epistemologia das ciências naturais requeria à psicanálise: ser preditiva.

294 POSFÁCIO

Isso implica também uma revisão dos conceitos psicanalíticos de sexualidade e agressividade, que são estudadas como expressões de vida mental ou protomental.

Agressividade

Buscando referência no modelo bioniano do pensamento, que prevê uma necessidade de transformação na dupla dos elementos sensoriais e protomentais, também a versão clássica da agressividade equiparada à destrutividade é modificada.

Refiro-me ao modo como Ferro trata o mal que passa por tantas situações clínicas: são tantos os momentos em que o analista sente violência, desconforto, sono, medo. Tratando da agressividade, Ferro fala dela não como de um monstro a ser destruído e aniquilado, mas como alguma coisa para a qual o paciente ainda não encontrou, na própria mente, um lugar adequado. Ferro enfrenta a agressividade na situação analítica: é de todo modo uma experiência do analisando da qual devemos nos aproximar com compaixão e leveza. Lembrou-me os versos dedicados a Perseu nas *Metamorfoses* de Ovídio, quando ele delicadamente deposita a cabeça da Medusa sobre a areia e, para que não se estrague com a areia, prepara-lhe um montinho de algas do qual nascerá o coral. Que o analista use uma leveza como a de Perseu: embora buscando a captura do monstro, não arruíne o que pertence ao paciente, o que ele tenta manter a distância personificando nos personagens, no gêmeo imaginário, no amigo secreto. Essas configurações fazem compreender o quanto a luta contra a violência dos próprios sentimentos é dolorosa para o paciente e a culpabilização que dela deriva, e como é importante que o analista leve em conta tudo isso. Como o analista pode buscar esse movimento de livrar o paciente da Górgona da agressividade, sem danificar a cabeça do monstro, mas permitindo que do seu gesto de depositá-la na praia da análise nasçam ideias criativas? Como neste exemplo: antes das férias de verão, o paciente se lamenta dolorosamente e se torna cada vez mais furioso: "Para mim acabou, ontem parei de comer e não posso mais trabalhar, esta terapia fracassou, você errou o tratamento". A sessão prossegue com um crescendo de violência por parte do paciente: "Mato todos, agora lhe quebro a cara", e dá um terrível murro na mesa. E o analista pensa: "Está para saltar em cima de mim; sinto-me já ensanguentado e espancado; tenho medo, dificuldade de respirar, tremo; permaneço imóvel e impassível...". O paciente torna-se cada vez mais ameaçador, até que o analista decide lhe dizer, com muito tato, que ele pensa que o analista continua a vê-lo por medo, e é por isso que não se sente tratado.

Ao nomear a experiência de raiva que circula no campo analítico, o analista dá ao paciente a ocasião para aprender com o analista e lhe oferece uma evidência *ao vivo* de como se faz para conter e transformar as quotas de emoções violentas e agressivas demais.

Medo

Algumas observações originais sobre o pensar, que são romanceadas por Bion em *Memória do futuro*, são declinadas por Ferro quando este desenvolve a ideia de que o pensar, função nova da matéria viva, no ápice de complexas operações que implicam um grande esforço das mentes, pode fazer com que o animal homem se sinta perseguido: pela própria mente e pelos pensamentos a ela ligados. Por parte do analista Ferro há um olhar com coragem que a própria mente corre risco. A coragem é de apresentar uma série de histórias ou de esboços de histórias não terminadas dos seus casos, indicando o quanto o analista corre continuamente o risco de entender mal, de perturbar o paciente, ou então de acolhê-lo. O leitor poderá sentir quão íntimos, intensos e sofisticados poderão ser os níveis de comunicação na dupla se o analista for capaz de colher e de trabalhar as próprias turbulências mentais.

Uma inspiração para as transformações narrativas ("O narrador e o medo"), que Ferro coloca no centro das atividades de narração que a dupla se permite em sessão, é o sentimento de medo. É o medo que faz nascer a necessidade de narrar para transformar o próprio medo. A vasta experiência com pacientes que Ferro tem, e o trabalho com pacientes crianças e pacientes graves, levaram-no certamente a observar o quanto a criança, quando entra na sala de análise, sente um tremendo terror, e a focalizar essa experiência pré-mental como inspiradora de uma necessidade de transformação. Ele diz até que é talvez o medo que tenha necessidade da narração. A narração corresponde a uma necessidade basilar da espécie como resposta justamente ao medo e ao terror em relação a algo de mais primitivo, anterior ao recalcado. Para Ferro, diferentemente de Freud, o medo não está ligado ao recalcado, mas está ligado ao fato de não estarmos suficientemente preparados para enfrentar experiências emocionais muito intensas. Esse conceito da narração, que transforma o medo, amplia e desenvolve em sentido criativo o modelo kleiniano colocando no centro o medo e somente depois a agressividade, que não tem ainda condições de ser elaborada, contida: o binômio medo-agressividade é invertido no uso clínico.

Já que se colocou o medo ao centro, sentiu-se a necessidade de bonificá-lo, de tranquilizar a mente. E se falamos da necessidade de tranquilizar a mente da criança é porque se pensa que a mente da criança não se tranquiliza sobrepondo novas ideias, mas sendo ajudada a procurar as suas próprias ideias e experiências.

Naturalmente, esse conceito tem fecundidade também no campo dos adultos, pois a criança, no adulto que tem medo, teme ser morta, matar, ser confundida, e existe aqui uma gama de terrores que nos casos clínicos nos mostram com evidência a falta de um pensamento que acompanhe e contenha.

Segundo Freud, o perturbador é algo de recalcado que tem uma familiaridade com o paciente e, portanto, lhe dá medo. Mas há outras situações: para Ferro, o narrador não evoca o medo. Ferro se une a temáticas que precedem a repressão, quando alguma coisa de emocional, sensorial, ainda não foi recalcado, mas espera encontrar pensabilidade. A crise do mental é de não achar palavras para exprimir um pensamento. Para dar uma resposta aos próprios medos, o paciente fica contente com a narração que os muda: o mesmo medo ativa as histórias, que, em vez de sintoma, tornam-se justamente histórias. O medo é o promotor da história.

O medo em si mesmo, como impulso passional e primordial, evoca no analista uma necessidade de saída, de crescimento, de desenvolvimento, de ordem, de tranquilidade, de beleza. Isso pode ser visto claramente nas crianças em análise quando são ajudadas pelo analista a contar histórias, contos de fadas. E eu acrescentaria que não somente as crianças têm medo de um encontro novo (os pesadelos descritos pelo estranho-analista), mas há alguma outra coisa escondida num canto da mente: um fulgor de beleza que não se consegue alcançar, mas se busca. Teme-se que ninguém, mas ninguém mesmo, será capaz de alcançar a alvorada da mente. A criança ama a claridade do dia, e os seus distúrbios são muitas vezes acompanhados de pesadelos noturnos. Uma função muito importante do analista é uma função, diria eu, diurna: a narração em si não pode valer-se do terror sem nome, deve poder dar ao paciente o gosto, a diversão do tempo, do espaço, do ambiente, e também produzir nele movimentos de participação e de alegria.

Obra aberta

O conceito de campo já tem uma sua história, como Ferro bem esclarece, mas o modelo de campo é um pouco definido demais, enquanto para o autor é mais um vetor que se desloca em direção ao indefinido, cujo desenvolvimento não se pode conhecer no momento dado. No modelo de campo, procura-se uma área e um perímetro de delimitação. Delimitações espaço-temporais: Ferro fala sempre do aqui e agora da sessão. Mas, estando no aqui e agora da sessão, nós não conhecemos não só o futuro próximo, mas nem mesmo o passado. Ferro fala de um interagir de camadas de relações históricas atuais emocionais, mas se impõe à leitura a visão indeterminista do desenvolvimento mental. No estilo dos seus exemplos se observa que, pelo modo como o paciente é "movido" pelos comentários e pelas interpretações e pelo diálogo com o analista, nasce um desenvolvimento da comunicação que não permite conhecer qual será o desenvolvimento seguinte, nem Ferro o faz conhecer. Não há um perímetro, uma área, uma geometria em volta, nem um horizonte com árvores ou com o mar ou com uma cerca viva: é um evento novo, repentino no nascimento do pensamento na dupla; como um *big-bang*, nasce alguma coisa explosivamente. O seu campo é mais astrofísico que geométrico.

Procurei precisar como Ferro expõe a sua técnica de trabalho no campo analítico constituído por si mesmo, o seu paciente e todo o resto, incluindo os colegas mentalmente presentes (também nas bibliografias). Querendo entender como Ferro utiliza a si mesmo para fazer nascer no paciente algo de novo, retornamos à ideia de um desenvolvimento da mente que é espaço para várias mentes. Ele busca a delimitação do campo analítico por intermédio das transformações que pede que o paciente faça junto com ele. Para realizar isso, ele respeita ao máximo o texto do paciente e modula, com uma monitoração prudente, os momentos em que o paciente deseja que o analista entre com uma sua intervenção. Num modo pouco explicitado, ele dá um reconhecimento ao mundo do paciente, e o paciente o recompensa acolhendo com prazer e com gosto a sua intervenção.

Os analisandos sobre os quais Ferro nos conta com o seu ágil estilo de escritor, fazendo-nos vê-los durante a sessão na sua interação com ele, aparecem-nos como pessoas muito vivas, móveis, protagonistas dos seus afetos, passionais. Perguntei-me: de onde vem o despertar dos pacientes que Ferro nos apresenta? Creio entender que a vitalidade mental está ligada ao interesse que o analista revela continuamente pelo mundo deles, pela sua linguagem, pelas suas ações cegas: em todas essas modalidades de comunicação ele reencontra o nascimento possível não só de narrações, mas de novos modos de exprimir emoções: isso pode restituir vida mental a pessoas que se sentem nada, inexistentes.

Referências

ALVAREZ, A. (1985) The problem of neutrality: Some reflections on the psychoanalytic attitude in the treatment of borderline and psychotic children. *J. Child. Psychotherapy*, 11, p. 87.

AMATI MEHELER, J., ARGENTIERI, S., CANESTRI, J. (1990) *La Babele dell'inconscio*. Raffaello Cortina Editore, Milão.

AMMANNITI, M., STERN, D. N. (orgs.) (1991) *Rappresentazioni e narrazioni*. Laterza, Roma, Bari.

BADONI, M. (1994) *La clandestinità nell'organizzazione sociale e nella relazione analitica*. Atas do X Congresso Nazionale SPI.

BADONI, M. (1996) *Coppie al lavoro: intreccio di immagini e costruzioni*. Atas do III Convegno di Psicoanalisi infantile, Roma, 18-19 de maio.

BARALE, F., FERRO, A. (1992) Reazioni terapeutiche negative e microfratture nella comunicazione analitica. In: NISSIM MOMIGLIANO, L., ROBUTTI, A. (A cura di) *L'esperienza condivisa*. Raffaello Cortina Editore, Milão.

302 REFERÊNCIAS

BARALE, F., FERRO, A. (1993) Sufrimiento mental en el analista y suefios de controtransferencia. *Revista de Psicoanálisis de Madrid*, 17, pp. 56-72.

BARANGER, M. (1992) La mente del analista: de la escucha a la interpretación. *Revista de Psicoanálisis*, XLIX (2), p. 223.

BARANGER, W. (1961-62) El muerto vivo: estructura de los objetos en el duelo y los estados depresivos. *Revista Uruguaya de Psicoanálisis*, IV (4), pp. 217-229.

BARANGER, M., BARANGER, W. (1961-62) La situazione analitica come campo dinamico. Tr. it. in: *La situazione psicoanalitica come campo bipersonale*. Raffaello Cortina Editore, Milão 1990.

BARANGER, M., BARANGER, W. (1964) L'insight nella situazione analitica. Tr. it. in: *La situazione psicoanalitica come campo bipersonale*. Raffaello Cortina Editore, Milão 1990.

BARANGER, M., BARANGER, W. (1969) *Problemas del campo psicoanalítico*. Kargieman, Buenos Aires.

BARANGER, M., BARANGER, W., MOM, J. (1983) Processo e non processo nel lavoro analitico. Tr. it. in: BARANGER, M., BARANGER, W. *La situazione psicoanalitúa come campo bipersonale*. Raffaello Cortina Editore, Milão 1990.

BARANGER, M., BARANGER, W., MOM, J. (1988) The infantile psychic trauma from us to Freud: grave trauma, retroactivity and reconstruction. *Psycho-Anal.*, 69, pp. 113-128.

BARANGER, W., ZAC DE GOLDSTEIN, R., GOLDSTEIN, N. (1994) *Artesanías psicoanalíticas*. Kargieman, Buenos Aires.

BARUZZI, A. (1987) La fine dell'analisi. *Gruppo e Funzione Analitin.*, V111 (3), p. 265.

BERTI CERONI, G. (1993) Neutralità. *Rivista di Psicoanalisi,* 39 (2), pp. 275-290.

BERTOLINI, M. (1986) *La sofferenza mentale nella storia dello sviluppo*

infantile. Atas do Congresso "La sofferenza mentale", Roma.

BEZOARI, M., FERRO, A. (1989) Ascolto, interpretazioni e funzioni trasformative nel dialogo analitico. *Rivista di Psicoanalisi,* 35, pp. 1015-1051.

BEZOARI, M., FERRO, A. (1990a) Elementos de un modelo del campo

analítico: los agregados funcionales. *Revista de Psicoan,álisis,* 5/6.

BEZOARI, M., FERRO, A. (1990b) Parole, immagini, affetti. L'avventura del senso nell'incontro analitico. In: BARTOLI, G. (org.) *In due lettino. Scritti in onore di Luciana Nissim Momigliano.* Teda Edizioni, Castrovillari.

BEZOARI, M., FERRO, A. (1991a) A oscilação dos significados afetos no trabalho da parelha analítica. *Revista Brasileira de Psicanálise,* 26 (3), pp. 365-374.

BEZOARI, M., FERRO, A. (1991b) Percorsi nel campo bipersonale dell'analisi: dal gioco delle parti alle trasformazioni di coppia. *Rivista di Psicoanalisi,* 35, pp. 5-47.

BEZOARI, M., FERRO, A. (1992a) El sueño dentro de una teoria del campo: los agregados funcionales. *Revista de Psicoanálisis,* 49 (5/6), pp. 957-977.

BEZOARI, M., FERRO, A. (1992b) I personaggi della seduta come aggregati funzionali del campo analitico. *Notiziario SPI,* Supplemento 2, Borla, Roma.

304 REFERÊNCIAS

BEZOARI, M., FERRO, A. (1994a) Listening, interpreting and psychic change in the analytic dialogue. *International Forum of Psychoanalysis*, 3, pp. 35-41.

BEZOARI, M., FERRO, A. (1994b) Il posto del sogno all'interno di una teoria del campo analitico. *Rivista di Psicoanalisi*, XL (2), pp. 251-272.

BEZOARI, M., FIAMMINGHI, A.M. (1995) Funzione analitica e funzione genitoriale: alcuni modelli a confronto. *Rivista di Psicoanalisi*, 41 (2), pp. 211-235.

BIANCHEDI, E.T. (1991) Psychic change: the "Becoming" of an inquiry. *Int. J. Psycho-Anal.*, 72, pp. 6-15.

BIANCHEDI, E.T. (1995) Creative writers and Dream-Work-Alpha. In: *On Freud's Creative Writers and Day-dreaming*. Yale University Press, Londres.

BIANCHEDI, E. T. et al. (1983) Beyond freudian metapsychology: the metapsychological points of view of the kleinian school. *Int. J. Psycho-Anal.*, 65, p. 389.

BIANCHEDI, E. T., et al. (1991) Decisión de separación y terminación del análisis. No simpósio: *S. Freud: análisis terminable y interminable, 40 anos después*. Asociación Psicoanalítica Provisional de Buenos Aires.

BICK, E. (1968) L'esperienza della pelle nelle prime relazioni oggettuali.

In: *L'osservazione diretta del bambino*. Boringhieri, Torino 1984.

BION, W. R. (1950) II gemello immaginario. Tr. it. in: *Analisi degli schizofrenici e metodo psicoanalitico*. Armando, Roma 1970.

BION, W. R. (1962) *Apprendere dall'esperienza*. Tr. it. Armando, Roma 1972.

BION, W. R. (1963) *Gli elementi della psicoanalisi*. Tr. it. Armando, Roma 1983.

BION, W. R. (1965) *Trasformazioni. Il passaggio dall'apprendimento alla crescita*. Tr. it. Armando, Roma 1973.

BION, W. R. (1970) *Attenzione e interpretazione*. Tr. it. Armando, Roma 1973.

BION, W. R. (1975) *Memoria del future*. Tr. it. Raffaello Cortina Editore, Milão 1993.

BION, W. R. (1978) *Discussioni con W. R. Bion*. Tr. it. Loescher, Torino 1984.

BION, W. R. (1980) Bion a New York e San Paolo. Tr. it. in: *Discussioni con W.R. Bion*, cit.

BION, W. R. (1983) *Seminari italiani*. Tr. It. Borla, Roma 1985.

BION, W. R. (1987) *Seminari clinici*. Tr. it. Raffaello Cortina Editore, Milão 1989.

BION, W. R. (1992) *Cogitations*. Karnac, Londres.

BION TALAMO, P. (1987) Perché non possiamo dirci bioniani. *Gruppo e Funzione Analitica*, 3, p. 279.

BION TALAMO, P. (1991) *Modelli di base e modelli effimeri*. Letto al Centro ricerche di gruppo, Roma, 9 marzo 1991.

BLEGER, J. (1966) *Psicoigiene e psicologia istituzionale*. Tr. it. Libreria Editrice Lauretana, Loreto 1989.

BLEGER, J. (1967) Simbiosi e ambiguità. Tr. it. Libreria Editrice Lauretana, Loreto 1991.

BOLLAS, C. (1987) L'ombra dell'oggetto. Psicoanalisi del conosciuto non pensato. Tr. it. Borla, Roma 1989.

BOLOGNINI, S. (1994) Condivisione e fraintendimento. Atas do X Congresso Nazionale SPI, Rimini.

BONAMINIO, V. (1993) Del non interpretare. Rivista di Psicoanalisi, XXXIX (3), pp. 453-475.

BONAMINIO, V. (1996) Esiste ancora uno spazio per l'individualità del paziente. Rivista di Psicoanalisi, XLII (1).

BONAMINIO, V., DI RENZO, M. A., GIANNOTTI, A. (1993) Le fantasie inconsce dei genitori come fattori Ego-alieni nelle identificazioni del bambino. Qualche riflessione su identità e falso Sé attraverso il materiale clinico dell'analisi infantile. *Rivista di Psicoanalisi*, XXXIX (4), pp. 681-708.

BONASIA, E. (1994a) Dobbiamo ancora usare il lettino? Riflessioni sui modelli della mente e della tecnica. *Rivista di Psicoanalisi*, XL, (3), pp. 491-512.

BONASIA, E. (1994b) *"Quale bastoncino usa lei per misurare la nevrosi?": il modello di campo analitico fra teorie pulsionali e teorie relazionali.* Atas do X Congresso Nazionale SPI, Rimini.

BON DE MATTE, L., ZAVATTINI, C. G. (1990) Dalle tenebre alla luce. Riflessioni sulla tecnica in psicianalisi. *Rivista di Psicologia Clinica*, 2.

BONFIGLIO, B. (1994) Costruzione della relazione analitica e uso dell'interpretazione. *Rivista di Psicoanalisi*, XL (3), p. 433.

BORDI, S. (1985) Le prospettive tecniche della psicoanalisi contemporanea. *Rivista di Psicoanalisi*, XXXI, pp. 4-37.

BORDI, S. (1989) La tecnica psicoanalitica: storia e mutamenti. *Rivista di Psicoanalisi*, 2, p. 546.

BORDI, S. (1990) Modelli a confronto in psicoanalisi. *Prospettive psicoanalitiche nel lavooa istituzionale*, 8, pp. 71-87.

BORGOGNO, F. (1992) Evoluzione della tecnica psicoanalitica. *Rivista di Psicoanalisi*, 38(4), p. 1047.

BORGOGNO, F. (1994a) *Eventi trasformativi dei campo. Panel: "Notes magico – Predittività – Collasso dei campo"*. Atas do X Congresso Nazionale SPI, Rimini.

BORGOGNO, F. (1994b) Intorno a *Memoria dei futuro* di W.R. Bion. *Rivista di Psicoanalisi*, XL (1), p. 71.

BORGOGNO, F. (1994c) Spoilt children. L'intrusione e l'estrazione parentale come fattore di distruttività. *Richard e Piggle*, II (2), p. 135.

BORGOGNO, E (1995) Perché gli Indipendenti. In: RAYNER, E. (1991) *Gli indipendenti nella psicoanalisi britannica*. Tr. it. Raffaello Cortina Editore, Milão.

BORGOGNO, F., VIOLA, M. (1994) Pulsione di morte. *Rivista di Psicoanalisi*, XL (3), pp. 459-483.

BOTT SPILLIUS, E. (1983) Some developments of the work of Melanie Klein. *Int. J. of Psycho-Anal.*, 64, p. 321.

BOTT SPILLIUS, E. (1988) *Melanie Klein Today*. Routledge, Londres.

BRENMAN-PICK, I. (1985) Working-through in the countertransference. *Int. J. Psycho-Anal.*, 66, pp. 157-166.

BRONSTEIN, C. (1995) Homosexualité féminine à l'adolescence. *Psychanalyse en Europe, Bollettino FEP* 44.

BRUTTI, C., PARLANI, R. (1983) Sulla bugia. *Gruppo e Funzione Analitica*, IV (1), pp. 51-53.

CANCRINI, T., GIORDO, G. (1995). *Una nave nella tempesta, le bottiglie nel mare: funzioni comunicative e creative del disegno*

308 REFERÊNCIAS

infantile nel rapporto analítico. Il Colloquio nazionale analisi infantile, Milão.

CARLONI, G. (1984) Tatto, contatto e tattica. Rivista di Psicoanalisi, 30, p. 191.

CATZ DE KATZ, H. (1996) *Acerca de la ensonación del analista, el campo analítico y sus transformaciones posibles*. No prelo.

CAVAZZONI, E. (1990) *Il poema dei lunatici*. Boringhieri, Torino.

CONFORTO, C. (1996) Nota sul transfer psicotico nella psicoanalisi di un paziente borderline. Rivista di Psicoanalisi, XLII (2), p. 299.

CONROTTO, F. (1995) Qualche riflessione a proposito del lavoro di E. Bonasia: "Dobbiamo ancora usare il lettino? Riflessioni su modelli della mente e della técnica". *Rivista di Psicoanalisi*, XLI (1) 105-107.

CONTARDI, R. (1994) II luogo della rappresentazione e i destini del simbolo. Rivista di Psicoanalisi, 40 (2), pp. 197-223.

CORRADI FIUMARA, G. (1980) *Funzione simbolica e filosofia del linguaggio*. Boringhieri, Torino.

CORRADI FIUMARA, G. (1994) *Processo metaforico e trasformazioni del campo analitico*. Atas do X Congresso Nazionale SPI, Rimini.

CORRAO, F. (1981) Il modello trasformazionale dei pensiero. Rivista di Psicoanalisi, 3 (4), p. 673.

CORRAO, F. (1986) Il concetto di campo come modello teorico. *Gruppo e Funzione Analitica*, 7, pp. 9-21.

CORRAO, F. (1987) I1 narrativo come categoria psicoanalitica. In: MORPURGO, E., EGIDI, V. (orgs.) *Psicoanalisi e narrazione*. II Lavoro Editoriale, Ancona.

CORRAO, F. (1991) Trasformazioni narrative. In: AMMANNITI, M., STERN, D. N. (orgs.) *Rappresentazioni e narrazione*, cit.

CORRAO, F. (1992) *Modelli psicoanalitici: mito, passione, memoria*. Laterza, Roma-Bari.

COSTA, A. (1979) L'insieme dei pazienti come oggetto interno. Il paziente come oggetto nel gruppo di lavoro. *Rivista di Psicoanalisi*, 25, pp. 117-126.

COSTA, A. (1993) Oltre i il concetto di interpretazione in psicoanalisi. In: Di CHIARA, G., NERI, C. (orgs.) Psicoanalisi futura. Borla, Roma.

CLOUDSLEY-THOMPSON, J.L. (1980) *La zanna e l'artiglio*. Tr. it. Boringhieri, Torino 1982.

DECORBET, S., SACCO, F. (orgs.) (1995) *Il disegno nella seduta psicoanalitica*. Tr. it. Borla, Roma, no prelo.

DE LEON DE BERNARDI, B. (1988) Interpretación, acercamiento analítico y creatividad. *Revista Uruguaya de Psicoanálisis*, Novembro, pp. 57-68.

DE LEON DE BERNARDI, B. (1991) Las teorias del analista y los cambios en la consideración de la dinámica del proceso analítico. *Revista de Psicoanálisis*, XLVII (1), pp. 49-58.

DE MARTIS, D. (1984) *Realtà e fantasma nella relazione terapeutica*. Il Pensiero Scientifico Editore, Roma.

DE MASI, F. (1984) Una psicosi di transfert: prospettive cliniche nel lavoro con pazienti borderline. *Rivista di Psicoanalisi*, 30, pp. 55-72.

DE MASI, F. (1995) Ciò che Abraham non poteva capire... *Rivista di Psicoanalisi*, XLI (3).

DE SIMONE, G. (1994) *La conclusione dell'analisi*. Teoria e tecnica. Borla, Roma.

DE SIMONE, G., FORNARI, B. (1988) Melanie Klein e la scuola inglese. In: SEMI, A. A. (Org.) Trattato di Psicoanalisi, vol. 1, cit.

DE TOFFOLI, C. (1991) L'invenzione di un pensiero dal versante somatico della relazione transferale. *Rivista di Psicoanalisi*, 37, pp. 563-597.

DI BENEDETTO, A. (1992) Il valore dei suoni nella relazione analitica e nell'ascolto dell'analista. Palestra apresentada no Centro de Psicanálisé de Roma.

DI CHIARA, G. (1983) La fiaba della mano verde o dell'identificazione proiettiva. Rivista di Psicoanalisi, 4, p. 459.

DI CHIARA, G. (1985) Una prospettiva psicoanalitica del dopo Freud: un posto per l'altro. *Rivista di Psicoanalisi*, 31 (4), p. 451.

DI CHIARA, G. (1990) La stupita meraviglia, l'autismo e la competenza defensiva. *Rivista di Psicoanalisi*, XXXVI, p. 441.

DI CHIARA, G. (1992) L'incontro, il racconto, il commiato. Tre fattori fondamentali dell'esperienza psicoanalitica. In: NISSIM MOMIGLIANO, L., ROBUTTI, A. (orgs.) L'esperienza condivisa. Raffaello, Cortina Editore, Milão.

DI CHIARA, G., FLEGHENHEIMER, F. (1982) Identificazione proiettiva. *Rivista di Psicoanalisi*, 31 (2), p. 233.

DOERY, R. (1995) La problematique homosexuelle masculine: une approche structurale. *Psychanalyse en Europe, Bollettino* FEP 44.

ECO, U. (1962) Ópera aperta. Forma e indeterminazione nelle poetiche *contemporanee*. Bompiani, Milão.

ECO, U. (1979) *Lector in fabula*. Bompiani, Milão.

ECO, U. (1990) *I limiti dell'interpretazione*. Bompiani, Milão.

EIZIRIK, C. L. (1996) Psychic reality and clinical technique. *Int. J. Psycho-Anal.*, 77 (1), pp. 37-41.

ESCKELINEN DE FOLCH, T. (1983) We versus I and you. *Int. J. Psycho-Anal.*, 64 (3), p. 309.

ESCKELINEN DE FOLCH, T. (1988) Communication and containing in child analysis: towards terminability. *Int. J. Psycho-Anal.*, 69(1), p. 105.

ETCHEGOYEN, R. H. (1983) Fifty years after the mutative interpretation. *Int. J. Psycho-Anal.*, 64 (4), p. 445.

ETCHEGOYEN, R. H. (1986) *I fondamenti della tecnica psicoanalitica*. Tr. it. Astrolabio, Roma 1990.

ETCHEGOYEN, R. H. (1993) Psychoanalysis today and tomorrow. *Int. J. Psycho-Anal.*, 74 (6), p. 1109.

ETCHEGOYEN, R. H. (1996) Some views on psychic reality. *Int. J. Psycho-Anal.*, 77 (1), pp. 1-14.

FACHINELLI, E. (1983) *Claustrofilia*. Adelphi, Milão.

FAIMBERG, H. (1985) El telescopaje de generaciones: la genealogía de ciertas identificaciones. *Revista de Psicoanálisis*, 42 (5), pp. 1043-1056.

FAIMBERG, H. (1985) A l'écoute du telescopage des générations: pertinence du concept. *Topique*, 42, pp. 223-238.

FAIMBERG, H. (1989) Sans mémoire et sans désir: à qui s'adressait Bion. *Rev. Franc. Psychan.*, 53, p. 1453.

FAIMBERG, H. (1992) The countertransference position and the countertransference. *Int. f. Psycho-Anal.*, 73, p. 541.

312 REFERÊNCIAS

FAIMBERG, H., COREL, A. (1990) Repetition and surprise: a clinical approach to the necessity of construction and its validation. *Int.j. Psycho-Anal.*, 71, pp. 411-420.

FALCI, A. (1994) *Simmetria dello sguardo ed evoluzioni della teoria clinica in psicoanalisi.* Atas do X Congresso Nazionale SPI, Rimini.

FERRARA, MORI, G. (1984) Qualità della esperienza analitica e terminabilità in psicoanalisi infantile. *Rivista di Psicoanalisi,* 30, pp. 368-382.

FERRARO, F., GARELLA, A. (1995) Concessione dell'analisi. *Rivista di Psicoanalisi,* XLI (3), pp. 423-448.

FERRO, A. (1985) Psicoanalisi e favole. *Rivista di Psicoanalisi,* XXXI (2), pp. 216-230.

FERRO, A. (1987) Il mondo alia rovescia. L'inversione del flusso delle identificazioni proiettive. *Rivista di Psicoanalisi,* 33, pp. 59-77.

FERRO, A. (1991a) From Raging Bull to Theseus: the long path of a transformation. *Int. J. Psycho-Anal.,* 72, pp. 417-425.

FERRO, A. (1991b) La mente del analista en su trabajo: problemas, riergos, necessitadas. *Revista de Psicoanálisis,* 5/6.

FERRO, A. (1992) *La tecnica nella psicoanalisi infantile.* Raffaello Cortina Editora, Milão.

FERRO, A. (1993a) Disegno, identificazione proiettiva e processi trasformativi. *Rivista di Psicoanalisi,* XXXIX (4), pp. 667-680.

FERRO, A. (1993b) From hallucination to dream: from evacuation to the tolerability of pain in the analysis of a preadolescent. *The Psychoanalytic Review,* 80 (3), pp. 389-404.

FERRO, A. (1993c) Il disegno e le parole come "disegno" all'interno di una teoria del campo. *Richard e Piggle*, I (1), p. 18.

FERRO, A. (1993d) Mundos posibles y capacidades negativas del analista en su trabajo. Trabalho apresentado no III Congrèso Ibérico de Psicoanálisis, Barcellona, 30-31 ottobre 1993. *Ansiaria Iberico de Psicoanalisis*, III, p. 14.

FERRO, A. (1993e) The impasse within a theory of the analytic field: possible vertices of observation. *Int. J. Psycho-Anal.* 74 (5), pp. 917-929.

FERRO, A. (1993f) Zwei Autoren auf der Suche nach Personen: Die Beziehung, das Feld, die Geschichte. *Psyche*, 10 (47), pp. 951-972.

FERRO, A. (1994a) Criterios sobre la analizabilidad y el final del análisis dentro una teoria del campo. *Revista de Psicoanálisis*, 3, p. 97.

FERRO, A. (1994b) Del campo e dei suoi eventi. *Quaderni di Psicoterapia Infintile*, 30.

FERRO, A. (1994c) Gruppalità interne, di relazione e di campo nell'analisi duale. *Gruppo e Funzione Analitica.*

FERRO, A. (1995a) El diálogo analítico: mundos posibles y transformaciones en el campo analítico. *Revista de Psicoanálisis*, 4, p. 773.

FERRO, A. (1995b) Giocare e pensare. In: NOZIGLIA, M. (org.) *Giocare e pensare.* Guerini & Associati, Milão.

FERRO, A. (1995c) Il narratore e la paura. In: NOZIGLIA, M. (org.) *Giocare e pensare,* Guerini & Associati, Milão.

FERRO, A. (1995d) L'oscillazione tra capacità negative e fatto prescelto nel campo analitico. Conferenza APA, Buenos Aires.

314 REFERÊNCIAS

FERRO, A. (1995e) Ricordare, ripetere, trasformare. Trabalho apresentado no Congresso APA, Buenos Aires.

FERRO, A. (1995f) Lo sviluppo del concetto di campo in Europa. Trabalho apresentado na jornada em homenagem a W. Baranger, Buenos Aires.

FERRO, A. (1997) A sexualidade como gênero narrativo ou dialeto na sala de análise. FRANÇA, M. O. de A. F. (org.) *Bion em São Paulo: Ressonâncias.* SBPSP, São Paulo, pp. 175-84.

FERRO, A. (1998) Elogio da fileira C: a psicanálise como forma particular de literatura. In JUNQUEIRA FILHO, L. C. U. (org.). *Silêncios e Luzes.* Casa do Psicólogo, São Paulo, pp. 45-55.

FERRO, A. (1996c) "Characters" and their precursors in depression: Experiences and trasformation in the course of therapy. *Journal of Clinical Psychoanalysis.* No prelo.

FERRO, A. (1996d) Disegno e identificazioni proiettive. Conferência no Instituto de Psicanálise, Lisboa.

FERRO, A. (1996e) Los personajes del cuarto de análisis: ¿Qué realidad? *Revista de Psicoanálisis de la Ass. Psic. de Madrid,* 23, p. 133.

FERRO, A. (1996l) Insight and transformations: When monsters come out of the cracks. *Int. J. Psycho-Anal.* No prelo.

FERRO, A., MEREGNANI, A. (1993) Criteri di analizzabilità e assetto

mentale dell'analista nelle interviste preliminari. Inédito.

FERRO, A., MEREGNANI, A. (1994) Listening and transformative functions in the psychoanalytical dialogue. *Bollettino FEP,* 42, pp. 21-29.

FERRO, A., MEREGNANI, A. (1995) Psicoanalisi, favole e narrazione.

In: *La dimensione estetica dell'esperienza*. Franco Angeli, Milão.

FERRO, A., MEREGNANI, A. (1996) The inversion of flow of projective identifications in the analyst at work. *Australian Journal of Psychotherapy*, no prelo.

FERRO, A., PASQUALI, G., TOGNOLI, L., VIOLA, M. (1986a) L'uso del simbolismo nel setting e il processo di simbolizzazione nella relazione analitica. *Rivista di Psicoanalisi*, XXXII (4), pp. 539-553.

FERRO, A., PASQUALI, G., TOGNOLI, L, VIOLA, M. (1986b) Note sul processo di simbolizzázione nel pensiero psicoanalitico. *Rivista di Psicoanalisi*, XXXII (4), pp. 521-538.

FERRUTA, A. (1996) L'altro. Note intorno a un caso di analisi con una paziente straniera. Conferência no Centro milanese di psicoanalisi, 18 de abril.

FILIPPINI, S., PONSI, M. (1993) Enactment. *Rivista di Psicoanalisi*, 39, p. 501.

FIORENTINI, G., FRANGINI, G., MOLONE, P., et al (1993) *Setting e modelli: confezione in serie o creazione su misura?*. Conferência no XXVII Congresso de seminários múltiplos da Sociedade Psicanalítica Italiana, Bologna. Inédito.

FIORENTINI, G., FRANGINI, G., MOLONE, P., et al (1995) Dalle regole del setting all'assetto mentale dell'analista. *Rivista di Psicoanalisi*, XLI (1), pp. 67-69.

FLEGENHEIMER, F. A. (1983) Divergenze e punti in comune tra psicoanalisi infantile e psicoanalisi degli adulti: alcune riflessioni. *Rivista di Psicoanalisi*, 29, pp. 196-205.

316 REFERÊNCIAS

FLEGENHEIMER, F. A. (1989) Language and psychoanalysis. *Int. Rev. Psychoanal.*, 16, pp. 337-384.

FOLCH MATEU, P. (1986) Identification and its vicissitudes as observed in the neurosis. *Int. J. Psycho-Anal.*, 67 (2), p. 209.

FONAGY, P., MORAN, G. S. (1991) Understanding psychic change in child psychoanalysis. *IPA Congress pre-published papers*. Institute of Psycho-Analysis, Londres.

FORNARI, F. (1963) *La vita affettiva originaria dei bambino*. Feltrinelli, Milão.

FORNARI, F. (1975) *Genitalità e cultura*. Feltrinelli, Milão.

FRENI, S. (1996) Gradienti di ostensione della clinica psicoanalitica: componenti teoretiche e pratiche. Conferência no Centro milanese di psicoanalisi, junho·de 1996.

FREUD, S. (1905) *Tre saggi sulla teoria sessuale*. OSF, vol. 4.[1]

FREUD, S. (1909) *Osservazioni su un caso di nevrosi ossessiva*. OSF, vol. 6. FREUD, S. (1915) *Noi e la morte*. Tr. it. Palomar, Bari 1993.

FREUD, S. (1919) *Il perturbante*. OSF, vol. 9.

FREUD, S. (1924) *Nota sul "notes magico"*. OSF, vol. 10.

FREUD, S. (1937) *Co.struzioni nell'analisi*. OSF, vol. 11.

GABURRI, E. (1986) Dal gemello immaginario al compagno segreto. *Rivista di Psicoanalisi*, 32 (4), pp. 509-520.

---

1 Salvo indicação contrária, os textos de Sigmund Freud traduzidos para o italiano foram retirados das *Opere*, publicadas pela Boringhieri, Torino, 1967-1980, em 12 volumes, que citamos com a sigla OSF acompanhada do número do volume.

GABURRI, E. (1987) Narrazione e interpretazione. In: MORPURGO, E., EGIDI, V. (orgs.) *Psicoanalisi e narrazione.* Il Lavoro Editoriale, Ancona.

GABURRI, E. (1992) Emozioni. Affetti. Personificazioni. In: HAUTMANN, G., VERGINE, A. (orgs.) *Gli affetti nella psicoanalisi.* Borla, Roma.

GABURRI, E., FERRO, A. (1988) Gli sviluppi kleiniarii e Bion. In: SEMI, A. (org.) *Trattato di Psicoanalisi,* vol. I, cit.

GADDINI, E. (1972) Aggression and the pleasure principle: Towards a psychoanalytic theory of aggression. *Int. J. Psycho-Anal.,* 53, pp. 191-199.

GAGLIARD1 GUIDI, R. (1992) Le analisi che si interrompono. In: NISSIM MOMIGLIANO, L., ROBUITI, A. (orgs.) L'esperienza *condivisa.* Raffaello Cortina Editore, Milão.

GALDO, A. M. (1991) Ricordo e narrazione nella clinica psicoanalitica. In: AMMANNITI, M., STERN, D.N. (orgs.) *Rappresentazioni e narrazioni,* cit.

GESUÈ, A. (1995) Il "muro dei silenzio", il "muro del corpo". La mente dell'analista e alcune gravi impasse della comunicazione. *Rivista di Psicoanalisi,* XLI (3), pp. 391-409.

GIACONIA, G. (1996) Sulla fantasia inconscia oggi. Conferência no Centro milanese di psicoanalisi, maio de 1996.

GIACONIA, G., RACALBUTO, A. (1990) *I percorsi del simbolo.* Raffaello Cortina Editore, Milão.

GIANNAKOULAS, A., GIANNOTTI, A. (1985) II setting con la coppia genitoriale. In: *Il setting.* Borla, Roma.

GIANNOTTI, A. (1988) Le difese contro l'aggressività. In: *La relazione aggressiva.* Borla, Roma.

318 REFERÊNCIAS

GIBEAULT, A. (1991) Marc o la trayectoria del combatiente. *Revista de Psicoanálisis.* XLVIII (2), pp. 266-276.

GIUFFRIDA, A. (1995) A proposito del setting. *Rivista di Psicoanalisi,* XLI (2), pp. 258-268.

GLASERSFELD, E. von (1981) Introduzione al costruttivismo radicale. In: WATZ-LAWICK, P. (org.) *La realtà inventata.* Feltrinelli, Milão.

GOIJMAN, L. (1988b) Obstáculos en el análisis: resistencia y narcisismo. *Revista de Psicoanálisis,* XLV (1).

GOIJMAN, L. (1990) Parricidio, exogamia y estructuración: cuestiones

cruciales de la adolescencia. *Revista de Psicoanálisis,* XLVII (4).

GOIJMAN, L. (1992) Escritura y lectura del texto psicoanalítico. *Revista de Psicoanálisis,* XLIX (1), pp. 5-12.

GOLDSTEIN, N. (1996) *La transmisión y la enseñanza del Psicoanálisis.* No prelo.

GORI, E.C. (1993) Parola e parola. *Rivista di Psicoanalisi,* 39 (2), pp. 293-299.

GREEN, A. (1996) Has sexuality anything to do with psychoanalysis? *Int. J. Psycho-Anal.,* 76, p. 871

GRINBERG, L. (1957) Perturbaciones en la interpretación motivadas por la contraidentificación proyectiva. *Revista de Psicoanálisis,* 1-2.

GRINBERG, L. (1981a) Fase di terminazione dell'analisi degli adulti e obiettivi della psicoanalisi. La ricerca della verità su se stessi. Tr. it. in: *Psicoanalisi: aspetti teorici e clinici.* Loescher, Torino 1983.

ANTONINO FERRO 319

GRINBERG, L. (1981b) *Psicoanalisi: aspetti teorici e clinici*. Tr. it. Loescher, Torino 1983.

GRINBERG, L., et al. (1991) *Introduzione al pensiero di Bion*. Tr. it. Raffaello Cortina Editore, Milão 1993.

HAUTMANN, G. (1977a) La formazione del contenitore in una prima settimana di analisi. *Rivista di Psicoanalisi*, 23, pp. 408-430.

HAUTMANN, G. (1977b) Pensiero onirico e realtà psichica. *Rivista di Psicoanalisi*, 23, pp. 62-127.

HAUTMANN, G. (1981) Il mio debito con Bion: dalla psicoanalisi come teoria alla psicoanalisi come funzione della mente. *Rivista di Psicoanalisi*, 27, pp. 558-572.

HAUTMANN, G. (1995) Il sogno tra clinica e teoria nel modello bioniano. Congresso de seminários múltiplos da Sociedade Psicanalítica Italiana.

HENNINGSEN, F. (1995) L'identification et la capacité d'aimer. *Psychanalyse en Europe, Bollettino FEP* 44.

HINSHELWOOD, R. D. (1989) *Dizionario di psicoanalisi kleiniana*. Raffaello Cortina Editore, Milão 1990.

HINSHELWOOD, R. D. (1993) *Il modelo kleiniano nella clinica*. Raffaello Cortina Editore, Milão 1994.

HUNTER, E. (1994) *Psicoanalisti in azione*. Tr. it. Astrolabio, Roma, 1996.

ISAACS, S. (1948) The nature and function of Phantasy. *Int. J Psycho-Anal.*, 29 (11), pp. 73-97.

JARAST, G. (1996) El *campo de la transferencia-contratransferencia: un nuevo acto psíquico*. XXI Congreso Latino Americano de Psicoanálisis.

320 REFERÊNCIAS

JOSEPH, B. (1984) L'identificazione proiettiva: alcuni aspetti clinici. Tr. it. in: *Equilibrio e cambiamento pszchico*. Raffaello Cortina Editore, Milão.

JOSEPH, B. (1985) Transference: the total situation. *Int. J. Psycho-Anal.*, 66, p. 447.

JUNQUEIRA DE MATTOS, J. A. (1995) *Pre-Conception and Transference*. 39th IPA Congress, San Francisco.

KAËS, R. (1986) Le groupe comme appareil de transformation. *Revue de psychothérapie psychanalytique de groupe*, 5-6.

KAËS, R., FAIMBERG, H., ENRIQUEZ, M., et al (1993) *Trasmissione della vita psichicatra generazioni*. Tr. it. Borla, Roma 1995.

KANCYPER, L. (1989) *Jorge Luis Borges en el laberinto de Narciso*. Paidos, Buenos Aires.

KANCYPER, L. (1990) Narcisismo y pigmalionismo. *Revista de Psicoandlisis*, XLVIII, 5/6, p. 1003.

KANCYPER, L. (1992a) La identificación revindicatoria. *Revista Argentina de Psicopatología*, 3 (7), 28.

KANCYPER, L. (1992b) *Resentimiento y remordimiento. Estudio p.sicoanalítico*. Paidos, Buenos Aires.

KENNEDY, H. (1978) The role of insight in child analysis: A developmental viewpoint. In: BLUM, H. P. (org.) *Psychoanalytic Explorations of Technique. Discourse on the Theory of Therapy*. International Universities Press, Nova York.

KERNBERG, O. (1992) *Aggressività, disturbi della personalità e perversioni*. Tr. it. Raffaello Cortina Editore, Milão 1993.

KERNBERG, O. (1993) Convergences and divergences in contemporary psychoanalytic technique. *Int. J. Psycho-Anal.*, 74, p. 659.

KLEIN, M. (1929) La personificazione del gioco infantile. Tr. it. in: *Scritti 1921-1958*. Boringhieri, Torino 1978.

KLEIN, M. (1930) L'importanza della formazione dei simboli nello sviluppo dell'Io. Tr. it. in: *Scritti 1921-1958*. Boringhieri, Torino 1978.

KLEIN, M. (1952) Le origini della traslazione. Tr. it. in: *Scritti 1921-1958*. Boringhieri, Torino 1978.

KLEIN, M. (1961) *Analisi di un bambino*. Boringhieri, Torino 1971.

KLEIN, M., HEIMANN, P., MONEY-KYRLE, R. (1955) *Nuove vie della psicoanalisi*. Tr. it. II Saggiatore, Milão 1966.

KLUZER, G.P., USUELLI, A. (1983) Suggestione e Illusione nel percorso analitico. *Psicoanalisis*, XIXX, 3.

LANGS, R. (1976) *The Bipersonal Field*. Jason Aronson, Nova York.

LEMLI, J.M. (org.) (1994) *Mujeres por mujeres*. Biblioteca Penana de Psicoanálisis.

LEONARDI, R (1976) Masturbazione anate. In: GABURRI, E. (org.) *Eros e onnipotenza*. Guaraldi, Rimini.

LIBERMANN, D., et al. (1983) Indicadores del análisis. In: *Homaje a David Liberman*. A.P. de B.A., 7 (1-2), pp. 159-173.

LIMENTANI, A. (1972) La valutazione dell'analizzabilità. Tr. it. in: *Tra Freud e Klein*. Borla, Roma 1989.

LIMENTANI, A. (1981) Alcuni aspetti positivi della reazione terapeutica negativa. Tr. it. in: *Tra Freud e Klein*. Borla, Roma 1989.

LIMENTANI, A. (1988a) Le pulsioni: aggressività, sessualità e l'istinto di morte. Tr. it. in: *La relazione aggressiva*. Borla, Roma.

LIMENTANI, A. (1988b) Post-scriptum a "La valutazione dell'analizzabilità". Tr. it. in: Tra *Freud e Klein*. Borla, Roma 1989.

322 REFERÊNCIAS

LUSSANA, P (1991) Dall'interpretazione kleiniana all'interpretazione bioniana, attraverso l'osservazione dell'infante. Apresentação na AIPPL, Roma, 2 de junho.

LUSSANA, P. (1992) *L'adolescente, lo psicoanalista, l'artista, una visione binoculare dell'adolescenza.* Borla, Roma.

LUZES, R (1985) Vers une nouvelle théorie psychanalytique des émotions. *Rev. Fr. de Psychanalyse,* XLIX, pp. 327-353.

LUZES, R (1989) Realidad psíquica: su génesis a partir de lo biológico y de las relaciones objetales. *Anuario Ibérico del Psicoanálisis,* 1, pp. 23-57.

MALDONADO, J. L. (1984) Analyst involvement in the psychoanalytic impasse. *Int. J. Psycho-Anal.,* 65, p. 263.

MALDONADO, J. L. (1987) Narcissism and unconscious communication. *Int. J. Psycho-Anal.,* 68, pp. 379-387.

MALDONADO, J. L. (1989) On negative and positive therapeutic reaction. *Int. J. Psycho-Anal.,* 70, p. 327.

MANCIA, M. (1994) *Dall'Edipo al sogno.* Raffaello Cortina Editore, Milão.

MANCIA, M. (1995) *Percorsi.* Bollati Boringhieri, Torino.

MANFREDI TURILLAZZI, S. (1978) Interpretazione dell'agire e interpretazione come agire. *Rivista di Psicoanalisi,* 24, pp. 223-240.

MANFREDI TURILLAZZI, S. (1985) L'unicorno. Saggio sulla fantasia e l'oggetto nel concetto di identificazione proiettiva. *Rivista di Psicoanalisi,* 31, pp. 462-477.

MANFREDI TURILLAZZI, S. (1994a) *Le certezze perdute della psicoanalisi clinica.* Raffaello Cortina Editore, Milão.

MANFREDI TURILLAZZI, S. (1994b) Discussione al lavoro di A. Ferro. Congresso de Rimini. Inédito.

MARINETTI, M. (1996) Sul narcisimo dell'analista. Inédito. MASCIANGELO, P.M. (1988) La nascita dell'aggressività. Dall'esperienza psicoanalitica alla teoria. In: *La relazione aggressiva*. Borla, Roma.

MELTZER, D. (1967) *Il processo psicoanalitico*. Tr. it. Armando, Roma 1973.

MELTZER, D. (1973) *Stati sessuali dela mente*. Tr. it. Armando, Roma 1975.

MELTZER, D. (1982a) Interventi in allucinazione e bugia. *Quaderni di Psicoterapia Infantile,* 13.

MELTZER, D. (1982b) Una indagine sulle bugie: loro genesi e relazione con l'allucinazione. *Quaderni di Psicoterapia*

MELTZER, D. (1982c) Verità della mente e bugia nella vita del sogno. *Quaderni di Psicoterapia Infantile.*

MELTZER, D. (1984) *Vita onirica*. Tr. it. Borla, Roma 1989.

MELTZER, D. (1986) *Studi di metapsicologia allargata. Applicazioni cliniche*

del pensiero di Bion. Tr. it. Raffaello Cortina Editore, Milão 1987.

MELTZER, D. (1992) *Claustrum*. Tr. it. Raffaello Cortina Editore, Milão.

MELTZER, D., et al. (1975) *Esplorazioni sull'autismo*. Tr. it. Boringhieri, Torino 1977.

MEOTTI, A. (1984) Di alcuni orientamenti della psicoanalisi italiana. Note e considerazioni su una recente raccolta di studi psicoanalitici. *Rivista di Psicoanalisi*, 30, pp. 109-121.

MEOTTI, A. (1987) Appunti su funzione alfa, dobre sensoriale, dobre mentale, pensiéro. In: NERI, C., CORREALE, A., FADDA, P. (orgs.) *Letture bioniane*, cit.

MEOTTI, A , MEOTII, F. (1983) Su alcuni aspetti dei processi riparativi. *Rivista di Psicoanalisi*, 28, pp. 227-242.

MEOTTI, A., MEOTTI, F. (1996) Gruppo interno, identificazioni multiple e trasmissione transgenerazionale: problemi di tecnica dell'interpretazione. Congresso de seminários múltiplos, Bologna.

MEOTTI, F. (1988) Tecnica, transfert, realtà. *Rivista di Psicoanalisi*, 34 (1), p. 53

MERLEAU-PONTY, M. (1945) *Fenomenologia della percezione*. Tr. it. Il Saggiatore, Milão 1980.

MICATI, L. (1990) Odio e distruttività in analisi. Funzione e utilità dell'odio dell'analista. *Rivista di Psicoanalisi*, 36, pp. 58-95.

MICATI, L. (1993) Quanta realtà può essere tollerata. *Rivista di Psicoanalisi*, 39 (1), pp. 153-163.

MILNER, M. (1969) *Le mani del Dio vivente*. Tr. it. Armando, Roma 1974.

MOLINARI NEGRINI, S. (1985) Funzione di testimonianza e interpretazione di transferi *Rivista di Psicoanalisi*, 30 (3), pp. 357-371.

MONEY KYRLE, R. (1977) *Scritti 1927-1977*. Tr. it. Loescher, Torino 1984.

MORPURGO, E. (1988) *Fra tempo e parola*. Franco Angeli, Milão.

MORPURGO, E., EGIDI, V. (orgs.) (1987) *Psicoanalisi e nurrazione*. Il Lavoro Editoriale, Ancona.

NERI, C. (1982) Ricordi di ciò di cui non si è fatta esperienza. *Rivista di Psicoanalisi,* 28, p. 3.

NERI, C. (1993) Campo e fantasie transgenerazionali. *Rivista di Psicoanalisi,* XXXIX (1), pp. 43-64.

NERI, C. (1995). *Gruppo.* Borla, Roma.

NERI, C., CORREALE, A., FADDA, P. (orgs.) (1987) *Letture bioniane.* Borla, Roma.

NICOLÒ, A. M. (1992) Versioni del Sé e interazioni patologiche. *Interazioni, O,* pp. 37-48.

NICOLÓ, A. M., NORSA, D. (1991) Organizzazione degli affetti e significato dell'agire. In: *Gli affetti in psicoanalisi.* Borla, Roma.

NISSIM MOMIGLIANO, L. (1974) Come si originano le interpretazioni nello psicoanalista. *Rivista di Psicoanalisi,* 20, pp. 144-165.

NISSIM MOMIGLIANO, L. (1984) Due persone che parlano in una stanza (Una ricerca sul dialogo analitico). *Rivista di Psicoanalisi,* 30 (1), pp. 1-17.

NISSIM MOMIGLIANO, L. (1987) A Spell in Vienna: but was Freud a Freudian? *Int. Rev. Psycho-Anal.,* 14 (3), pp. 373-389.

NISSIM MOMIGLIANO, L. (1991) The Psychoanalyst in the mirror: doubts, galore, but few certainties. *Int. J. Psycho-Anal.,* 72, pp. 287-296.

NISSIM MOMIGLIANO, L. (1992) *Continuity and change in psychounalysis letters from Milano.* Karnac Books, Londres.

NORSA, D. (1993) Modelli di identificazione genitoriale. *Interazioni,* 1, pp. 9-29.

NORSA, D., ZAVATTINI, G. C. (1988) La relazione perversa. *Psic. Inf. e Adol.,* 55(6), p. 643.

OGDEN, T. H. (1979) On projective identification. *Int. J. Psycho -Anal.*, 60, pp. 357-373.

OGDEN, T. H. (1982) *Projective identification and psychotherapeutic technique.* Jason Aronson, Nova York.

OGDEN, T. (1986) *The Matrix of the Mind: Object Relations and the Psychoanalytic Dialogue.* Jason Aronson, Londres.

PAVEL, T. J. (1976) Possible worlds in literary semantics. *Journal of Aestethics and Art Criticism*, 34 (2), p. 165.

PERDIGAO, G. (1991) Investigación, modela de la mente y proceso psicoanalítico. *Rev. Soc. Col. Psicoan.*, 16 (1), pp. 31-44.

PETOFI, J.S. (1975) *Vers une théorie partielle du texte.* Buske, Hamburg.

PETRELLA, F. (1993a) Percezione endopsichica/fenomeno funzionale. *Rivista di Psicoanalisi*, XXXIX (1), pp. 101-120.

PETRELLA, F. (1993b) *Turbamenti affettivi e alterazioni dell'esperienza.* Raffaello Cortina Editore, Milão.

PLATINGA, A. (1974) *The nature of necessity.* Oxford University Press, Londres.

PREMACK, D., WOODRUFF, G. (1978) Does the chimpazee have a theory of mind? *Behavioral and Brain Sciences*, 4, pp. 515-526.

PREVE, C. (1988) Il paziente come guardiano del setting. Conferência no Centro milanese di psicoanalisi.

PREVE, C. (1994) Considerazioni sulla fase conclusiva dell'analisi. *Rivista di Psicoanalisi*, XL (1), p. 49.

PUGET, J., WENDER, S. (1987) Aux limites de l'analysabilité. Tyrannie corporelle et sociale. *Rev. Franc. Psycha*, 3.

QUINODOZ, J. M. (1991) *La solitudine addomesticata. L'angoscia di separazione in psicoanalisi.* Tr. it. Borla, 1992.

QUINODOZ, J. M. (1992) The psychoanalitic setting as the instrument of the container function. *Int. J. Psycho-Anal.,* 73, pp. 627-635.

RENIK, O. (1990) The concept of a transference neurosis and psychoanalytic methodology. *Int. J. Psycho-Anal.,* 71 (2), p. 197.

RENIK, O. (1993) Analytic interaction: Conceptualizing technique in light of the analyst's irreducible subjectivity. *Psychoanal. Quart.,* LXII (4), p. 553.

RESNIK, S. (1982) *Il teatro del sogro.* Boringhieri, Torino.

RESNIK, S. (1994) *Espace Mental.* Érés, Toulouse.

RIOLO, F. (1986) Dei soggetti del campo: un discorso sui "limiti". *Gruppo e Funzione Analitica,* 7, 3.

RIOLO, F. (1989) Teoria delle trasformazioni. Tre seminari su Bion. *Gruppo e Funzione Analitica,* 2, 7.

ROBUTTI, A. (1992a) Introduzione a: NISSIM MOMIGLIANO, L., ROBUTTI, A. (orgs.) *L'esperienza condivisa.* Raffaello Cortina Editore, Milão.

ROBUTTI, A. (1992b) Cassandra, un mito per l'ipocondria. In: NISSIM MOMIGLIANO, L, ROBUTTI, A. (orgs.) *L'esperienza condivisa.* Raffaello Cortina Editore, Milão.

ROBUTTI, A. (1993) *Il setting e il modello interiore dell'analista.* Congresso de seminários múltiplos, Bologna.

ROCHA BARROS, E. M. (1992) Escrita psicanalítica e prática clínica. *Rev. Bras. Psicanálise,* XXVI (1-2), pp. 205-211.

328 REFERÊNCIAS

ROCHA BARROS, E. M. (1994) A interpretação: seus pressupostos teóricos. *Revista de Psicanálise*, SPPA, I (3), pp. 57-72.

ROCHA BARROS, E. M. (1996) Adressing the psychic reality of the borderline child. *Int. J. Psycho-Anal.*, 77 (1), pp. 107-110.

ROSENFELD, H. (1983) Primitive object relations and mechanism. *Int. J. Psycho-Anal.*, 64, pp. 261-267.

ROSENFELD, H. (1987) *Comunicazione e interpretazione*. Bollati Boringhieri, Torino 1989.

ROSSI, P. L. (1992) Relazione reale e comportamento dell'analista. *Rivista di Psicoanalisi*, 38, pp. 490-511.

ROSSI, P. L. (1994) *Attività e passività dell'analista negli inizi diflicili in psicoanalisi*. Atas do X Congresso Nazionale SPI, Rimini.

ROTHSTEIN, A. (org.) (1985) *Modelli della mente. Tendenze attuali della psicoanalisi*. Tr. it. Bollati Boringhieri, Torino 1990.

SABBADINI, A. (1996) Psychic reality and creativity. *Int. J. Psycho-Anal.*, 77 (1), pp. 103-105.

SACCO, F. (1995a) Bref parcours historique. In: *Le dessin dans la séance psychanalytique avec l'enfant*. Érès, Ramonville.

SACCO, F. (1995b) De l'agir à la mise en forme ou le destin du figurable. In: *Le dessin dans la séance psychanalytique avec l'enfant*. Érès, Ramonville.

SACCO, F. (1996) *Destino della figurabilità*. III Colloquio nazionale analisi infantile, Roma.

SANDLER, J. (1976) Countertransference and role responsiveness. *Int. Rev. Psycho-Anal.*, 3, pp. 43-47.

SANDLER, J., SANDLER, A. M. (1984) The past unconscious, the present unconscious and the vicissitudes of guilt. *Int. J. Psycho-Anal.*, 68, pp. 331-341.

SANDLER, J., SANDLER, A. M. (1992) *Phantasy and its Transformations: A Contemporary Freudian View.* Weekend Conference for English-speaking Members of European Societies, 16-18 October 1992.

SARAVAL, A. (1985) L'analista può essere neutrale? *Riv. Psicoanal.,* 31.

SARNO, L. (1984) II setting psicoanalitico fra costituzione interna e migrazioni istituzionali. *Prospettive analitiche nel lavoro istituzionale,* 2 (1), pp. 132-146.

SARNO, L. (1989) Sull'interpretabilità analitica e sulla "tecnica" della fine analisi. *Gruppo e Funzione Analítica,* X (3), pp. 15-28.

SARNO, L. (1994) *Transfert, controtransfert e campo psicoanalitico: ambiguità semantiche, variazioni di senso, trasformazioni.* Atas do X Congresso Nazionale SPI, Rimini.

SCHLESINGER, C. (1989) Dei Metroide. *Rivista di Psicoanalisi,* 35, pp. 141-169.

SEGAL, H. (1957) Notes on simbol formation. *Int. J. Psycho-Anal.,* 38, pp. 391-397.

SEGAL, H. (1983) Some clinical implication of Melanie Klein's work. *Int. J. Psycho-Anal.,* 64, pp. 269.

SEGAL, H. (1985) Il modello Klein-Bion. Tr. it. In: ROTHSTEIN, A. (org.) *Modelli della mente. Tendenze attuali della psicoanalisi.* Boringhieri, Torino 1990.

SEMI, A. A. (org.) (1988) *Trattato di psicoanalisi.* Raffaello Cortina Editore, Milão.

SEMI, A. A. (1992) *Dal colloquio alla teoria.* Raffaello Cortina Editore, Milão.

330 REFERÊNCIAS

SCHAFER, R. (1994) The contemporary kleinians of London. *Psychoanal. Quart.*, LXIII (3), p. 409.

SPEZIALE BAGLIACCA, R. (1982) *Sulle spalle di Freud.* Astrolabio, Roma.

SPEZIALE BAGLIACCA, R. (1991) The capacity to contain: Notes on its function in psychic change. *Int. J. Psycho-Anal.*, 72, p. 27.

STEINERT, J. (1987) The interplay between pathological organizations and paranoidschizoid and depressive positions. *Int. J. Psycho-Anal.*, 68, pp. 69-80.

STEINERT, J. (1992) Interpretações centradas no paciente e centradas no analista. *Revista Brasileira de Psicoanálise*, 26 (3), pp. 409-424.

STEVENSON, R. L. (1888) Sui sogni. Tr. it. in: *Teatro della notte*, RED Edizioni, Como 1987.

TAGLIACOZZO, R. (1982) La pensabilità: una meta della psicoanalisi. in: DI CHIARA, G. (org.) *Itinerari della psicoanalisi.* Loescher, Torino.

TAGLIACOZZO, R. (1990) Cercando di pensare con Freud. *Rivista di Psicoanalisi*, 36, pp. 805-829.

THOMÄ, H., KÄCHELE, H. (1985) *Trattato di terapia psicoanalitica.* Bollati Boringhieri, Torino 1990.

TORRAS DE BEA, E. (1989) Projective and differentiation. *Int. J. Psycho-Anal.*, 70 (2), p. 265.

TORRAS DE BEA, E., RALLO ROMERO, J. (1986) Past and present interpretation. *Int. Rev. Psycho-Anal.*, 13, p. 309.

TUCKETT, D. (1989) A brief view of Herbert Rosenfeld's contribution to the theory of psychoanalytical technique. *Int. J. Psycho-Anal.*, 70 (4), p. 619.

TUCKETT, D. (1993) Some thoughts on the presentation and discussion of the clinical material of psychoanalysis. *Int. J. Psycho -Anal.*, 74 (6), p. 1175.

USUELLI, A. (1991) La ilusión en la obra de Freud y de Winnicott: un valor controvertido. *Revista de Psicoanálisis*, XLVIII, pp. 136-149.

VALLINO MACCIÓ, D. (1990) Sulla consultazione: atmosfere emotive, sofferenza e sollievo nel bambino. *Analysis*, 1.

VALLINO MACCIÒ, D. (1991) Il *gioco delle parti nella rêverie dell'analista.* Trabalho apresentado no X Congresso Nazionale SPI, Saint Vincent.

VALLINO MACCIÒ, D. (1992) Sopravvivere, esistere, vivere: riflessioni sull'angoscia dell'analista. In: NISSIM MOMIGLIANO, L., ROBUTTI, A. (org.) *L'esperienza condivisa.* Raffaello Cortina Editore, Milão.

VALLINO MACCIÒ, D. (1993) Una storia, le storie, i sogni nell'analisi dei bambini. Conferência no Centro milanese di psicoanalisi, 25 de março.

VALLINO MACCIÒ, D. (1994) Una storia che... ha degli imprevedibili sviluppi. *Quaderni di Psicoterapia Infantile*, 30.

VALLINO MACCIÒ, D. (1996) *Come va a finire la storia?* III Colloquio nazionale analisi infantile. Roma.

VAN DIJK, T. A. (1976) Pragmatics and poetics. In: *Pragmatics of language and literature.* North Holland, Amsterdam.

VATTIMO, G. (1983) Dialettica, Differenza, Pensiero debole. In: VATTIMO, G., ROVATTI, P. A. (orgs.) *Il pensiero debole.* Feltrinelli, Milão.

332 REFERÊNCIAS

VERGINE, A. (1990) *Riflessioni generali sul tema del Congresso.* Comunicação apresentada no IX Congresso Nazionale SPI, Saint Vincent.

WILLIAMS, A. H. (1983) *Nevrosi e delinquenza.* Tr. it. Borla, Roma.

WINNICOTT, D. W. (1965) *Sviluppo affettivo e ambiente. Studi sulla teoria dello sviluopo affettivo.* Tr. it. Armando, Roma 1970.

WINNICOTT, D. W. (1971) *Gioco e realtà.* Tr. it. Armando, Roma 1974.

WINNICOTT, D. W. (1974) La paura del crollo. Tr. it. in: *Esplorazioni psicoanalitiche.* Rafaello Cortina Editore, Milão 1995.

WINNICOTT, D. W. (1977) *Piggle.* Tr. it. Boringhieri, Torino 1982.

WINNICOTT, D. W. (1978) *Frammento di un'analisi.* Tr. it. Il Pensiero Scientifico Editore, Roma 1981.

ZAC DE GOLDSTEIN, R. (1984) The dark continent and its emigrants. *Int. J. Psycho-Anal.,* 65 (2), p. 179.

ZAVATTINI, G. C. (1995) Verità narrative e storica in Freud: dalla teoria dell'evento ala teoria dele fantasia. *Atti dell'Accademia di Scienze Morali e Politiche,* 106, pp. 475-188.

GRÁFICA PAYM
Tel. [11] 4392-3344
paym@graficapaym.com.br